Para comprender el Nuevo Testamento

Departamento de Publicaciones, UBL

Edición: Elisabeth Cook

Diagramación:
Damaris Alvarez Siézar

Diseño de portada:
Santiago Córdova

Editorial SEBILA
Universidad Bíblica Latinoamericana
Apdo 901-1000
San José, Costa Rica
Tel.: 2283-8848 / 2283-4498
Fax: 2283-6826
ubila@ice.co.cr
www.ubila.net

Para comprender el Nuevo Testamento

Juan Esteban Londoño

Agradecimientos

Agradezco a quienes han leído y revisado el material, y han hecho las sugerencias pertinentes. En Costa Rica, a Daniel Gloor, José Enrique Ramírez, Elisabeth Cook y Violeta Rocha. También a Irene Foulkes por proveerme de una amplia bibliografía. Y a Damaris Álvarez por la diagramación. En Ecuador, a San Córdova por el diseño de la portada. En Colombia, a Pablo Montoya por su aporte literario y a Jonathan Villa por sus conocimientos sobre Nikos Kazantzakis.

También agradezco al programa *Bridging Gaps* de la Universidad Libre de Amsterdam, promovido por el profesor Hans de Wit. Allí tuve la posibilidad de revisar el manuscrito, acceder a la biblioteca para acrecentar las fuentes y viajar a diferentes museos de Europa para confrontar las obras de arte con los textos bíblicos.

Finalmente, a mi familia en el municipio de La Estrella, en Colombia. Y, por supuesto a Natalia, con quien comparto mi vida.

Anáhuac, la tierra, es la casa de Dios

    En ella se oyen sus cantos.

    El arte, la poesía: la manera de conocer la verdad.

    La belleza: lo único real.

            (Ernesto Cardenal. In Xóchitl in Cuícatl)

CONTENIDO

INTRODUCCIÓN   13
EL NUEVO TESTAMENTO EN SU MUNDO   17
   1.   El mundo político greco-romano   18
   2.   El mundo religioso greco-romano   21
   3.   El judaísmo como una religión particular
       dentro del mundo mediterráneo   25
   4.   El mundo filosófico helenístico   27
   5.   El mundo cultural mediterráneo   30
   6.   La escritura del Nuevo Testamento   32
   7.   La transmisión del Nuevo Testamento   35

LOS CUATRO EVANGELIOS   40
   1.   Imágenes de Jesús en los evangelios:
       reflejo de la experiencia de fe de las comunidades   42
   2.   El comienzo de la renovación mesiánica:
       el movimiento de Jesús   45
   3.   El movimiento de Jesús y La guerra del fin del mundo   49
   4.   Jesús y la renovación mesiánica en una nación
       dominada por Roma   50
   5.   Texto bíblico: la invitación al banquete
       (Lc 14,16-24; Mt 22,1-14)   53
   6.   Biblia y Cine: Héroe (Zhang Yimou)   57
   7.   Parábolas: el reinado de Dios en metáforas
       y narraciones de lo cotidiano   59
EVANGELIO DE MARCOS   66
   1.   Texto bíblico: la sanación de un leproso (Mc 1,40-45)   67
   2.   Jesús y las normas de pureza   70
   3.   Documento: la resurrección de una muchacha,
       un milagro mediterráneo   74
   4.   El milagro y lo "Real Maravilloso" en América Latina   75
EVANGELIO DE MATEO   77
   1.   Texto bíblico: El nacimiento del liberador
       (Mateo 1,18-2,23)   78
   2.   Documento: la escuela de Yohanan Ben Zakay
       y el judaísmo de Mateo   83
   3.   El cristianismo, entre otros judaísmos   86

EVANGELIO DE LUCAS   90
1. Texto bíblico: el rico y Lázaro, un tradicional
cuento corto (Lc 16,19-31)   91
a. Los lugares escatológicos y la vida
después de la muerte   93
b. El infierno en la tierra   95
2. Biblia y culturas: la muerte en las
culturas latinoamericanas   97
a. ¡Oh Elegba! ¡Los muertos tocan el tambor!   98
b. El seno de la Madre Tierra es fuente de mayor vida   100
c. Poesía y pintura sobre el cadáver de Jesús   100
EVANGELIO DE JUAN   102
1. Texto bíblico: Jesús, el pan que es más que pascua
y más que eucaristía (Jn 6,1-71)   103
2. La historia del Jesús del Cuarto Evangelio es la
historia de la comunidad   105
3. Biblia y literatura: los personajes son símbolos
de realidades profundas   107
4. Jesucristo: una figura que crece
con el tiempo y la cultura   110

HECHOS DE LOS APÓSTOLES   114
1. Texto bíblico: la conversión de Saulo,
el llamado de un cristiano (Hechos 9,1-19a)   116
2. Biblia y Literatura: la conversión
de otro Pablo, en el siglo XX   120
3. El personaje de Pablo en Hechos   123
4. La presentación de los helenistas en Hechos   124

CARTAS EN EL NUEVO TESTAMENTO   127
1. Las cartas en el mundo antiguo   128
2. Las cartas judías   129
3. Las cartas cristianas   130
4. La retórica   131
5. Documento: Carta de un soldado de la flota de Italia   132

CARTAS PAULINAS   134
1. Texto bíblico: el conflicto en torno a la mesa
del Señor (Gálatas 2,11-21)   136
2. La mesa y la gracia: ¿Hay continuidad
entre Pablo y Jesús?   140
3. 1 y 2 Tesalonicenses: dos teologías, dos autores,
dos épocas de la iglesia   143

4. Pablo escribe una vasta correspondencia a lo largo del
   tiempo, y no una teología sistemática: 1 y 2 Corintios ... 145
5. Pablo escribe desde la cárcel: Filipenses y Filemón ... 149
6. Romanos ... 154
7. Las comunidades paulinas: sociología de
   una nueva humanidad ... 156

LA ESCUELA DÉUTERO-PAULINA:
COLOSENSES Y EFESIOS ... 159
1. La pseudoepigrafía: un procedimiento
   literario común desde la antigüedad ... 162
2. Texto bíblico: El Cristo cósmico, y la reconciliación
   de la comunidad (Col 1,15-20) ... 164
3. La Gnosis y el Nuevo Testamento ... 167
4. Biblia y teología: La reconciliación
   de todas las cosas ... 170
5. Los códigos domésticos ... 173

LA ESCUELA TRITO-PAULINA: 1 Y 2 TIMOTEO Y TITO ... 176
1. Texto bíblico: Las pastorales y las luchas de poder
   dentro de las comunidades (1 Ti 2,9-15) ... 180
2. Del Movimiento mesiánico de Jesús
   al "Patriarcalismo de amor" ... 182
3. Documento: estatutos del Colegio
   de los hijos de Baco ... 183

HEBREOS Y CARTAS CATÓLICAS ... 185
1. Hebreos ... 186
2. Biblia y hermenéutica: Hebreos y la exégesis helenística ... 188
3. Santiago ... 190
4. Texto bíblico: El sin sentido de la fe sin obras
   (Santiago 2,14-26) ... 193
5. Intertextualidad ... 196
6. Relación con la fe paulina ... 197
7. 1 Pedro ... 201
8. 2 Pedro ... 203
9. Cartas de Juan ... 205
10. Judas ... 207
11. Biblia y Literatura: Judíos y cristianos desde los ojos
    de un emperador romano (Marguerite Yourcenar,
    Memorias de Adriano) ... 208
    a. Sobre el judaísmo ... 210
    b. Sobre el cristianismo ... 213

APOCALIPSIS   215

  1. Una estructura abierta: Apocalipsis y Rayuela   218

  2. Texto bíblico: Símbolos narrativos y zoología
fantástica en Apocalipsis 4-5   220

    a. El rollo   221

    b. El mar cristalizado   222

    c. El arco iris   222

    d. Creación   223

    e. Ángeles y animales sagrados (ἄγγελος)   224

    f. El cordero (ἀρνίον)   224

    g. Un mensaje político   226

  3. Biblia y Literatura: ángeles en el Nuevo Testamento...
y en América Latina   226

  4. Biblia y culturas: Perspectiva simbólica de Apocalipsis   230

    a. Dimensión cósmica del símbolo   231

    b. Dimensión onírica del símbolo   231

    c. Dimensión imaginativa y poética del símbolo   231

  5. Apocalipsis: la construcción simbólica
de una resistencia   234

REFLEXIÓN FINAL: EL NUEVO TESTAMENTO
A PARTIR DEL CINE   239

  1. Dos películas sobre Jesús: La última tentación
de Cristo y La pasión de Cristo   239

  2. Una aproximación fantástica:
El Laberinto del Fauno   241

  3. La pregunta por la verdad de los hechos: Big Fish   243

ACTIVIDADES DE APRENDIZAJE   246

RECURSOS DE ESTUDIO   252

BIBLIOGRAFÍA   256

FUENTES DE LAS IMÁGENES   262

Introducción: El Nuevo Testamento en perspectiva literaria

La Biblia es la tradición religiosa de muchos pueblos, incluso de tres religiones que la comparten de diferentes maneras. Pero, ante todo, es una *tradición literaria*. A la manera de *Las Mil y una noches*, compila las memorias de comunidades insertas en una gran mancomunidad llamada el Antiguo Cercano Oriente o el Mundo Mediterráneo.

En los textos bíblicos nos encontramos en un doble plano: el nivel del texto o acción concreta, y el nivel del subtexto o significado. Lo vivido por una comunidad, en diversas situaciones, se transforma en una creación literaria con gran espacio para la creatividad propia, la ambientación, y la riqueza que trae una tradición oral, la cual se alimenta de las preguntas y las opiniones alrededor de una mesa en que se comparte el pan, celebrando la memoria de aquel que fue crucificado y hoy está presente en medio de sus seguidores y seguidoras.

Los evangelios en particular, tienen su propio mundo narrativo. Ante todo, son retratos literarios sobre Jesús, que reflejan las creencias que tenían sobre su maestro algunas de las comunidades cristianas del primer siglo.

En ellos, Dios aparece como la autoridad definitiva, la voz fiable que aprueba y desaprueba. Jesús es el héroe de las narraciones, palabra revelada del Padre, con una misión que poco a poco se va haciendo más concreta. Y, con él, las personas que le siguen van encontrando su camino. Todo gira en torno a él. Jesús es el tema central, la fuerza que lo polariza todo: o se está con él, o se está contra él. Su vida es un triunfo sobre el mal que oprime a la gente. Su muerte, una consecuencia lógica del camino que ha elegido. Su resurrección, la muestra de que Dios ha estado de su parte y no ha dejado a su hijo en los brazos del sepulcro y de la acción de los injustos.

Jesús es un personaje presentado en el Nuevo Testamento (NT) a través de todas las técnicas posibles, desde la retórica greco-romana del elogio, hasta la re-lectura midrásica de los textos de las Escrituras. Jesús es un personaje que habla de sí mismo como el hijo del hombre, mientras va dejando tras de sí las huellas de vida y liberación que llevarán a la gente a darle otros títulos: *Christos*, *Kyrios*, Hijo de Dios, Salvador.

El ambiente del NT entremezcla el mundo mítico de las Escrituras hebreas, y también el mundo histórico de la Palestina del siglo I, bajo la dominación del imperio romano, visibilizando realidades tan crudas como la pobreza, la enfermedad y la exclusión religiosa. Una personificación narrativa, más centrada en la experiencia propia de las comunidades narratarias que de la historia al pie de la letra.

Los escenarios narrativos presentan un colorido local, describiendo higueras, olivos, sembrados, desierto, montañas, lagos y mares, aves, perros, cerdos, lirios, campesinos, profetas, soldados extranjeros, familias reales, sinagogas y templo; y también demonios, legiones demoníacas que poseen a las personas, lunáticos, enfermos y gente que no puede hacer parte de la religión oficial. Un realismo mágico por completo, que intercala entre sí la visión de unos discípulos temerosos que tratan de discernir si aquel hombre de Nazaret es el mesías esperado, y qué tipo de mesías es, y unos líderes religiosos de diferentes partidos –saduceos, fariseos, herodianos, sacerdotes del templo y escribas- que no creen que Jesús sea una de las personas esperadas para liberar a su pueblo.

El NT y la Biblia en general, Palabra de Dios para nosotros y nosotras, es una obra literaria que está al nivel de las grandes obras literarias de la historia. No sólo es la memoria primaria de nuestra fe, sino que es una memoria *literaria*. Es una herencia investida con capas imaginativas que evidencian realidades sociales tan complejas como puede serlo la literatura misma.

Un acercamiento serio y honesto permite decodificar sus sentidos, sus profundidades narrativas y simbólicas, para comprender en el texto los sucesos y la manera como el relato se va volviendo un acontecimiento fundante –aunque no sea estrictamente comprobable o repetible en la historia– que permite a las diversas comunidades tener profundas experiencias de fe, encuentros comunitarios y una cantera inagotable para las resistencias políticas en situaciones de dominio, discriminación y colonialismo.

Esta obra es presentada desde la dimensión de fe, desde la investigación científica, desde la praxis de liberación, y también desde una perspectiva literaria. Acude a los recursos de la investigación neotestamentaria y procura establecer un diálogo con la cultura latinoamericana, la cual, como dijo Ernesto Sábato, vierte su modo de ser en la literatura: "Si quiere nuestra *Weltanschauung*, búsquela en nuestras novelas, no en nuestro pensamiento puro" (Sábato, 2006, p. 190).

La obra *Para comprender el Nuevo Testamento* presenta los diferentes libros del NT a partir de los mismos textos sagrados. Cada texto es presentado brevemente, con su información general, como la autoría, la fecha y el mensaje principal para la comunidad a la que va dirigido. Sin embargo, lo que se ha buscado es evidenciar el pensamiento de cada uno de los autores del NT, haciendo una reflexión sobre algunos pasajes importantes. Por esto no redunda en lo que ya se ha elaborado en muchos de los comentarios citados, sino que se dedica a profundizar en las múltiples funciones que tiene el texto bíblico dentro de un inmenso universo de textos literarios, sociales y culturales. Esto es lo que en esta obra se entiende por *Intertextualidad*. En esta, se proponen conexiones con la literatura latinoamericana y caribeña, las culturas indígenas y afro, el cine, la música y el arte en general, como también con documentos contemporáneos al NT, y aportes importantes de especialistas en el área investigada, a través de recuadros.

Este trabajo se presenta como la segunda parte de la obra *Para Comprender el Antiguo Testamento*, de José Enrique Ramírez, que se pretende como una obra en dos tomos para el curso de Introducción a la Biblia, de la Universidad Bíblica Latinoamericana.

J.E. Londoño B. (Medellín, Colombia)

El Nuevo Testamento en su mundo

Figura de León. Escultura romana. Museo de Louvre.

Los cristianos y las cristianas del primer siglo consideraban que su *Biblia* era la *Biblia judía*. Cuando se refieren a la Escritura siempre usan textos de lo que conocemos como *Primer Testamento* o *Antiguo Testamento* (AT). Nunca citan un escrito del NT como su "Biblia" o su "Testamento". Cuando Pablo, Juan de Patmos, y los autores de los evangelios escribieron sus obras no estaban pensando en escribir una "Segunda Biblia" o "Segundo Testamento". Su intención era más bien proveer escritos para pastorear comunidades en diferentes lugares del imperio romano, que vivían diversas situaciones y se establecían como iglesia (ἐκκλησία) para proclamar a Jesucristo como Señor.

Tomando esta reflexión inicial como punto de partida, se destacan los siguientes aspectos:

- *Ya existía una tradición religiosa previa*, que tenía una serie de textos sagrados, los cuales son fuente de vida para el cristianismo naciente. Esta tradición religiosa, conocida como "judaísmo" se había desarrollado a lo largo de 1.200 años en la tierra de Palestina, había sufrido varios exilios, y su religión había evolucionado hasta un monoteísmo radical y ético.

- *Ya existía un mundo cultural sumamente amplio*, en cual se desplazaron los cristianos del primer siglo para proclamar el evangelio. Este mundo tenía grandes caminos, ciudades desarrolladas, religiones oficiales y no oficiales a lo largo del imperio, escuelas filosóficas con hasta 500 años de existencia y tradiciones literarias que se remontaban hasta 1000 años antes.

- El mundo greco-romano tenía *un idioma común* –el griego- que servía para los intercambios comerciales y sociales, y un tejido de significados en común sobre el que se construían los estilos de vida, que es lo que llamamos *cultura*.

- A la vez, la cultura mediterránea del siglo I manifestaba una amplia *diversidad* de pueblos y religiones, dando un sabor de pluriculturalidad al espacio y tiempo en el que se escribió el NT. Los ciudadanos y las deidades de este mundo habitado no sólo eran de Grecia y Roma, sino también de la Galia, Anatolia, Asia y África.

- Antes de que se escribieran las cartas de Pablo, los Evangelios, los Hechos, las demás cartas y el Apocalipsis, *ya había diversas comunidades cristianas a lo largo del mundo romano*. Habían pasado unos veinte años después del ministerio, la muerte y la resurrección de Jesús antes de que Pablo escribiera. Y pasaron unos cuarenta años, cuando los Evangelios pusieron por escrito las memorias que se tenían del Señor.

Teniendo en cuenta este universo de sentido previamente construido, es importante destacar algunos aspectos del mundo en el que se desarrolla el NT. Esto permite pensar que el NT es como el bello adorno que se adiciona a un tejido ya elaborado a lo largo de mucho tiempo, y se construye a sí mismo sobre la urdimbre y la trama de ese textil.

1. El mundo político greco-romano

Para la época en que se escribió el NT, la situación social era compleja. Gran parte de la población disfrutó de las grandes construcciones de la herencia cultural griega. Los teatros, los caminos, las diversas asociaciones (*collegia*) y los cultos eran parte de la vida cotidiana. Pero los beneficios vitales estaban reservados para unos pocos, mientras la gran mayoría vivía en situaciones precarias.

Muy pocas personas hacían parte de las clases acomodadas, y una gran mayoría pertenecía a las clases bajas. No existía un concepto tal como "movilidad social", y muy pocas personas cambiaban de estatus para hacerse ricas o poderosas. Un tercio de la totalidad de la población vivía en áreas urbanas, y muchas personas pobres vivían peor que los esclavos. No había vacunas, anestesia, antibióticos o curas para muchas enfermedades. Cantidad de bebés morían recién nacidos, y las mujeres debían parir por lo menos cinco hijos para asegurar un descendiente vivo. La mayoría de la gente no estaba educada, y el 90% no sabía leer ni escribir. Los caminos eran peligrosos y largos, y gran parte de la población nunca salió de su ciudad en toda su vida para ir de viaje a otros lugares (Ehrman, 1997, p. 16-17).

Trescientos años antes, en el 332 a.C., el macedonio Alejandro Magno extiende su dominio sobre Samaria y Judea, de manera que estos pueblos se convierten en parte del mundo helenístico, compuesto a su vez de una amalgama de civilizaciones greco-orientales. A partir de esta conquista, Palestina (= tierra de Filisteos/Palestinos) se convierte en lugar de disputa entre diferentes familias helenísticas, particularmente los seléucidas (Siria) y los ptolomeos (Egipto). A su vez, los judíos presentan considerables resistencias, como la guerra macabea que estalla en el 167 a.C. y logra un gobierno relativamente independiente.

Es en el año 63 a.C. que comienza el dominio de Roma sobre Palestina. El senado romano otorga el poder absoluto y el título de Augusto a Octavio, de la familia de los Julios, en el 27 a.C. De esta manera la República se convierte en *Imperium*. Herodes, hijo del idumeo Antípatro, se convierte en rey de la provincia romana de Judea (30-31 a.C.) hasta su muerte en el año 4 a.C., año en el que nace Jesús de Nazaret.

La datación del nacimiento de Jesús en el año 0 es un error histórico. El monje Dionisio el Exiguo (S. VI d.C.) propuso contar el tiempo del nacimiento de Jesús a partir del año 754 desde la fundación de Roma. Sin embargo, es sabido que el año de la muerte de Herodes, año en el que nació Jesús, corresponde al 750, y no al 754. Por lo que Jesús nació cuatro años antes de la fecha común, y murió en el 33 d.C.

Jesús vive durante el gobierno de Arquelao, etnarca de Judea Samaria e Idumea, y muere en el 33 d.C., con 37 años, acusado de rebelión contra el imperio. La rebelión contra Roma era un sentimiento que era constante en la época, pero que vino a cristalizar en el segundo tercio del siglo I d.C. (40-70 d.C.).

Por esta época, nacen o se consolidan los movimientos judíos insurgentes, tales como los zelotes (= celosos de la Torah) y sicarios (=portadores de la daga "sica"), que lograrán un levantamiento que concluirá con la toma de Jerusalén y destrucción del Templo en el 70 d.C. bajo el emperador Vespasiano y su hijo Tito como general militar. Por esta época, ya han muerto los cristianos de la primera generación, como Santiago, ejecutado en el 62, y Pedro y Pablo martirizados bajo Nerón entre el 64 y el 68.

Los textos del NT van a ser escritos en su mayoría después de la muerte del último apóstol conocido, a excepción de las cartas de Pablo, que fueron escritas antes del 65. Los Evangelios, los Hechos, las cartas Déutero-paulinas, las epístolas Católicas y el Apocalipsis se escriben durante esta época, donde la relación de la iglesia con la sinagoga cada vez se resquebraja más (especialmente en la orientación que toma el judaísmo después del encuentro de rabinos en Yamnia, en el 70). La sospechas del imperio sobre los cristianos como sediciosos aumenta, de modo que se va convirtiendo en hostigamientos (bajo Domiciano, 81-96 d.C.), y finalmente en persecuciones (bajo Trajano, 98-117, y Adriano, 117-138).

Cronología de los emperadores romanos hasta el final de la redacción del NT

- Fundación de Roma: 753 a.C.
- Expulsión de los reyes locales: 510 a.C.
- Gobierno de senado aristocrático: 510 a.C.
- Guerras púnicas, contra los cartaginenses: 264-241 a.C.
- Julio César, se convierte en dictador, y es asesinado: 44 a.C.
- Octaviano, después de una larga lucha por el poder, es convertido en "César Augusto" (entendido como "el más reverenciado") y proclamado emperador: 27 a.C.
- Tiberio es sucesor de Augusto: 14 a.C. – 37 d.C.
- Calígula: 37-41 d.C.
- Claudio: 41-54 d.C.
- Nerón: 54-68 d.C.
- Cuatro diferentes emperadores en el año 68-69 d.C. Quedándose finalmente Vespasiano con el poder (69-79 d.C.).
- Tito: 79-81 d.C.
- Domiciano: 81-96 d.C.
- Nerva: 96-98 d.C.
- Trajano: 98-117 d.C.
- Adriano: 117-138 d.C.

2. El mundo religioso greco-romano

Para una persona de nuestro tiempo es fácil creer que existe un Dios. Para el mundo greco-romano, esto no tenía sentido. Todos sabían que hay tantos dioses como elementos de la naturaleza. Había dioses para los ríos, los arroyos, el campo, los bosques, la casa, la corte, la sanidad, la fertilidad, la guerra, el amor. Cada aspecto de la vida estaba inspirado, protegido o dedicado por las divinidades. Creer en un solo Dios era un absurdo, porque suponía que ni siquiera podrían fluir las aguas o la fertilidad (Ehrman, 1997, p. 22).

Para la religiosidad greco-romana, había diferentes tipos de seres divinos, con distintas categorías. En la cúspide de la pirámide espiritual, se ubicaba el gran Dios del Panteón (ya fuera Zeus, Júpiter, o Yahvé). En una escala inferior estaban los grandes dioses, pertenecientes al séquito divino (como Hermes o Plutón). En una tercera escala estaban los dioses locales, conocidos como los *Daimonia* y los dioses familiares. En un cuarto escalafón estaban los hombres-divinos, como semidioses y héroes; por ejemplo Pitágoras, Alejandro Magno o Apolonio de Tiana. Y en una quinta escala, abajo, estaba el ser humano, como un ser especial dentro del mundo espiritual, pero sin ser un Dios. Llamar a un hombre "divino" o "hijo de Dios" no significaba que perteneciera a la categoría del Dios supremo, sino que podía ser un ser intermedio –y mediador- entre Dios y los seres humanos (Ehrman 1997, p. 27).

Recientes investigaciones, además, han hecho notar que la gente del primer siglo creía en la vida después de la muerte, pero que estaba más interesada por vivir la vida antes de la muerte. La mayoría de las personas, consideraba que la religión no era una mera garantía para la vida eterna, sino un encuentro de sentido y significado para sus existencias aquí y ahora. La religiosidad y los dioses tenían sentido para esta vida: para traer lluvia a los sembrados, fertilidad a los animales y humanos, para dar la victoria en las guerras y la prosperidad en tiempos de paz, para sanar a los enfermos y evitar fuertes problemas de salud, y para proveer seguridad, amor y esperanza. En fin, para conducir las cosas que se salen del control de los mortales.

La vida religiosa se daba sobre todo en el culto. Las personas no experimentaban a los dioses en las doctrinas, sino en los rituales. Los dioses no se satisfacían con credos, sino con oraciones, sacrificios y ofrendas, con el llamado *cultus deorum* ("el cuidado de los dioses"). Celebraban sus liturgias en comunidad, con un sacerdote local, en templos o altares al aire libre. Y todo culminaba en un banquete comunitario. Los dioses respondían a las personas no en una declaración de fe o en encíclicas, sino

Una vida extraordinaria

Desde el principio, su madre supo que él no era una persona corriente. Antes de su nacimiento, una figura celestial se le apareció a ella, anunciando que su hijo no sería un mero mortal sino la propia manifestación de la divinidad. La profecía fue confirmada por el carácter milagroso de su nacimiento, acompañado por señales sobrenaturales. El niño fue reconocido durante su infancia por su autoridad espiritual; sus discusiones con reconocidos expertos mostraron su conocimiento superior en materia religiosa. Como adulto, dejó su casa para convertirse en un predicador itinerante. Iba de aldea en aldea con su mensaje de Buenas Nuevas, proclamando que las personas debían olvidarse de sus preocupaciones por las cosas materiales, como por ejemplo el vestido y el alimento. Por el contrario, deberían más bien preocuparse por sus almas.

Reunió alrededor suyo un número de discípulos a quienes asombró con sus enseñanzas y su intachable carácter. Ellos llegaron a convencerse de que este no era un hombre corriente, sino el Hijo de Dios. La fe de ellos fue confirmada por los milagros que él realizaba. Anunciaba eventos futuros, sanaba a los enfermos, expulsaba a los demonios y resucitaba a los muertos. Sin embargo, no le agradaba a todo el mundo. Al final de sus días, sus enemigos levantaron falsos cargos contra él ante las autoridades romanas, acusándolo de crímenes contra el imperio.

Incluso después de su partida de este mundo, él no abandonó a sus seguidores. Algunos aseguraron que había ascendido corporalmente al cielo; otros dijeron que él se les apareció vivo, y que ellos pudieron hablar con él y tocarlo, y por esto llegaron a convencerse de que él había resucitado de entre los muertos. Algunos de sus seguidores empezaron a propagar las Buenas Noticias acerca de este hombre, recontando lo que ellos vieron que él había dicho y hecho. Incluso algunas de estas narraciones fueron escritas en libros que circularon a lo largo del imperio.

Pero yo dudo que alguna vez hayas leído estas historias. De hecho, sospecho que nunca has oído el nombre de este hacedor de milagros e "Hijo de Dios". El hombre al que me refiero es al gran maestro neopitagórico y santo pagano del primer siglo d.C., Apolonio de Tiana, un adorador de los dioses romanos, cuya vida y enseñanzas fueron recopiladas y escritas por un discípulo suyo llamado Filostrato, en su libro *Vida de Apolonio* (Ehrman, 1997, pp. 17-18).

en la *mántica* (adivinación), augurios en los animales ofrendados, signos físicos, sueños, oráculos sagrados y voces de sacerdotisas y sacerdotes.

La religión y la política eran inseparables. La seguridad del Estado y el culto funcionaba por su sostenimiento mutuo. Los dioses traían paz y prosperidad al Estado, y hacían a éste grande y glorioso. El estado les respondía a los dioses con los cultos oficiales de adoración. Los sacerdotes tenían gran poder político, y el emperador dirigía las ceremonias sagradas. En algunos lugares, especialmente en Asia menor, se comenzó a celebrar cultos a favor del emperador, que posteriormente se transformaron en cultos al emperador mismo, como redentor y salvador de su pueblo. De allí el conflicto de muchos judíos y cristianos, al ver enfrentado su monoteísmo a las oraciones por el bienestar del imperio –que muchos practicaban-, y posteriormente a la adoración al emperador mismo –lo cual generó graves situaciones para estas comunidades-.

Había cultos oficiales y cultos populares, no oficiales. Tal es el caso de los cultos mistéricos. Mientras las religiones oficiales se enfocaban en las necesidades comunitarias, estos cultos enfatizaban el bienestar del individuo. Para estos grupos, las concepciones de ultratumba eran muy fuertes, los poemas órficos, la filosofía pitagórica y misterios adoptaban la creencia en la inmortalidad del alma como el elemento humano que trasciende a la muerte. El cielo empezó a ser concebido como el lugar de felicidad ultraterrena, el más allá de este mundo, los Campos Elíseos; mientras que el Hades o el Averno eran los lugares de castigo. Muchos de estos rituales estaban basados en la historia de la muerte y resurrección de un dios o una diosa, y los creyentes consideraban que el ingreso a estos cultos era el ingreso a una nueva vida, participando en la historia de sus personajes fundantes. Los iniciados proclamaban que su relación con la deidad se volvía más íntima y profunda. El cristianismo, socialmente, era considerado como una de estas religiones mistéricas. Aunque, a diferencia de los cultos mistéricos, que proclamaban el ascenso social dentro del imperio, el cristianismo alentaba a la perseverancia y la resistencia de sus seguidores frente al injusto sistema.

Los misterios de Dionisos

La iniciación a los misterios dionisíacos tenía dos momentos. Después de que el candidato o la candidata habían decidido unirse al grupo de los seguidores de Dioniso, pasaban por un período de preparación. Una vez que ese período concluía, comenzaba la segunda etapa que se inauguraba con las purificaciones. Después de ellas empezaban los ritos sagrados, durante los cuales la persona iniciada por lo general estaba sentada en un trono, recibía botas y un tirso (bastón especial adornado con hiedra) y prometía guardar silencio. Entonces un sacerdote o una sacerdotisa leía un texto cuyo contenido es desconocido. Intimidado por diversas imágenes de terror, el iniciado o la iniciada experimentaba la revelación del falo en el *liknon*, que simbolizaba la fuerza de la vida indomable dada por Dioniso. Se decía que el falo era el pene de una cabra y fue sustituido más tarde por un falo de madera de higuera.

Después de la revelación del falo, el símbolo ritual de Dioniso, el candidato era vestido en un manto de púrpura y coronado con una corona de hiedra y mirto. El iniciado comenzaba entonces un viaje en el que experimentaba la muerte y la resurrección. Este viaje implicaba un descenso ritual al lugar de los muertos (Hades). Tras el viaje al lugar de los muertos había una fiesta con vino: El vino solía incluir ingredientes a base de hierbas, flores y resina, lo que mejoraba la calidad, el sabor y las propiedades medicinales de la bebida. La culminación de la iniciación consistía, como en Eleusis, en la unión de la pareja mítica (*hieros gamos*), constituida en este caso, por Dioniso y su novia, Ariadna. Solía decirse que al final de este proceso la persona iniciada se había convertido en un Dioniso o Baco. Así, los misterios de Dioniso no sólo transmitían la esperanza de una vida dichosa aquí y en el más allá, sino que prometían también la deificación de la persona (Gloor, 2011, pp. 40 -41).

Del mundo judío fue surgiendo la Gnosis. Más que una religión institucional, la Gnosis se constituía en una atmósfera religiosa, un conjunto de saberes, que impregnaba a ciertos sectores del judaísmo y del cristianismo, y que posteriormente se vertería en la mística del Islam. En síntesis, la Gnosis consiste en "el conocimiento de misterios divinos revelados a una élite gracias a los cuales se consigue la salvación" (Piñero, *Guía*, 2006, p. 124). Esta élite hace parte de una religión determinada, pero considera a la religión como tal y sus seguidores como una fase o un estado inferior de una religiosidad más profunda. Una atmósfera que se refleja en textos como 1 Co 2,14-15 (BJ): "el hombre natural no percibe las cosas que son del Espíritu de Dios, porque para él son locura, y no las puede entender, porque se han de discernir espiritualmente. En cambio el espiritual juzga todas las cosas; pero él no es juzgado de nadie".

3. El judaísmo como una religión particular dentro del mundo mediterráneo

David Aune señala que "el judaísmo fue sólo una de las culturas nativas del mundo mediterráneo que tomó mucho más de lo que contribuyó al helenismo" (Aune, 1993, p. 36). Lo cual demuestra que no había una diferencia y una distancia tan marcada entre los judíos y los gentiles, culturalmente hablando, desde una perspectiva global.

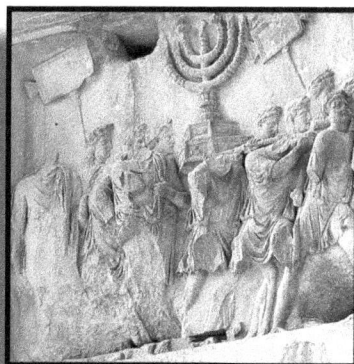
Arco de Tito en Roma. Celebración de la conquista de Jerusalén.

El judaísmo tenía en común con las demás religiones del imperio romano muchos aspectos:

- La creencia en una deidad suprema que ayuda a los humanos, y muestra un favor especial a quienes le adoran.

- El principal culto a su deidad consiste en sacrificar animales y rezar oraciones.

- Los sacrificios son llevados a cabo por un sacerdote aprobado según las reglas de pureza.

- Unas porciones del animal sacrificado son quemadas en honor del Dios. Otra parte es para el sacerdote, y otra parte es llevada por el oferente a su casa y comida en un banquete con su familia y amigos.

- Las oraciones son peticiones al Dios tutelar, especialmente por necesidades personales, y también por necesidades comunitarias.

Los judíos de la época de Jesús eran una diversidad de grupos muy diferente a lo que es el judaísmo actual, y también muy distinta a lo que trata de perfilar el AT sobre el pueblo de Israel. La gran mayoría vivía en zonas greco-romanas, hablaba la lengua griega –de hecho, hicieron varias traducciones de sus textos sagrados al griego Koiné-, usaban monedas griegas, y comerciaban y se relacionaban con el mundo griego.

En el corazón de la gente de Judea seguía vivo el legado que se fue gestando en el antiguo Israel hasta plasmarse en la colección de textos que conocemos como Antiguo Testamento (AT). Este legado comprende el monoteísmo; la relación con Dios vista como una alianza con un código legal, la Torah; la creencia de que Dios es el verdadero rey de Israel, y toda realeza terrena opuesta a su voluntad es contraria a la teocracia; y la esperanza de que Dios se manifieste a través del mesías o los varios mesías.

Cinco siglos de sumisión hicieron despertar en este pueblo el deseo de la restauración del Israel antiguo, y ver en los textos el oráculo de un descendiente de David que liberara a su pueblo. Roma y Herodes el Idumeo hicieron sentir a los judíos que vivían en un país ocupado por extranjeros. De modo que un espíritu revolucionario anidaba en la mayoría de los corazones judíos, con el deseo de verse libres. "No cabe duda de que muchos deseaban en su corazón que comenzara una guerra de liberación nacional que Dios, con su ayuda especial, se encargaría de concluir" (Piñero, *Guía*, 2006, p. 89). Este deseo de liberación, en esperanza de un caudillo –o varios caudillos- es comprendido como *mesianismo*. Jesús y sus seguidores también compartían este deseo, lo cual se refleja en textos como Lucas 23,2-3 (BNP): "Y comenzaron a acusarle, diciendo: A éste hemos hallado que pervierte a la nación, y que prohíbe dar tributo a César, diciendo que él mismo es el Mesías, un rey. Entonces Pilato le preguntó, diciendo: ¿Eres tú el Rey de los judíos? Y respondiéndole él, dijo: Tú lo dices".

Los primeros creyentes en Jesús eran judíos. Quizás todos los autores del Nuevo Testamento fueron judíos. Los recuerdos sobre Jesús y los escritos de sus seguidores están llenos de referencias a las sagradas Escrituras y a las fiestas, instituciones y tradiciones judías. Por ello no existe duda alguna sobre la influencia del judaísmo en el NT. Ahora bien, tal como hemos visto ya, desde la época de Alejandro Magno los judíos habían vivido en un mundo helenizado. Un siglo antes del nacimiento de Jesús, muchos judíos vivían en zonas dominadas por los ejércitos de Roma, y en época del nacimiento de aquél un gran porcentaje de los judíos del mundo, quizás la mayoría, hablaba griego. Los libros bíblicos compuestos en hebreo y arameo habían sido traducidos al griego, y algunos de los libros bíblicos deuterocanónicos, como 2 Macabeos o la Sabiduría, habían sido compuestos en esta lengua. El último de ellos incluso demuestra tener un cierto conocimiento del pensamiento filosófico griego popularizado. Los judíos compraban sus mercancías con monedas que portaban la efigie de señores griegos o romanos o llevaban a veces la imagen de los dioses. En grados y maneras diversas, a través del comercio, la escuela y los viajes, los judíos estaban influidos por un mundo muy diferente al descrito en la mayor parte del AT. Por ello, al considerar el transfondo del NT han de tenerse en cuenta otros muchos factores que no son el mero judaísmo (Brown, 2002, pp. 117-118).

A estas creencias tradicionales se suma la herencia de textos que no entraron en el canon judío ni cristiano –llamados *Apócrifos*- pero que tuvieron una fuerte influencia en personajes como Jesús y sus seguidores, y los escritores del NT. Estos textos, entre otras cosas, tratan de explicar la existencia del mal y el sufrimiento humano enfrentado a la justicia divina. Y permiten ver que el NT recibió la herencia del AT a través de las interpretaciones que hacían las comunidades judías.

La adoración religiosa judía se llevaba a cabo en dos grandes instituciones: el templo en Jerusalén, donde eran sacrificados los animales según las prescripciones de la Torah; y las sinagogas locales, donde los judíos a lo largo del mundo conocido se reunían para estudiar sus escrituras sagradas, en un ambiente de oraciones y celebraciones comunitarias.

Incluso en estos aspectos particulares, la riqueza común entre el judaísmo –y el cristianismo- y las otras religiones del mundo greco-romano es innegable. Muchos paganos también creían en el monoteísmo, especialmente gracias a las escuelas filosóficas. Los otros pueblos también aceptan que los dioses nacionales dieran provisiones especiales a sus respectivos pueblos, y creían que cada dios había establecido una serie de leyes para que su respectivo pueblo las siguiera. La gran mayoría de las religiones a lo largo del imperio honraban a sus divinidades en templos, con oraciones y sacrificios, y muchos grupos se reunían en asociaciones o *collegia*, para mantener su identidad en común.

4. El mundo filosófico helenístico

Muestra de esta fructífera intersección de mundos es la vida del intelectual judío Filón de Alejandría, contemporáneo de Jesús. Como señala Antonio Piñero respecto al pensador religioso, "su idea fundamental era que la religión judía contenía las mejores expresiones del espíritu humano ayudado por la revelación divina, pero que estas ideas estaban también dispersas en lo mejor del mundo de la cultura helenística, sobre todo en la filosofía de Platón, y que era posible una hermanación de ambos pensamientos, el judío y el griego" (Piñero, *Guía*, 2006, p. 111).

La obra de Filón es una muestra de cómo se leía la Biblia en ciertos sectores en la época, estilo que también adoptaron los cristianos, encontrando significados profundos y nuevos en aquel texto antiguo, por medio de la alegoría, figuras y tipos de lo nuevo, a través de las sombras de lo pasado.

En aquella época, la filosofía era una práctica religiosa, un modo de vida, y no sólo una disciplina crítica (como llegará a convertirse a partir de la Modernidad). Ofrecía a sus adeptos dirección espiritual y moral, y mantenía un afán de proselitismo para alimentar sus escuelas con nuevos seguidores. El interés fundamental de las filosofías era el alma como personalidad moral e intelectual, a la cual se debía alimentar.

Entre estas escuelas se destacan los estoicos, filósofos callejeros que enseñaban prescripciones morales. Consideraban al universo como un organismo único, cuya energía procedía de su propia alma y era guiado por el *Lógos*. Los cínicos, otro grupo, eran predicadores ambulantes populares, que procuraban establecer con la gente simple conversaciones de tipo pedagógico, invitándolos a la sencillez como el sentido de la vida. Los epicúreos, un tercer grupo, atendían los sentimientos y la percepción sensorial como verdaderos, y no mostraban miedo a la religión ni a los dioses.

Atención especial merece el platonismo, rama bastante desarrollada desde su fundador Platón (427-347 a.C.). El libro VII de la *República* inicia con el Mito de la caverna. Esta historia trata de cómo el alma debe transformarse y purificarse para poder contemplar al Ser Supremo. Explica el ascenso del alma a la región de la luz y de la verdadera realidad. (Ver recuadro, p. 29).

Seguidamente al relato, Platón ofrece la explicación del mito, revelando que la caverna es este mundo visible. Los hombres encadenados en él son los políticos que sólo ven lo que tienen delante. El fuego que hay a sus espaldas es la luz del sol. La persona liberada es el alma que se eleva hasta la esfera intangible, el filósofo, que va siendo llevado poco a poco, en un proceso lento hasta la contemplación directa del sol, el cual es la Idea del Bien, la Idea de lo bueno y lo bello, la justicia misma, a partir la cual se puede establecer un modelo definitivo para la creación de una sociedad justa.

Por esto, para Platón, la filosofía es un esfuerzo por poner la vista en el Paradigma supremo contenido en lo existente. El conocimiento del Bien, el Dios de Platón, conduce al reinado de los filósofos. En este mundo, los seres humanos sólo viven en las sombras de otro mundo que es bello y perfecto. Mediante el conocimiento hay que salir de estas sombras, y contemplar el Bien-Uno y sus formas reales. Para la época del NT, este sistema de creencia venía en declive, pero influyó en muchos otros subsistemas filosóficos, y se hizo evidente en los Padres de la Iglesia de los siglos II al IV d.C.

El Mito de la caverna (Platón)

Platón fue un filósofo que vivió aproximadamente entre el 428 a. C. y el 347 a. C. Su obra consiste en unos diálogos filosóficos con intenciones educativas y políticas dentro de la Atenas del siglo IV. Dentro de ellas, se destaca la República, en la que está narrado su conocido mito de la caverna.

Figúrate unos hombres en una habitación subterránea al modo de una caverna, que tenga la entrada vuelta hacia la luz y larga como toda ella. En ella se encuentran desde niños, con las piernas y el cuello atados, teniendo que permanecer en el mismo sitio y no pudiendo ver más que lo que tienen delante, imposibilitados como están por las ataduras de mover la cabeza en torno. La luz de un fuego colocado en lo alto y a lo lejos brilla detrás de ellos. Entre este fuego y los presos hay un camino alto. A lo largo de este camino figúrate levantada una tapia, algo así como las mamparas que ponen delante los titiriteros, frente al público, y por encima de las cuales exhiben los títeres... Figúrate, pues, a lo largo de esta tapia hombres llevando cosas de todas clases que sobresalgan de la tapia, y figuras humanas y de animales de piedra y de madera, hechas de todas formas -como es natural, unos hablando, otros callados, los que las llevan y pasan... Unos presos semejantes no podrían en absoluto convencerse de que la verdad fuese nada distinto de las sombras de las cosas.

Pues considera, proseguí yo, cuáles serían los efectos de soltarles y librarles de sus ataduras y de la imbecilidad en que se encuentran sumidos, si por obra de naturaleza les acaeciese lo siguiente. Cuando se soltase a uno y se le obligase a ponerse de repente en pie, a mover el cuello, a andar y a levantar la vista hacia la luz, al hacer todo esto sentiría dolores y se sentiría imposibilitado por las vibraciones de la luz para ver las cosas de que veía las sombras un momento antes. ¿Qué crees que diría, si alguien le dijese que un momento antes veía naderías, pero que ahora algo más cerca de la realidad y vuelto hacia las cosas más reales, veía más exactamente? (Platón, República VII).

5. El mundo cultural mediterráneo

La cultura es un tejido de significados comunes para un grupo de personas en determinado lugar y época. En recientes décadas, la antropología cultural ha brindado aportes para comprender las relaciones sociales del mundo mediterráneo del siglo I. El investigador Bruce Malina (2009) ofrece unas herramientas conceptuales valiosas para comprender el NT dentro de la cultura en que se producen nuestros escritos sagrados.

En la antigüedad, las instituciones sociales conocidas como *religión* y *economía* no existían como instituciones independientes. Lo que había era sólo dos instituciones centrales: la monarquía y la política. La economía y la religión eran parte de ellas. La religión, por lo tanto, siempre estaba articulada en términos de reinado o de institución política. "El reinado de Dios", por ejemplo, era comprendido como una teocracia político-religiosa.

La sociedad mediterránea tenía una *economía de la subsistencia*, con un interés en el día a día para abastecer las necesidades. Todos los bienes eran limitados. La comida, el vestido y el abrigo debían ser la garantía principal de las comunidades. De otra manera, la planeación del futuro se hacía imposible.

En el mundo antiguo *no había algo conocido como "autores"*. La categoría de "autor" como un individuo que comunica sus pensamientos por medio de obras creativas surgió solamente a partir del siglo XVIII d.C. En la antigüedad, los documentos escritos eran producidos por *escritores* o *escribas*. Si los oyentes o los lectores de estos documentos recibían con entusiasmo, reverencia o cualquier emoción significativa, esto se atribuía a las Musas, a alguna deidad, o al mismo Dios, de quienes se pensaba entonces que habían *inspirado* el documento.

El tipo de personalidad de la antigüedad era *colectivista*. Las metas y expectativas eran para satisfacer al grupo antes que al individuo. Todas las personas eran percibidas como parte un grupo; las de afuera, eran parte de otro grupo. Los individuos eran definidos por estereotipos familiares, tales como genealogía, geografía y género. Por supuesto que había individuos, pero estos individuos no eran individualistas, con metas personales o expectativas de surgir a expensas de los demás.

Las únicas personas que se parecían a las personas individualistas de nuestra época eran los individuos que estaban *en la cima de la jerarquía social*. Éstos eran narcisistas, y buscaban sobresalir a expensas de los demás que no eran de su casta. Pero, a la vez, estos individuos se sabían parte de un grupo, una familia o una casta, tal como los patricios, la familia de los julios o los antoninos. En estándares modernos, se puede caracterizar a estas personas como pseudo-individualistas.

En la antigüedad, *no existía un sentido de la historia*, tal como lo comprendemos ahora. Para nosotros, el sentido de la historia es la conciencia de que lo que ocurrió en el pasado no necesariamente se vuelve a repetir; el pasado es diferente del presente, y no tenemos que imitar a la gente que vivió en el pasado. Los antiguos creían que el pasado y el presente eran sencillamente iguales. No existía algo así como un "progreso" o una "superación" del pasado. Las narraciones acerca del pasado, como por ejemplo los relatos del AT, servían como norma y enseñanza para la vivencia del presente.

Sin embargo, la percepción del tiempo en la época del NT era *pesimista*. Las cosas se estaban volviendo peores día a día. Las cosechas eran más malas cada año. Los niños eran cada vez más pequeños que lo que habían sido sus padres.

No había distinción entre lo natural y lo sobrenatural. Todas las entidades espirituales actuaban dentro del mundo, incluyendo a Dios. Por esto las acciones de Dios eran actos naturales a Dios, así como las acciones humanas eran naturales a los humanos. Los milagros eran vistos como algo completamente normal. Las categorías que separan lo sobrenatural y lo sobrenatural estarían fuera de lugar en el mundo mediterráneo del siglo I. Además, todo lo que ocurría se percibía como si estuviera causado por alguna persona, ya fuera visible o no visible.

El cristianismo que hoy conocemos surgió en el siglo IV d.C. con Constantino. El judaísmo del que hoy tenemos noticia surgió en el siglo V d.C. con el Talmud. Por lo tanto, cuando hablamos de judíos y cristianos en el siglo I, estamos hablando de *categorías muy distintas a las que ahora conocemos*. Jesús no podría ser llamado *judío* tal como los judíos del siglo XXI. Ni Pablo podría ser llamado *cristiano* tal como los cristianos contemporáneos de nuestras iglesias.

La sociedad israelita tenía una religión política concentrada en el templo y normas referentes a los sacrificios que provenían del Levítico. Sin embargo, en el hogar, se practicaba una religión doméstica conocida como *ancestrismo*. El ancestrismo se refiere a la reverencia dada los ancestros de las grandes familias. Para los contemporáneos de Jesús era claro que Dios era identificado siempre como el Dios de Abraham, de Isaac y de Jacob. Y para las comunidades cristianas del siglo I, Dios era el que había levantado a Jesús de entre los muertos.

6. La escritura del Nuevo Testamento

Los escritos del NT aparecieron no como los documentos fundantes de una nueva religión, sino como una variedad de expresiones de las esperanzas y prácticas de fe de los seguidores de Jesús. La mayoría de estos textos estaban dirigidos a pequeñas asambleas de personas creyentes, a finales del siglo I.

Las tradiciones cristianas sobre Jesús pasaron por un largo proceso de transmisión oral y algunas colecciones escritas hasta ser ensambladas con los detalles narrativos que encontramos en los evangelios. El núcleo del *kerygma* (proclamación) fue el relato de las acciones de Jesús (recogidas posteriormente en Marcos) y los discursos del maestro (recogidas en una fuente llamada Q, de la cual bebieron Mateo y Lucas). Cada redactor recopiló tradiciones y las modificó con sus propios retoques literarios, los cuales implicaban reubicaciones geográficas, ampliaciones de temas, redistribución de los materiales y embellecimiento de los escenarios.

La cultura greco-romana es una cantera de bella y muy variada literatura. Sus técnicas de recolección de materiales, edición y redacción serán las mismas que usarán los escritores del NT para proclamar el mensaje sobre Jesucristo.

Maestros de la retórica como Aristóteles, Cicerón y Quintiliano enseñaban cómo convencer a su auditorio mediante el recurso al intelecto, las emociones y la acción. Respecto a los evangelios como narraciones retóricas judeo-helenísticas, destaca Aune: "El cristianismo del Nuevo Testamento es una combinación creativa de tradiciones helenísticas y judías transformadas en un *tertium quid* ('un tercer algo'): es decir, una realidad relacionada con dos cosas conocidas pero trascendiendo a ambas" (Aune. *El NT en su entorno literario*, 1993, p. 16).

En el NT confluyen diferentes formas de literatura. Entre ellas, se destacan los géneros greco-romanos, como la biografía (gr. Bios, lat. *vitae*), la historiografía (gr. *Praxeis*, lat. *acta*), la epistolografía y los discursos retóricos. También la literatura judía, con una fuerte afluencia del AT, sumándose el desarrollo literario de los últimos siglos, como la apocalíptica, las *re-lecturas* de las narraciones bíblicas (Halakah), las *re-lecturas* de las legislaciones bíblicas (Halakah), la lectura alegórica de las Escrituras, evidente en autores contemporáneos como Filón de Alejandría, y la forma judeo-helenizante de escribir la historia, como se ve en la obra de Flavio Josefo.

Jesús no escribió nada, y sus seguidores no se atrevieron a poner por escrito la proclamación del evangelio, llamada *kerygma*, hasta pasado bastante tiempo. Pablo asegura haber recibido tradiciones –probablemente orales- sobre los dichos y las acciones más importantes de Jesús: "Porque yo recibí del Señor lo que les transmití: que el Señor, la noche que era entregado, tomó pan, dando gracias lo partió y dijo: Esto es mi cuerpo que se entrega por ustedes. Hagan esto en memoria mía" (1 Cor 11,23b-24 BNP). Y, siendo éste el primer escritor del mensaje cristiano, lo hizo por medio de cartas, no para exponer una teología sistemática, sino para resolver problemas pastorales dentro de las iglesias.

El evangelio de Marcos es el primer documento escrito que se conoce. Elabora una historia sobre los dichos y los actos de Jesús, en un orden medianamente cronológico, bajo el título: "Comienzo del Evangelio (εὐαγγέλιον) de Jesús, el Cristo. Hijo de Dios" (Mc 1,1 BJ). Este autor usó la palabra para referirse a una proclamación con carácter histórico y político, el mensaje remitido por un rey a una ciudad o un pueblo para anunciar un acontecimiento dichoso, como un aniversario, una victoria o incluso la llegada del mismo rey. El término «evangelio» ya se usaba antes que Marcos, tal como se encuentra en las cartas de Pablo, y se refería a un mensaje oral sobre la vida, acciones, muerte y resurrección de Jesús, y su significado para las comunidades cristianas.

Lucas, mucho tiempo después que Marcos, intentó organizar las diferentes tradiciones que había recibido, tanto orales como escritas, y tratar de escribir una "historia" sobre la vida de Jesús, y posteriormente de la iglesia. En el prólogo de su evangelio destaca su propósito: "Ya que muchos emprendieron la tarea de *relatar los sucesos* que nos han acontecido, tal como nos lo *transmitieron* los primeros testigos presenciales y servidores de la palabra, también yo he pensado, ilustre Teófilo, *escribirte todo por orden y exactamente*, comenzando desde el principio" (Lc 1,1-3 BNP). Esto demuestra el intento de organizar diversas tradiciones orales y escritas, de diversas comunidades, algunas de las cuales han quedado evidentemente plasmadas en los textos del NT, retocadas y transformadas por los autores, y otras que definitivamente se han perdido.

Al final del siglo I y al comienzo del siglo II, ya encontramos dentro de textos del NT algunas tradiciones que dan cuenta de recopilaciones hechas para pastorear a las iglesias, que confluirán finalmente en lo que se llamará la Gran Iglesia. Una obra de la escuela paulina, como 1 Timoteo, intenta sistematizar lo que son sus creencias sobre Jesús, incluyendo ahora a Pablo como un heraldo fundamental en la proclamación del mensaje, al cual cataloga de *palabra fiel*: "Este mensaje es de fiar y digno de ser aceptado sin reservas: que Cristo Jesús vino al mundo para salvar a los pecadores, de los cuales yo soy el primero" (1 Ti 1,15 BNP).

Y también, 2 Pedro, el texto más tardío del NT, escrito en el siglo II, intenta dar cuenta de una recopilación de escritos que se vienen aceptando como *autoridad* dentro de diversas comunidades cristianas, particularmente dentro de una tradición paulina: "Piensen que la paciencia de Dios con ustedes es para su salvación; como les escribió nuestro querido hermano Pablo con la sabiduría que le fue concedida. En todas sus cartas, trata estos temas, si bien en ellas hay cosas difíciles de entender, que los inexpertos y vacilantes deforman, como hacen con el resto de la Escritura, para su perdición" (2 Pe 3,15-16 BNP).

Tres períodos cronológicos en la formación del NT

- **Período del movimiento de Jesús (1-30 d.C.):** la vida, muerte y resurrección de Jesús son las que caracterizan estos años. No hay indicios de que Jesús formara una iglesia, sino un movimiento mesiánico, revolucionario, de renovación dentro de Israel. Ni Jesús ni su movimiento escriben nada.

- **Período apostólico (30-70 d.C.):** después de la muerte de Jesús, sus discípulos se convierten en apóstoles enviados por el Espíritu a proclamar el mensaje de Jesús. Se fundan las iglesias. Los textos que se escriben en este período son las cartas (auténticas) de Pablo.

- **Período sub-apostólico (70-135 d.C.):** después de la muerte del último apóstol conocido, incluido Pablo, se escribe la mayor parte del NT (después del 65 d.C.). Mueren los últimos apóstoles que conocieron a Jesús, y se inicia una segunda generación que pone por escrito las memorias que se recogieron a lo largo de una generación de seguidores. El movimiento de Jesús se empieza a perfilar en la formación de iglesias cada vez más definidas.

7. La transmisión del Nuevo Testamento

Las comunidades cristianas ya desde el primer siglo empezaron a intercambiar sus escritos entre sí. Muchos de los textos circulaban por diferentes iglesias, como se observa en el libro de Apocalipsis, que escribe una obra circular para diversas iglesias: "Lo que ves escríbelo en un libro y envíalo a las siete Iglesias" (Ap 1,11 BNP).

2 Pedro 3,15 hace ver que entre las comunidades ya rotaba un *corpus* de cartas paulinas, y también, que no todos los cristianos abrazaban los escritos de Pablo con el mismo entusiasmo. Los evangelios de Mateo y Lucas presuponen su conocimiento de Marcos y de una fuente de dichos de Jesús, que los especialistas llaman Q. Y Santiago conoce las interpretaciones que se hacen sobre Romanos y Gálatas (Stg 2,14s). Así, muchas comunidades empezaron a copiar entre sí las diferentes obras escritas con el *kerygma* o evangelio sobre Jesús. Y de esta manera comenzó la transmisión de los diversos textos.

Fragmento egipcio del evangelio de Mateo. Siglo IV

Sin embargo, tomó un largo tiempo para que las diferentes asambleas cristianas se pusieran de acuerdo sobre cuáles escritos tenían más importancia. Fue esta el año 180 d.C. cuando apologistas como Ireneo de Lyon definieron cierto grupo de escritos como sagrados. En el siglo IV, Eusebio de Cesarea describe cómo algunas iglesias aceptaban unos textos mientras que rechazaban otros. Para esta época, la mayoría aceptaba los cuatro evangelios y las cartas de Pablo. Pero no había consenso respecto a las epístolas universales y el Apocalipsis. La canonicidad de éste último fue discutida durante varios siglos dentro de las iglesias.

En la actualidad, se conservan manuscritos del NT a partir de los siglos III y IV, y algunos fragmentos del siglo II. Los especialistas han alcanzado a recoger unos 5.000 manuscritos en griego, y otros 10.000 en otras lenguas antiguas. Las divergencias entre estos manuscritos son muchas. El texto griego del NT tiene entre 150.000 y 250.000 variantes distintas entre sí, de las cuales se realiza un proceso para tratar de discernir cuál versión es la más cercana al texto original (Trebolle Barrera, 1998).

35

Para que las comunidades cristianas llegaran a tener los textos del NT como *Sagrada Escritura* definitiva y clara, con límites marcados, transcurrieron por lo menos cuatro siglos. Esta colección final de textos definitivos es conocida como *canon*, la "medida de fe" para las iglesias, particularmente en las controversias doctrinales en las que se entró a partir del siglo II, y que ya se perfilaban en el primer siglo.

Debe señalarse que antes que existiera el *canon* definido, para muchas comunidades cristianas no había diferencia entre textos "canónicos" y "extracanónicos". Obras como el Evangelio de Tomás, el Evangelio de María Magdalena y el Apocalipsis de Pedro eran aceptadas en diversas iglesias como *memoria y tradición fiel* a Jesucristo. Antes de que existiera algo considerado como "ortodoxia", había diversidad de interpretaciones y textos –orales y escritos- sobre Jesús y la fe cristiana. Por lo tanto, no se deben juzgar estos evangelios como "heréticos" o "falsos", sino como la manifestación de fe de grupos diversos, que no quedaron en el canon final, debido al interés teológico de quienes definieron el canon.

Manuscritos del Nuevo Testamento

Los textos antiguos que contienen el NT son diferentes en naturaleza y contenido. Algunos contienen todo el NT, y otros sólo contienen fragmentos. Algunos son más antiguos, y otros más recientes. Estos se pueden clasificar de la siguiente manera (Trebolle Barrera, 1998).

A. **Papiros:** existen 98 papiros del NT. Todos proceden de Egipto, y datan de los siglos II al VIII.

B. **Manuscritos en caracteres unciales**: hay 268 manuscritos escritos en pergamino, con letras mayúsculas (unciales). En la actualidad, son los más utilizados para la investigación crítica de los manuscritos antiguos del NT.

C. **Manuscritos en caracteres minúsculos**: textos difundidos desde el siglo IX hasta el XVI, momento en que apareció la imprenta. Existen 2.792 manuscritos, designados con números arábigos y ubicados dentro de "familias textuales", es decir que muestran lecturas afines.

D. **Leccionarios**: estos son manuscritos tomados de la liturgia cristiana antigua, y sirven para ver cómo se usaban los textos del NT en las iglesias más antiguas. Existen 2.193 citas del NT conservadas, y abarcan todo el NT, excepto Apocalipsis.

E. **Citas patrísticas**: se recurre a las citas usadas por los Padres de la Iglesia más antiguos para ver qué tipo de versiones citaban. Con ello, se puede ver la difusión geográfica de ciertas variantes, y se destacan textos muy antiguos mejor conservados que los manuscritos mismos.

Julio Trebolle Barrera (1998) señala cinco etapas de la constitución de canon:

- **Período apostólico (30-70):** las Escrituras Sagradas para los cristianos era el TaNak (Torah, Profetas y Escritos, conocidos actualmente como Antiguo Testamento). Las tradiciones sobre Jesucristo eran orales, y se empezaban a escribir cartas y algunas memorias –Marcos y Q-.

- **Período sub-apostólico (70-135):** se forma la mayoría de los escritos del NT, y se recopilan en colecciones los textos ya existentes, como las cartas paulinas.

- **Período del gnosticismo naciente (135-165):** la iglesia se desprende definitivamente del judaísmo, y adquiere un carácter más gentil. Los grupos gnósticos señalan que existen "tradiciones secretas", distintas a las recogidas en los textos apostólicos. Estas posturas llevarán a una lectura selectiva del AT y el NT, e incluso al rechazo total del AT por parte de algunos grupos (por ej., Marción y sus seguidores).

- **Período anti-gnóstico (165 hasta el siglo III):** los Padres de la iglesia rescatan la totalidad de los textos bíblicos, tanto del AT como del NT frente a la selectividad de los grupos gnósticos. Ireneo de Lyon señala la catolicidad del canon, viendo al AT y al NT como un todo coherente y armonioso. Orígenes de Alejandría realiza una investigación crítica de las diferentes versiones conocidas de AT, y define un pre-canon para el NT, haciendo críticas a Judas y 2 Juan, pero aceptándolas.

- **Constitución definitiva del canon (s. IV):** los escritos de la época reflejan la aceptación de un *corpus* de textos como un *canon*, una medida para la fe. Eusebio de Cesarea acepta lo que ahora conocemos como NT, aunque muestra como objeto de discusión los textos de Santiago, Judas, 2 Pedro, las tres cartas de Juan y Apocalipsis. El concilio de Calcedonia (451) acepta como canon los textos que son parte de nuestro NT.

El canon y los disidentes

Inicialmente, el cristianismo fue un movimiento plural y dinámico, que recogía muchas más tradiciones que las que quedaron registradas en el Canon. Muestra de esto es la lista de libros canónicos y apócrifos con los que contaban diversas comunidades sin hacer distinciones entre unos y otros, antes de que el Canon se cerrara definitivamente en el Siglo IV.

Hay que notar que los libros *apócrifos* tenían un sentido peyorativo para los cristianos "ortodoxos", ya que significaba "ocultos" y por lo tanto marginales. Pero para los movimientos cristianos de otra índole –como los gnósticos- estos libros eran especiales, y el sentido de la palabra *apócrifo* era positivo, ya que ellos consideraban que existían tradiciones secretas más profundas que las enseñadas tradicional y abiertamente por las iglesias.

A continuación, una datación de los textos que quedaron en el canon del NT, y algunos de ellos, contemporáneos o de épocas cercanas, que no quedaron (Trebolle Barrera, 1998):

1. EVANGELIOS

    Marcos (65-70)
    Mateo (70-80)
    Lucas (70-80)
    Juan (90)

2. HECHOS DE LOS APÓSTOLES

    Hechos de los Apóstoles (70-80)
    Hechos de Juan (140-160)
    Hechos de Pablo (150-200)
    Hechos de Pedro (150-200)
    Hechos de Tomás (200-250)
    Hechos de Andrés (200-250)
    Hechos de Pilatos (250-300)

3. CARTAS DE LOS APÓSTOLES

    Cartas Paulinas
        1 Tesalonicenses (51)
        Gálatas (54-57)
        Filipenses (56-57)
        Filemón (56-57)

1 Corintios (57)
2 Corintios (57)
Romanos (58)

Cartas post-paulinas
Colosenses (70-80)
Efesios (90-100)
2 Tesalonicenses (90)
Tito (95-100)
1 Timoteo (95-100)
2 Timoteo (95-100)
Hebreos (70-80)

Cartas católicas
1 Pedro (70/80)
Santiago (70/80)
1 Juan (años 90)
2 Juan (años 90)
3 Juan (años 90)
2 Pedro (100-150)

Cartas apócrifas de Pablo
3 Corintios
Carta a los Laodicenses
Correspondencia de Pablo y Séneca

Cartas apócrifas de Pedro
Predicación de Pedro
Kerygmata Petrou

4. APOCALIPSIS

Apocalipsis de Juan (90-96)
Apocalipsis de Pedro
Apocalipsis de la Virgen
Apocalipsis de Tomás
Apocalipsis de Juan
Apocalipsis de Esteban

5. ESCRITOS DE LOS PADRES APÓSTÓLICOS

Primera carta de Clemente a los Corintios (90-100)
Segunda carta de Clemente a los Corintios (90-100)
Cartas de Ignacio de Antioquía (100-110)
Carta de Policarpo a los Filipenses (posterior a Ignacio)
Carta de Bernabé (130)
Didajé (90-110)
Pastor de Hermas (comienzos del Siglo II)

Los cuatro evangelios

La mayoría de los textos del NT empezaron a ser escritos durante la segunda generación de cristianos, después de la muerte de los apóstoles. Los cuatro evangelios pertenecen a este periodo. Antes

---

Q: La fuente de los dichos de Jesús

Los evangelios se nutren de una fuente de dichos de Jesús, que la investigación especializada ha llamado *Q* (*Quelle*, en alemán). Esta fuente tiene muchas semejanzas literarias y teológicas con el Evangelio de Tomás, descubierto en la Biblioteca de Nag Hammadi.

Los eruditos han llegado a la conclusión de la existencia de *Q* debido a las semejanzas que hay entre los sinópticos (Mateo, Marcos y Lucas). Marcos es considerado el evangelio más antiguo, por ser el más breve, tener pasajes difíciles de aceptar para las iglesias posteriores –como la hostilidad hacia la familia de Jesús- y por reflejar un lenguaje arameo más primitivo. Mateo y Lucas coinciden en muchos aspectos entre sí, que Marcos ni menciona, y esto se explica mediante una fuente escrita de la cual aquellos dos bebieron para redactar sus evangelios (*Q*), además de las fuentes propias de cada evangelista.

El evangelio de Juan no desconoce a Marcos, pero lo utiliza de forma diferente. Se vale de tradiciones propias de la comunidad juánica, y elabora un evangelio a partir de verdades que considera "más profundas", una combinación de experiencias entre el Jesús pre-pascual y el Jesús resucitado.

de que se pusieran por escrito, ya circulaban otros evangelios orales de las primeras generaciones, de los cuales quedan algunos fragmentos escritos, asimilados por Mateo, Marcos, Lucas y Juan. Sin embargo, los documentos más completos y más antiguos que se han descubierto hasta el momento, son estos cuatro, llamados los evangelios canónicos.

Cuando los lectores y las lectoras se acercan a una obra literaria, tienen diferentes expectativas dependiendo del género literario al que se enfrenten. Quien se acerca a la poesía esperando en ella una obra escueta y realista, tal vez naturalista, encontrará que los poemas combinan y entrecruzan palabras para formar imágenes fantásticas y surrealistas, en cierto sentido irreales. Quien se acerca a los evangelios esperando un relato científico, se encontrará con una narración mucho más profunda, y la lectura no dará satisfacción a sus intereses.

Muchos especialistas han llegado a reconocer que los cuatro evangelios son biografías antiguas, con sus propias características locales y su "realismo mágico". Estas biografías hacían parte de la retórica epideíctica, que consistía en narrar la historia de una persona honorable, fundante o significativa para una cultura. Se conocen biografías de Alejandro Magno, Augusto César y Apolonio de Tiana, entre otros.

El maestro de retórica romano llamado Quintiliano (39-95 d.C.) destaca la manera en que se componía la biografía de una persona, particularmente dentro de las categorías culturales del honor y la vergüenza:

a. Antes del nacimiento: se elogia el país, los padres y los antepasados de la persona.

b. Vida: se elogia el carácter, el físico y la fortuna de la persona.

c. Muerte: se elogia la muerte honorable, la actitud de la persona en el momento de su muerte, y lo que sucede después, en particular la forma en que los dioses recompensan a la persona, y en que los demás honran al muerto.

En este sentido, los cuatro evangelios pretenden presentar a Jesús como un personaje fundante de las comunidades de fe. Y para ello, se valen de las estrategias literarias de la época. Cada uno de los cuatro evangelios tiene su propio carácter y peculiaridad, pasando por una identidad muy judía (como en el caso de Mateo) o muy helenística (como en el caso de Juan). Y como expresiones de arte religioso y de la fe, incorporan formas preliterarias, correspondientes a la tradición oral de las comunidades cristianas, con la intención de convencer a la audiencia de que Jesús crucificado y resucitado es el Mesías.

Los cuatro evangelios se escribieron en el siglo I d.C., treinta o cuarenta años después de los acontecimientos narrados; en el caso de Juan, pasaron entre sesenta y setenta años para que el texto fuera escrito. Cada uno fue redactado desde diferentes lugares o para diferentes públicos, con distintas intenciones pastorales. Por ello, se le debe mirar a cada evangelio como una obra en sí misma y con un mensaje particular. Un buen ejercicio literario consiste en leer cada evangelio sin pensar en las interpretaciones que ofrecen los otros tres.

Algunas coordenadas históricas ayudarán a ubicarlos en su propio mundo de sentido:

- Marcos fue escrito entre los años 65-70, en el norte de Palestina o en Roma.
- Mateo fue escrito entre los años 80-90 en Siria .
- Lucas fue escrito entre los años 80-90 en Antioquia.
- Juan fue escrito entre los años 95-100 en Asia Menor.

1. Imágenes de Jesús en los evangelios: reflejo de la experiencia de fe de las comunidades

Un análisis de los rasgos literarios constitutivos de los evangelios los sitúa cómodamente entre los parámetros de los convencionalismos biográficos antiguos de forma y función. Constituyen un subtipo de biografía greco-romana principalmente determinada por el contenido, que refleja supuestos judeo-cristianos. Los evangelios (y otros tipos de literatura cristiana primitiva) están vinculados con tradiciones literarias tanto judías como greco-romanas. La literatura helenística judía y cristiana primitiva manifiestan invariablemente varios grados de sincretismo literario. La adaptación, no la copia total, era la norma (Aune, 1993, p. 62).

Entre los acontecimientos de la vida de Jesús y los evangelios sinópticos no sólo hay distancia temporal (aproximadamente 40 años), sino también distancia interpretativa. En cada evangelio, encontramos dos mundos: el de la vida de Jesús, y también el de la comunidad que escribió cada narración. A esto siempre se sumará un tercer mundo, y es el nuestro, como lectores y lectoras que buscan sentido a estos textos antiguos.

Los evangelistas intentan elaborar un relato "presentable" de Jesús para la sociedad helenística y romana de su época; una sociedad muy distinta a la Palestina rural en la que vivió Jesús. Por ello, se va dejando a un lado el énfasis en un Mesías judío, con intenciones sociales y religiosas muy concretas, para subrayar el papel de un Cristo que responde a las necesidades espirituales de las personas en medio de una las urbes romanas.

Como señala Gerd Theissen (2002), los escritores de los evangelios eran ante todo pastores, los cuales intentaban dar una orientación para sus comunidades, en situaciones muy distintas a las que se dieron durante la vida y muerte de Jesús. Estas orientaciones son llamadas por Theissen "política eclesial", y consisten en lo siguiente:

- Todo dirigente debe compartir las convicciones de su grupo, y justificar cuando va más allá de ellas.

- Todo dirigente tiene que ofrecer a su grupo una orientación dentro y sobre el mundo que los rodea, especialmente si las circunstancias son adversas.

- Todo dirigente tiene que definir los límites con relación a la religión de origen, que es el judaísmo, con el fin de marcar un territorio propio.

- Todo dirigente debe resolver los conflictos internos de su propia comunidad.

- Todo dirigente ha de dar forma a la estructura de autoridad de la comunidad y dejar sucesores.

En este sentido, el interés de los evangelios es orientar a comunidades específicas, y no tanto establecer réplicas históricas de Jesús, un personaje que la mayoría no alcanzó a conocer sino en la experiencia de la resurrección. Es por ello que puede haber transformaciones en torno a la pregunta de para qué vivió Jesús, y porqué murió. Este interrogante no sólo tiene diversos matices, sino cambios sustanciales. No es sólo la Patrística o la Edad Media la que transforma sus interpretaciones sobre la vida y muerte de Jesús, sino que el mismo NT ofrece una variedad de interpretaciones, muchas de ellas diferentes del Jesús histórico.

> Los biógrafos e historiadores helenísticos antiguos escribían también en dos niveles, combinando ideas de su propio tiempo con acontecimientos del pasado (Aune, 2002, p. 81).

El Jesús que se nos presenta en cada evangelio es el reflejo de una comunidad. Por ello es que afirmamos que los evangelios están escritos a dos niveles: (1) La historia de Jesús contada por la tradición de algunos grupos de sus seguidores y seguidoras, y (2) La historia de la comunidad que escribe, en su experiencia con el Resucitado, que pone de relieve algunos aspectos de la tradición y los re-cuenta con intenciones pastorales para un nuevo contexto.

Esto se aplica también para los distintos personajes narrados en los evangelios. La estrategia retórica consiste en escribir la historia de un personaje del pasado, con el fin de que esta imagen literaria resuma las cualidades y el carácter de la comunidad, y también los llame a ser mejores de lo que son. El personaje narrado se convierte en el modelo para una personalidad colectiva, en un arquetipo. Este es el caso principalmente de Jesús, la comunidad debe ser como el modelo que presenta el evangelio. También sucede algo similar con el Discípulo Amado narrado en Juan 20,24, que sirve como modelo de la comunidad en el discipulado; y con Pablo, presentado en el libro de los Hechos como el heraldo de la fe, al cual hay que imitar (Hch 28,31).

La figura del hijo de Dios en perspectiva helenística

No es en absoluto sorprendente que el anuncio de Cristo como υἱός τοῦ θεοῦ (hijo de Dios) haya sido entendido en este sentido; la figura del hijo de Dios era familiar a la concepción helenística, donde se encuentran diversas matizaciones, por un lado como herencia de la tradición griega, que aplica a los hombres la idea mitológica de la concepción por medio de Dios; se trata entonces de hombres que por sus acciones heroicas, por sus aportaciones espirituales o por sus obras de beneficencia, superan a los hombres vulgares. El tiempo helenístico conoció una serie de tales θεοὶ ἄνδρες (hombres divinos) que pretendían ser υἱόι τοῦ θεοῦ (hijos de Dios) o que fueron tenidos por tales y que, en parte, fueron venerados como tales. En estos casos rara vez se subraya la paradoja de la manifestación de lo divino en figura humana; esto no representa en absoluto problema alguno para el pensamiento común griego, toda vez que para ellos el espíritu del hombre era algo divino. El interés no radica, por tanto, en el hecho paradójico de la humanidad del hijo de Dios, sino en la βίος (vida) del hijo de Dios marcada por fenómenos carismáticos y por acciones milagrosas. Por otro lado, encontramos la concepción de la filiación divina que se había extendido en el helenismo oriental como herencia de la antigua mitología oriental: la concepción de divinidades-hijos, que tenían derecho a recibir veneración cultual y a las que se atribuyó una significación soteriológica. De tales divinidades, a las que se rendía culto en los misterios, contaba el mito que habían padecido el destino mortal humano, pero que habían resucitado de nuevo de la muerte. Pero justamente en el destino de estas divinidades, según la fe de sus veneradores, se fundaba la salvación de la que participaban aquellos que revivían en la iniciación mistérica la muerte y resurrección de la divinidad. No es, por tanto, de extrañar que despuntara muy pronto en el cristianismo helenístico la leyenda del nacimiento virginal de Jesús concebido por el πνεύμα ἁγίου (Espíritu Santo) (Mt 1,20) o por la δύναμις ὑψίστου (Fuerza de lo alto) (Lc 1,25) (Bultmann, 1987, pp. 180-181).

2. El comienzo de la renovación mesiánica: el movimiento de Jesús

La fe cristiana comienza con el movimiento de Jesús, en los años 30 en Palestina. Estrictamente hablando, Jesús no fundó una iglesia. Vino más bien a proclamar el reinado de Dios, y con ello generó un movimiento de renovación socio-religiosa dentro del judaísmo. El movimiento de Jesús se da *dentro* de Israel para liberar *a* Israel, y en ningún momento está pensando en irse *contra* Israel, la Torah o la sinagoga.

A este movimiento, la investigación histórica y sociológica del NT ha llamado *movimiento de Jesús* (Theissen, 1979). Dentro de este movimiento, se incluye a los seguidores de Jesús, y a Jesús mismo, pues él estaba inmerso dentro de la realidad social caracterizada por este nombre. A tal comunidad se le llama *movimiento de Jesús*, ya que indica una forma socio-religiosa de comportarse, que está en oposición a la religión institucional establecida. Además, como *movimiento*, trasciende lo que ahora se conoce como "iglesia", pues no tenía la pretensión de convertirse en una institución eclesial, ni mucho menos en "otra religión".

> **Flavio Josefo, Antigüedades judías XVIII, 63-64**
>
> En esa época surgió Jesús, un hombre excepcional, ya que hacía obras prodigiosas, un maestro para las gentes que reciben las verdades con agrado, y se ganó a muchos de entre los judíos e incluso de entre los griegos (En: Baslez, 2009, p. 95)

El movimiento de Jesús debe distinguirse de los grupos de seguidores que vinieron después de la resurrección, orientándose más y más hacia la iglesia, y posteriormente hacia las iglesias institucionales. Stegemann y Stegemann (1995) distinguen tres grupos de seguidores de Jesús, que se fueron sucediendo en el siglo I:

- **El movimiento de Jesús (años 30):** se trata del grupo conectado con Jesús durante su vida. A éstos, los evangelios aplican el término "discípulo" (μαθητὴς). Incluía a hombres y mujeres de las capas más marginadas de la sociedad palestina. Se refleja una fuerte confrontación con los ricos y con la política romana (Lc 6,20).

- **La iglesia primitiva de Jerusalén (años 33-70):** la comunidad que se erigió después de la muerte de Jesús. Está liderada por Santiago, y en algún momento por Pedro y por Juan. Pablo le da el nombre de "las iglesias de Judea" (Gal 1,22s), para distinguirla de "las iglesias de los gentiles" (Ro 16,4).

- **Las iglesias cristianas del período después del 70 (año 70 en adelante):** estas son las comunidades representadas en los evangelios de Mateo, Lucas y Juan. Son iglesias muy diferentes entre sí. Unas de ellas, como las que aparecen en las Cartas Pastorales, se orientan cada vez menos a una confrontación directa con el imperio romano, y buscan adecuarse al estilo de vida de la sociedad helenística (1 Ti 2,1s).

El movimiento de Jesús tiene raíces en el movimiento de Juan Bautista. Jesús fue bautizado por Juan (Mc 1,9), lo cual indica un compromiso con su mensaje y autoridad profética. Los primeros discípulos de Jesús eran también discípulos del bautista (Jn 1,35). Y el evangelio de Marcos presenta la aparición pública de Jesús después del asesinato del bautista (Mc 1,14). Incluso, algunas personas consideraban que Jesús era Juan *Redivivus*, pues venía a continuar con el mensaje profético después de la muerte de éste: "El rey Herodes se enteró, porque la fama de Jesús se divulgaba, y pensaba que Juan el Bautista había resucitado de entre los muertos y por eso tenía poderes milagrosos" (Mc 6,14 BNP).

Los primeros discípulos del movimiento de Jesús fueron de Galilea, del círculo del bautista (Mc 1,16-20). Los Doce eran la representación simbólica de la misión de estos seguidores para las tribus de Israel. Es importante notar que los nombres de los Doce son distintos en las listas que presentan los evangelios (Mc 3,13-18; Mt 10,1-4; Lc 6,12-16). Lo cual indica que había mucho más que doce entre los apóstoles. Además, hay otros discípulos, mencionados también con nombre propio, como Bartimeo (Mc 10,46), María Magdalena, María madre de Santiago y Salomé (Mc 15,40.41), Juana la esposa de Cusa y Susana (Mc 8,2-3).

La misión a la que se llamó a estas personas las convirtió en carismáticas itinerantes, anunciando el reinado de Dios por las aldeas de Palestina y Siria. Su predicación y estilo de vida se refleja en los sinópticos:

- Compartían el estilo de vida itinerante, siendo profetas, taumaturgos y anunciadores del reinado de Dios (Mc 6,7-13).

- Dejaron a sus familias y trabajos (Mc 1,16-20; Lc 9,57).

- Renunciaron a un lugar estable para vivir y a sus propiedades (Mc 10,17; Mt 8,20; Hch 4,36).

- Renunciaron inicialmente a cualquier forma de defensa personal (Mt 5,38s).

Cristo en el Desierto (Ivan Kramskoi, 1872)

Además de los carismáticos itinerantes como tales, que eran las autoridades espirituales del movimiento, había simpatizantes en las comunidades locales. Estas comunidades locales recibían y acogían a los carismáticos y su mensaje. Jesús encontró acogida en la casa de Pedro (Mt 8,14), de Marta y María (Lc 10,38) y de Simón el leproso (Mc 14,3). Las mismas casas proveían económicamente a los predicadores, y esto era suficiente para el auto-sostenimiento en situaciones de adversa pobreza. Estas casas fueron el núcleo de iglesias locales posteriores, después de la resurrección de Jesús, en las que tanto hombres como mujeres expandieron las tradiciones sobre Jesús que habían aprendido.

Marcos describe a los discípulos como personas pobres. Esto se refleja, por ejemplo, en el contraste que aparece entre el discípulo Bartimeo (Mc 10,17s) y el no-discípulo rico, que se niega a abandonar las posesiones y darlas a los pobres (Mc 10,46s). La acusación que se hace a los discípulos de recoger espigas en el día de reposo evidencia el hambre y la imposibilidad material de comprar o producir comida (Mc 2,23). La maldición de la higuera estéril supone el hambre que tenían Jesús y sus discípulos (Mc 11,12s).

El carácter peculiar de la memoria cristiana es una memoria de vencidos y humillados, de marginados y despreciados. Son ellos los sujetos históricos del Movimiento de Jesús. Los pobres normalmente son invisibles, no obstante sentimos su presencia cuando el Movimiento de Jesús se hace historia. Son los pobres los que dan orientación, identidad y fuerza al Movimiento histórico de Jesús (P. Richard, 2009, p. 35).

La existencia itinerante de Jesús y sus discípulos y discípulas indica las condiciones de vida en que vivían, en una subsistencia de lo mínimo, vulnerables. También Lucas y Mateo describen a los discípulos como personas pobres:

- **Son personas que tienen hambre y sed:** "Dirigiendo la mirada a los discípulos, les decía: Felices los pobres, porque el reino de Dios les pertenece. Felices los que ahora pasan hambre, porque serán saciados" (Lc 6,20-21 BNP).

- **El Padrenuestro presupone la necesidad de conseguir algo de pan cada día:** "danos hoy nuestro pan de cada día" (Mt 6,11 BNP).

- **El llamado a no preocuparse por la comida y la ropa presupone la angustia diaria por conseguir algo para comer, y siquiera con qué vestirse**: "Por eso les digo que no anden angustiados por la comida [y la bebida] para conservar la vida o por la ropa para cubrir el cuerpo" (Mt 6,25 BNP).

- **La riqueza es condenada como idolatría y oposición al reinado de Dios, lo cual se refleja en los dichos más antiguos de Jesús (*Fuente Q*):** "Es más fácil para un camello pasar por el ojo de una aguja que para un rico entrar en el reino de Dios" (Mc 10,25 BNP; cf. Lc 12,13-21; 16,19s).

El movimiento de Jesús se caracterizaba entre las personas marginadas de la sociedad palestina por el anuncio del reinado de Dios. Este incluía las sanidades milagrosas, tanto de Jesús como de sus discípulos y discípulas (Mc 1,22; 3,25; Mt 11,20; Lc 9,1). Los milagros eran comprendidos por Jesús y sus movimiento como el comienzo de la victoria del reinado de Dios sobre el mundo de los demonios, que incluía el dominio romano: "Pero si yo expulso los demonios con el dedo de Dios, es que ha llegado a ustedes el reino de Dios" (Lc 11,20 BNP).

El mensaje proclamado por el movimiento de Jesús es *el reinado de Dios* (βασιλεία τοῦ θεοῦ). Con esto, se está anunciando el amanecer de una nueva era sobre una nación dominada por los poderes satánicos de Roma. Los destinatarios incondicionales de este reinado son los pobres y los niños (Lc 4,18-21; 16,20-21; Mc 9,33; 10,14-15). Hay una esperanza de inversión en la situación social (Lc 1,52). En esta concepción escatológica de lucha de reinos, el reinado de Dios es un combate contra las fuerzas del mal, en el que Dios como rey toma el papel de redentor y liberador, y no de administrador o dictador (Stegemann y Stegemann, 1995, p. 205).

> La mamá de Oscar: El reino, me parece a mí, es el amor. El amor en esta vida. Y el cielo es para los que aman aquí, porque Dios es amor.
>
> ...Y Felipe, hijo de Tomás Peña: Bueno, puede ser un orgullo para los pobres el saber que hemos sido escogidos para el reino. Pero debemos saber también que Jesús no quiere que los hombres se mantengan oprimidos. El ha venido a liberar a los humanos, a que el mundo no esté dividido entre ricos y pobres, y tampoco quiere que todos sean pobres. Podemos estar alegres por la noticia de ese reino que viene, pero no podemos estar satisfechos hasta que venga (*El Evangelio en Solentiname* I, pp. 92.94).

Es difícil encontrar en los evangelios que Jesús se haya considerado como el rey, sino como un profeta que anuncia el reinado de Dios (Mc 6,15; Lc 11,49; 13,34-35). Él perdona pecados en nombre del reinado de Dios (Mc 2,1-12) y comparte la mesa del banquete mesiánico con todas las personas (Mt 11,19). Y envía a sus discípulos y discípulas a perdonar pecados y a celebrar el banquete mesiánico (Mt 6,9-3; Lc 11,2-4).

3. El movimiento de Jesús y *La guerra del fin del mundo*

La novela *La guerra del fin del mundo* (1981) de Mario Vargas Llosa se ubica en el nordeste de Brasil, a finales del siglo XIX, cuando un grupo de personas desposeídas, muchas de ellas ex cangaceiras, tienen un encuentro religioso con el predicador itinerante António Conselheiro, y se van a habitar a una aldea de 2.500 casas para crear una comunidad apocalíptica que proclama el inminente fin del mundo y oponerse a las políticas de la modernizante política brasileña.

Esta novela es una abierta crítica a todo tipo de fanatismo que pueda devenir en barbarie, pero también logra perfilar la realidad de las personas que se unen a los grupos apocalípticos y hallan en ellos un sentido para sus vidas. Por tratarse de la ficcionalización de un evento histórico, el escritor peruano recoge la realidad de esta comunidad que tiene un encuentro con un discurso que los dignifica y los libera, el cual recuerda las características del movimiento de Jesús, personas que no tienen un lugar en la sociedad, y encuentran allí un sentido para su existencia. Casi todos analfabetos. Ex bandidos, prófugos de la justicia, mujeres maltratadas por la cultura patriarcal y personajes de circo que son humanizados por el grupo y reconocidos como personas.

Había entre ellos encuerados que habían vivido arreando el ganado de los coroneles hacendados; caboclos de pieles rojizas cuyos tatarabuelos indios vivían semidesnudos, comiéndose los corazones de sus enemigos; mamelucos que fueron capataces, hojalateros, herreros, zapateros o carpinteros, y mulatos y negros cimarrones huidos de los cañaverales del litoral y del potro, los cepos, los vergazos con salmuera y demás castigos inventados en los ingenios para los esclavos. Y había las mujeres, viejas y jóvenes, sanas o tullidas, que eran siempre las primeras en conmoverse cuando el Consejero, durante el alto nocturno, les hablaba del pecado, de las vilezas del Can o de la bondad de la virgen... Éstos nunca tuvieron qué preocuparse por el alimento, pues eran frugales y recibían dádivas por donde pasaban. De los humildes, que corrían a llevarle al Consejero una gallina o una talega de maíz o quesos recién hechos, y también de los propietarios que, cuando la corte harapienta pernoctaba en las alquerías y, por iniciativa propia y sin cobrar un centavo, limpiaba y barría las capillas de las haciendas, les mandaban con sus sirvientes de leche fresca, víveres y, a veces, una cabrita o un chivo (Vargas Llosa, 1997, p. 35).

Similares a estos personajes, aparecen los seguidores de Jesús: habitantes de Palestina con trabajos marginales, mujeres de las que han sido expulsados demonios, enfermos y lisiados, ciegos, cojos y sordos, incluso lunáticos sanados que ahora son enviados a dar testimonio. Los sociólogos del Nuevo Testamento hablan de personas desarraigadas que se agrupan en situaciones de amenaza, tales como las presiones sociales del desajuste económico, la impotencia política y la explotación, junto con un vacío religioso. Debido a la situación adversa, los grupos se radicalizan y toman una postura diferente, alternativa a la religión institucional, y forman un movimiento político-religioso que se proclama el final de las cosas existentes y el anuncio de un mundo nuevo.

4. Jesús y la renovación mesiánica en una nación dominada por Roma

En el siglo I, las formas de relacionarse con Roma eran distintas. Las pirámides de patronazgo veían en el César al salvador del mundo, el que establecía la paz y la prosperidad. Las ciudades del imperio le tributaban honores diversos, y hasta competían entre ellas por ofrecerle los más suntuosos homenajes. Estas instituciones de honra al emperador estaban patrocinadas por los ricos magnates de las ciudades griegas, por los grandes terratenientes y por los políticos locales, que tenían redes de clientes dependientes de ellos, como los mercaderes, artesanos urbanos o acaparadores de las cosechas.

También había otros grupos que se resistían a Roma, particularmente en la zona oriental del imperio. Richard Horsley (2003) recoge cuatro grandes revueltas orientales de la época, particularmente en Palestina:

- Cuando Herodes llegó para conquistar su reino con ayuda de los romanos en el 40 a.C., los judíos y particularmente los galileos hicieron una *guerra de guerrillas* contra él durante tres años.
- En el 4 a.C., la población jerosolimitana en la época de pascua organizó una protesta y surgieron *revueltas* por el país. Se destaca la labor de Judas, hijo de un líder de rebeldes, que capitaneó a unos campesinos para atacar la fortaleza herodiana de Séforis.
- El verano del año 67 d.C. estalló una generalizada *revuelta en Jerusalén* y en el país entero. Los jerosolimitanos atacaron a los sacerdotes principales y sus casas, obligaron a retirarse a las tropas romanas y asesinaron a la guarnición apostada en la fortaleza de la ciudad. Se expulsó a los romanos del país. En Galilea, las gentes resistieron a la reconquista romana durante ese año. Años después, los romanos horadaron los muros, asesinaron a los defensores y destruyeron el templo en el 70 d.C.
- La campaña revolucionaria de *Simón Bar Kochba* (132-135 d.C.), reconocido por muchos judíos como "Mesías", que finalmente fue apagada violentamente por los romanos bajo el Emperador Adriano.

La razón principal de estas resistencias era la importancia en la tradición israelita de resistir al extranjero opresor. Fundamentados en el relato del Éxodo como paradigma, los judíos y galileos buscaban una constante liberación que se les hacía presente en la memoria de la pascua. Para ellos no había más Dios que el Señor, y la tierra se les había dado para gozarla con libertad, no para pagarle tributo a cualquier reino extranjero.

Los movimientos y las protestas populares eran frecuentes, variados y potencialmente masivos. Entre ellos había escribas y fariseos que apoyaban al pueblo a resistirse ante Roma. Incluso la comunidad de Qumrán generó una simbólica de guerra santa contra los romanos, recopilada en un texto que se llama *La guerra de los hijos de la luz contra los hijos de las tinieblas*.

Las acciones revolucionarias podían ser violentas o no-violentas. Muchos de estos movimientos revolucionarios eran mesiánicos y proféticos, particularmente entre los campesinos de Nazaret y Galilea en general. Este tipo de movimientos tenían dos metas político-religiosas: conseguir la libertad del régimen herodiano y romano, y restaurar un orden socio-económico más igualitario. Su simbología profética se remitía a desplazarse al desierto y volver a atravesar el Jordán para ingresar de nuevo a la tierra y conquistarla, como en el relato de Josué.

El Jesús histórico era un líder religioso que encabezaba un movimiento popular, como el de los predecesores paradigmáticos Moisés y Elías, mostrando que las curaciones y los exorcismos son actos de victoria del reinado de Dios sobre el imperio romano. Los milagros y las curaciones tenían la función de liberación espiritual, de misericordia individual, pero también eran parte de un programa mayor de sanación personal y social, donde las personas excluidas se sienten miembros de una nueva comunidad.

Los evangelios conservan la memoria de Jesús como líder popular en conflicto con los líderes de Jerusalén y el imperio romano. Él era un carismático itinerante, en manifiesto descontento contra Roma. Los discursos de Q muestran a un Jesús "subversivo", oponiéndose a las medidas represivas de la religión y el imperio. Lucas mantiene hace memoria de una de las razones más importantes por las que crucificaron a Jesús, al verlo como opositor a las instituciones romanas: "Hemos encontrado a éste incitando a la rebelión a nuestra nación, oponiéndose a que paguen tributo al César y declarándose Mesías rey" (Lc 23,2 BNP).

En Marcos y la *fuente de los dichos* (*Q*), se mantiene vivo el mensaje de Jesús del reinado de Dios, prometido a los pobres y los hambrientos. En las tradiciones primitivas del mesías galileo se recuerda su reclamo por la remisión de deudas (Mt 6,12; Lc 11,4), la apertura de los banquetes para los pobres (Lc 14,13) y la expulsión de demonios como símbolo del dominio sobre el imperio de Satán (Mc 5,9).

Aunque no hay evidencia de que Jesús tuviera un plan social y político determinado –y probablemente no lo tendría-, su mensaje del reinado de Dios implicaba la irrupción divina por medio de acciones humanas. Este mensaje esperaba la transformación del mundo entero, bajo la dominación romana. Mientras más se fue acercando a Jerusalén, Jesús se fue volviendo menos cauteloso y más confrontativo con las autoridades religiosas y políticas, tal como dice de Herodes, cuando se da cuenta que éste lo está buscando para matarlo: "Vayan a decir a ese zorro: mira, hoy y mañana expulso demonios y realizo sanaciones; pasado mañana terminaré. Con todo, hoy y mañana y pasado tengo que seguir mi viaje, porque no puede ser que un profeta muera fuera de Jerusalén" (Lc 13,32.33 BNP).

Esta actitud desafiante ante Herodes, Roma, y los religiosos del Templo le valieron la muerte a Jesús. Fue crucificado entre dos bandidos. La palabra usada para *bandidos* (λῃστής) no sólo puede traducir "ladrón", sino también "revolucionario, "insurreccionista" (BBW 8.0), tal como se aplica a Barrabás en Jn 18,40: "Barrabás era un bandido (λῃστής)". A Jesús se le crucifica entre dos bandidos, de la línea de Barrabás, y en reemplazo de éste, pues ambos eran considerados como rebeldes ante las tropas romanas (Mc 15,27 BJ).

El final evangelio de Marcos invita al movimiento de Jesús, después de la muerte del maestro, a retornar a sus raíces galileas y rurales (Mc 16,7). Con ello, se busca recuperar la memoria de Jesús y sus seguidores en torno a las raíces, a ser diferentes de la institución de los Doce, y a seguir promoviendo la memoria subversiva del evangelio. La presencia del resucitado invita a la continuidad con su mensaje del reinado de Dios, manteniendo su memoria "subversiva". (Ver recuadro pág. 56).

5. Texto bíblico: la invitación al banquete (Lc 14,16-24; Mt 22,1-14)

Un hombre daba un gran banquete, al que invitó a muchos. Hacia la hora del banquete envió a su sirviente a decir a los invitados: Vengan, ya todo está preparado… (Lc 14,16ss BNP).

Los redactores de los evangelios usaron las mismas historias, pero cada uno les dio su propia interpretación. En estos relatos, los sentidos cambian debido a la época y al contexto, pues los textos tienen un *plus* de sentido, que los hace ir más allá de lo que dicen inicialmente. Sin embargo este *plus* puede ser positivo o negativo, puede estar a favor de la vida o en contra de ella. Los cambios en la parábola del banquete son notables.

	Versión de Lucas (14,16-24)	Versión de Mateo (22,1-14)
Contexto de la parábola	Jesús ve cómo algunos elegían los puestos de honor, en Jerusalén (7). Uno de los invitados le dice: "¡Dichoso el que se siente al banquete del reino de Dios! (16 BNP)	Jesús en conflicto con los dirigentes judíos en Jerusalén (21,45s)
Anfitrión	Hombre notable	Rey
Celebración	Cena	Banquete de bodas

Respuesta de los primeros invitados	Están ocupados, se disculpan, y no van	No van
Resolución del anfitrión	Invita a los pobres, mancos, ciegos y cojos. Incitación a la insistencia	Invitación a cuantos estén en el camino, malos y buenos
Castigo a los primeros invitados	(No hay castigo)	El rey envía sus tropas, acaba con "aquellos asesinos" e incendia la ciudad (17) Manda a echar a las tinieblas al que no tiene el traje adecuado
Conclusión/ interpretación de la parábola	"Cuando des un banquete, invita a pobres, mancos, cojos y ciegos. Dichoso tú, porque ellos no pueden pagarte; pero te pagarán cuando resuciten los justos" (13-14 BNP)	"Porque son muchos los invitados pero pocos los elegidos" (24 BP)

Una de las reglas de la crítica textual para establecer cuál versión es más antigua es elegir la versión más corta. Por ello, se considera que la versión narrada por Lucas es más cercana a la tradición más primitiva sobre los dichos de Jesús.

Mateo usa el sentido polivalente de la parábola para establecer una alegoría sobre la relación entre Israel y Jesús. Identifica al hombre con un rey, quien no celebra una comida sino un banquete de bodas de "su hijo" (2), y envía a los sirvientes a asesinar a quienes no quisieron ir al banquete, optando por la gente del camino. Finalmente, los que no fueron son castigados, y emplea de una terminología militar que alude a sitiar una ciudad: "El rey se indignó y, enviando sus tropas (στρατεύματα), acabó (ἀπώλεσεν) con aquellos asesinos e incendió su ciudad (τὴν πόλιν αὐτῶν ἐνέπρησεν)" (7). Además de la terminología militar que usa, es interesante notar el calificativo de las personas que no quisieron ir a la boda: se les tacha de asesinos (φονεῖς ἐκείνους), cuando el texto no ha mencionado que ellos hayan matado a alguien.

Varios especialistas coinciden en que Mateo está alegorizando con esta parábola la destrucción de la ciudad Jerusalén, y que interpreta tal destrucción como castigo o venganza por parte de Dios. Desde esta perspectiva, Dios utilizaría las tropas romanas para la ciudad. La razón es simple: ellos serían asesinos de Jesucristo.

Está parábola ha avanzado a través de la historia. Pasó de ser una parábola del banquete y de inclusión, a una parábola de la guerra y exclusión.

San Jerónimo traduce en la vulgata la palabra ἀναγκάζω (Lc 14,23) que puede significar "forzar" pero más en este contexto se refiere a "urgir" e "insistir" por el latín *conpelle intrare*, presentando la ambigüedad entre la insistencia y la violencia. Pero es San Agustín (*Sermo* 112,8) quien lee el verso como *Coge Intrare* (fuérzalos –en vez de invítalos- a entrar), encontrando un fundamento para su doctrina de la Guerra Justa. De esta manera, este texto bíblico se convierte en el cimiento teológico para las conversiones forzadas, la inquisición y la llamada guerra justa, es decir una justificación para que los Estados cristianos oprimieran y conquistaran a los no-cristianos (Küng, 1997, p. 303).

En Abya-Yala, la invitación al banquete de la vida se convierte en la invitación al banquete de la muerte. Con la llegada de los españoles, se lee esta parábola como una justificación para la conquista, donde se cree que a los indios los beneficia la invitación al bautismo a través de la guerra. Ejemplo de ello es el des-encuentro entre Pizarro y Atahualpa. Los españoles le ofrecen una Biblia al Inca y le dicen que esa es la Palabra de Dios. Atahualpa la pone junto a su oído pero no escucha nada. Entonces la rechaza, tirándola al piso. Los españoles interpretan esto como una blasfemia contra su religión y proceden con la matanza.

> **El argumento de la parábola del Banquete es leído en la conquista de América, como una justificación para matar a los indígenas que rechazan el cristianismo**
>
> Entonces, mientras Felipillo recogía el libro, el sacerdote corría hacia los españoles dando voces: ¿No veis lo que pasa? ¿Para qué estáis en comedimientos y requerimientos con este perro lleno de soberbia? ...Salid a él, que yo os absuelvo... Venganza, venganza cristianos. Los Evangelios son despreciados y se los arroja por tierra. Maten a estos perros que desprecian la ley de Dios (González, 1998 p. 209).

La resignificación de la muerte del inocente

(Ivone Gebara)

Crucifixión (Giambattista Tiepolo 1745-1750)

La muerte es inherente a todo ser vivo, a cada momento morimos, pero hay ideologías sobre la muerte, particularmente sobre la muerte de Jesús y la de tantos otros. La rechazamos porque es una muerte prematura e injusta. Jesús como otros muere porque lucha por la vida, es por las acciones de resurrección, de restauración de la vida, que lo asesinan, lo crucifican. Es desde esta muerte que toda la comunidad considera injusta y sin sentido que se busca encontrarle explicación. La muerte de la hermana Dorothy Stang en el estado de Pará, en Brasil en 2005, fue una muerte injusta porque los terratenientes la mataron porque ella trabajaba con los campesinos en educación ecológica para que tuvieran su tierra y pudieran cultivarla con métodos alternativos.

Cuando tocamos la experiencia de la muerte injusta, psicológicamente tenemos que encontrar una razón para poder transformarla en algo que nos consuele y que nos haga salir del absurdo. Es así que decimos que es el precio de la justicia. Decimos que la persona dio su vida por los campesinos y campesinas, por los pobres, por la patria. De ahí se llega fácil a la afirmación: *murió para salvarnos*. "Dorothy murió porque nos quería mucho", decían los campesinos, pero esa muerte no fue elegida por ella, sí lo fue por su vida misionera. El asesinato es injusto y para poder hacerlo más soportable se lo transforma. Cuando Dorothy fue sepultada y la pusieron en la tierra, en el mismo lugar en el que ella trabajaba, una hermana de su congregación dijo: *"Dorothy, tú no estás siendo enterrada, estás siendo sembrada"*.

Es una imagen muy linda; construimos sentidos ante el dolor. Las mujeres pobres cuando se les mueren los hijos pequeños dicen que se vuelven angelitos. En el campo es común encontrar mujeres con diez hijos de los cuales cinco se convirtieron en angelitos. Transformamos la muerte entregándole un sentido. Es tan absurdo que mataron a Dorothy, o que una hijita murió de hambre que es necesario transformarla en un ángel de Dios para tornarlo soportable. Eso mismo sucedió con la muerte de los Macabeos. A la madre los Macabeos y a las otras madres, la muerte de centenas de jóvenes las llevó a decir que sus hijos no podían estar muertos, ni la vida podía ser tan injusta y de ahí es que empiezan a hablar de una vida más allá del a muerte. No sabían dónde era, pero de no existir sería insoportable y así se crean las ideologías sobre la muerte. Pienso que algo semejante pasó con Jesús y esto es importante decirlo porque lo rescatamos para nosotros, para nuestra condición, como una manera de soportar el dolor y transformarlo dándole un sentido, frágil sin duda, pero un sentido. (I. Gebara, 2002, pp. 74-75).

6. Biblia y Cine: *Héroe* (Zhang Yimou)

Cada evangelio tiene su propio colorido estético. Tienen paralelos entre sí, pero los paralelos no son tanto históricos sino literarios y teológicos. Ejemplo de ello es el relato de la unción de Jesús por parte de una mujer, uno de los pocos que aparece en los cuatro evangelios. El acontecimiento es el mismo, pero hay grandes diferencias en la ambientación, como el lugar, el anfitrión, la parte del cuerpo de Jesús que es ungida, la persona que unge a Jesús, los antagonistas que protestan, e incluso la interpretación del acontecimiento.

	Marcos (14, 3-9)	Mateo (26,6-13)	Lucas (7,36-56)	Juan (12,1-8)
Lugar	Betania	Betania	Galilea	Betania
Anfitrión	Simón leproso	Simón leproso	Simón Fariseo	Lázaro
Persona que unge a Jesús	Una mujer	Una mujer	Una pecadora pública	María hermana de Lázaro (no es Magdalena)
Parte del cuerpo ungida	Cabeza	Cabeza	Pies	Pies
Antagonista a la acción	Algunas personas	Los discípulos	Simón Fariseo	Judas Iscariote
Interpretación del acontecimiento	Ha preparado el cuerpo de Jesús para su sepultura	Ha preparado el cuerpo de Jesús para su sepultura	A la mujer se le perdona mucho, y demuestra mucho amor	Ha preparado el cuerpo de Jesús para su sepultura

Similar a las variaciones que encontramos en los evangelios es la película china llamada Héroe (Ying Xiong) (2002), del director Zhang Yimou. Ésta narra la historia de país dividido en siete reinos, de los cuales el Estado de Qin intenta conquistar toda China y convertir a su rey en el primer Emperador. Por supuesto, los demás Estados se oponen a tal imposición, y de ellos se levantan guerreros como Espada Rota, Nieve Voladora y

Cielo. Un hombre, llamado Sin-Nombre, dice haberlos derrotado, y consigue una audiencia con el rey de Qin, para esperar su recompensa. El acontecimiento narrado por Sin-nombre ante el rey es la muerte de Espada Rota, Nieve Voladora y Cielo. Pero las versiones presentadas a lo largo de la película son diferentes. Las interpretaciones son diversas y variadas, cada una con su propio colorido y significación.

La derrota de Cielo, desde la versión de Sin-Nombre, se realiza en la estética del agua, con un colorido oscuro, y en algunas partes en blanco y negro. La música acompaña el combate, el cual es fundamentalmente mental. El combate se asemeja a una melodía. Cuando se acaba la música, se da la estocada final, y Sin-Nombre vence a Cielo usando el pensamiento.

La derrota de Nieve Voladora y Espada Rota es contada en distintas versiones. La primera versión que da Sin-Nombre al rey se podría llamar una *versión en rojo*. Se realiza en la ciudad de Zhao, con el constante uso del color rojo, como las vestiduras, la tinta de la escritura, los lugares en general, y la transformación del bosque amarillo en una pintura roja ante la muerte de Luna, ayudante de Espada Rota, a manos de Nieve Voladora. En este caso es la caligrafía la que se equipara al combate. El pergamino es el que refleja el arte mismo del guerrero. Sin-Nombre usa esta vez no el pensamiento sino los sentimientos para destruir a Espada Rota y Nieve Voladora, particularmente a través de los celos y la venganza a causa de un amor traicionado.

La segunda versión de esta derrota es la interpretación del rey, la cual es una *versión en azul*. El rey sospecha de la primera versión, ya que considera que Espada Rota y Nieve Voladora no pueden tener sentimientos tan frágiles para pelearse entre sí. Por esto reconstruye su historia en un entorno azul, donde combaten Sin-Nombre y Espada Rota danzando sobre un hermoso lago, ante las montañas nevadas y el cadáver de Nieve Voladora. La sospecha del rey es que entre los cuatro guerreros han simulado sucesivas derrotas entre sí para que el último, Sin-Nombre, pueda acercarse al rey y matarlo.

Sin-Nombre entonces ofrece una nueva versión, ante las sospechas del rey, y cuenta el mismo suceso pero ahora con otro colorido, lo que podría llamarse una *versión en blanco*. Sin-Nombre confiesa que ha venido a vengarse del rey, quien asesinó a su familia. Espada Rota ha desistido de este plan porque ha tenido una comprensión filosófica que va más allá de la venganza.

Esta comprensión filosófica que tiene Espada Rota lleva a una digresión en el relato, para contar la versión de este guerrero, una *versión en verde*. Aquí, Espada Rota y Nieve Voladora planean matar al rey de Qin. Dialogan, vestidos de verde en una escenografía del mismo color, con un lago verdoso y unas montañas pobladas de árboles. Ambos llegan hasta el palacio del rey, y mientras Nieve Voladora detiene a la guardia en la puerta, Espada Rota accede y enfrenta al rey, entre cortinas verdes. Cuando caen las cortinas, decide no matarlo. La razón queda escrita en la arena del desierto: "Nuestra Tierra", con la idea de que sólo el rey puede traer la paz a la entera tierra de China.

Luego de esta digresión, se retorna a la *versión en blanco*, donde los personajes vestidos de blanco se hallan en el desierto. Espada Rota y Nieve Voladora siguen vivos, pero entregan su espada a Sin-Nombre, para que las lleve como trofeos ante el rey. Espada Rota decide morir a manos de Nieve Voladora, para que comprenda su razón de no matar al rey, y Nieve Voladora se entrega a la muerte en la espada de su amado. El dice a Sin-Nombre que si alguien como Espada Rota entendió sus razones imperiales, puede morir tranquilo. Está entonces en manos de Sin-Nombre si matarlo o no.

Esta obra cinematográfica refleja que siempre el ser humano tiene una sospecha sobre lo realmente ocurrido, como el rey de Qin, pero las diferentes versiones enriquecen la experiencia de la verdad que se tiene ante el desplegarse de las narrativas. Lo importante no es el "cómo" ni el "final", sino el "mientras", la experiencia que emerge en la asistencia a la narración. De igual manera el NT no está tan interesado en la "versión original" o más histórica, sino en lo artística y religiosamente posible que puede desplegar una vida tan sobresaliente como la de Jesús de Nazaret.

7. Parábolas: el reinado de Dios en metáforas y narraciones de lo cotidiano

De la investigación histórica acerca de Jesús, hay dos cosas indiscutibles: que fue crucificado por el imperio romano, y que enseñaba por parábolas. Las parábolas eran la manera de comunicarse de Jesús; y el legado que ha quedado en la memoria de sus discípulos y discípulas, y que ha sido transmitido a través de los evangelios.

Las parábolas son mucho más que ilustraciones sobre el cielo, pues están dirigidas a una audiencia en la tierra. Se trata de la creación de mundo imaginario, metafórico y simbólico, con el propósito de reflejar la realidad y hacernos pensar en ella.

Las parábolas están enraizadas en el imaginario de la cultura judía desde tiempos pre-cristianos. Para los rabinos, las parábolas son dichos e historias para hacernos pensar en la Torah (Snodgrass, 2008, p. 8). En el pensamiento judío, las dos caras de la Palabra de Dios son (a) el texto escrito y (b) su interpretación oral, la que es conocida como la Torah Oral, la cual fue puesta por escrito en la diáspora después de la destrucción romana del templo en el 135 d.C. Las parábolas (*Mashal*, en hebreo) son historias o comparaciones presentadas como un instrumento hermenéutico para interpretar los textos sagrados o dar enseñanzas acerca de la vida. Está compuestas por dos partes: (a) el *Mashal*, que es un relato o comparación presentados ante la audiencia, generalmente con una nota discordante o elemento sorpresa que llama la atención; y (b) el *Nimshal*, que es la lección o moraleja que se saca del relato o comparación, referente a la voluntad de Dios en la vida cotidiana o en las Escrituras (Maisonneuve, 1985)

> La parábola es como una mecha que sirve para descubrir una piedra preciosa (Cantares Rabbah. En: Maisonneuve, 1985, p. 4).

Para Jesús, son narraciones o metáforas para hacernos pensar en la irrupción del reinado de Dios en la tierra. Se trata de un medio de comunicación indirecta, pequeñas ventanas para interpretar la vida cotidiana a la luz del reinado de Dios, y el reinado de Dios a la luz de la vida cotidiana. En este sentido, las parábolas tienen dos o más niveles de significación: (a) el nivel de la historia narrada o el simbolismo, y (b) la realidad profunda a la que alude esa narración o ese simbolismo.

La palabra castellana que conocemos como "parábola" proviene del griego *parabolé*. En el NT este término tiene una variedad de acepciones, unas veces mezcladas unas con otras, como hace notar C. H. Peisker (En: *DTNT*, Vol. III, pp. 288-292):

- La *imagen*, que es un elemento simbólico, donde el símbolo (lo conocido) aclara la cosa desconocida y le da más de un sentido: "Ustedes son la luz del mundo" (Mt 5,14 BNP)

- La *metáfora,* que es expresión figurada que resulta de una comparación: "Entren por la puerta estrecha…" (Mt 7,13 BNP)

- La *comparación*, que es una frase en la que lo comparado y lo que se compara van unidos por una partícula comparativa: "¡Ay de ustedes, porque son como sepulcros sin señalar" (Lc 11,44 BNP).

- La *semejanza* o parábola pura, que es una *narración desarrollada* a partir de una comparación o de una imagen: "El reino de los cielos se parece a la levadura…" (Mt 13,33 BNP).

- La *parábola* ampliada, que consiste en una historia libremente inventada, la cual se fija en algo ocurrido una sola vez: "Había en una ciudad un juez… (Lc 18,2 ss BNP).

- El *relato ejemplar*, que es una historia de libre invención, y narra un caso modélico, que el oyente debe universalizar, pareciéndose o diferenciándose de los personajes o la situación que se presentan: "Dos hombres subieron al templo a orar…" (Lc 18,10-14 BNP).

- La *alegoría*, como una historia libremente inventada, que dice algo más de lo que uno se figura a base de poner una metáfora tras otra: "El reino de los cielos se parece a un rey que celebraba la boda de su hijo…" (Mt 22,2-10 BNP)

Las parábolas de Jesús estaban muy cerca de los dichos de los rabinos y del AT (llamados *Mashal*). Sin embargo, las parábolas de Jesús tienen sus características particulares, que le dan ese marcado toque personal de la enseñanza del Maestro, como hace notar Arland (2000):

- Jesús se dirige a sus oyentes interpelándolos directamente, invitándolos a pensar y a actuar a partir de las parábolas: "¿Quién de vosotros…?" (Lc 11,5 RV-95), "¿Qué mujer…" (Lc 15,8 RV-95), "Qué hombre hay de vosotros…? (Mt 7,9 RV-95), "Pero ¿qué os parece?" (Mt 21,28).

- Los rabinos usaban parábolas para interpretar las Escrituras. Los filósofos y retóricos greco-romanos usaban parábolas para ilustrar sus argumentos. Pero las parábolas de Jesús no son ilustraciones de argumentos o de las Escrituras. Este tipo de narraciones y comparaciones eran el corazón del mensaje del nazareno. Después de la parábola, no había más argumentos.

- Las parábolas de Jesús hacen referencia a la vida cotidiana, y no a círculos académicos o legales. En ellas hay una constante alusión a hombres y mujeres trabajando, perdiendo y encontrando; padres e hijos rompiendo y reanudando relaciones; obreros, empleados, terratenientes; animales domésticos, semillas, plantas y viñas.

- Las parábolas de Jesús tratan de mostrar lo que es el reinado de Dios por las metáforas de lo sencillo, y no por medio de discusiones teóricas. Las imágenes verbales y las características metafóricas son más plenas de sentido para hablar sobre Dios y lo Divino.

- En la mayoría de las parábolas de Jesús, no en todas, es característico el elemento sorpresa, el giro repentino que cambia todo el sentido al final de la narración. Contra las expectativas de la audiencia, las parábolas muestran elementos atípicos en el reinado de Dios con respecto a las costumbres de la religión institucional. Por ejemplo, un padre que perdona a su hijo después de que éste lo ha despilfarrado todo (Lc 15,11-32). Tampoco estas parábolas intentan identificar a Dios con un personaje concreto dentro de las historias, sino que son parábolas acerca del reinado de Dios. Por ello, sería peligroso decir, por ejemplo, en la parábola de los obreros de la viña, que Dios es el dueño de la viña (Mt 20,1-16).

- Las parábolas de Jesús se enmarcan dentro de dos marcos categóricos culturales: los dichos sapienciales y la escatología. La tradición sapiencial asume que las enseñanzas son intemporales, válidas para todas las épocas. La tradición escatológica se concentra en lo contingente, lo inmediato, y las enseñanzas son algo específico para un momento específico, y no tanto mensajes estandarizados ni interpretaciones fijas.

Las parábolas de Jesús son metáforas de apelación universal. Historias sencillas que aluden a la condición humana e interpelan a la gente: ¿qué harías en tal situación? ¿Cuáles son los valores del reinado de Dios a la luz de esta historia? Esto se ilustra, por ejemplo, en la parábola del hijo pródigo o en la del buen samaritano. Pero también debe notarse que las parábolas responden a una visión cultural particular, encerrada en el apocalipticismo que esperaba el fin del mundo.

Se debe destacar que las parábolas no son meras alegorías para descifrar elemento por elemento, como si fueran claves que profetizan la historia posterior de la iglesia. Este tipo de interpretación alegórica asume que cada elemento de la parábola debe ser interpretado a partir de la teología de un lector o una iglesia determinada. Es bien conocida la interpretación medieval, iniciada por Agustín, del buen samaritano: el hombre herido es el pecador, Cristo es el samaritano, la posada es la iglesia, el posadero es el sacerdote. Todo lo contrario, lo que buscan las parábolas de Jesús es manifestar *un aspecto*, una idea, una experiencia de la vida humana a partir del reinado de Dios; a la manera de un destello fugaz mas no estático. No son tratados sistemáticos. Dios no tiene que ser como el dueño de la viña. Jesús no tiene que ser como el novio de las diez vírgenes. Ni mucho menos nosotros los creyentes tenemos qué balar como ovejas o adquirir sus características de seguir silenciosamente a la grey. La parábola, en tanto que es un símbolo narrativo, tiene la intención de apelar a nuestro intelecto, nuestras emociones y nuestras acciones. Pero está abierto a la interpretación.

Finalmente, hay que hacer una distinción entre las parábolas de Jesús y la interpretación que hacen los propios evangelistas. Debe recordarse que los escritores de los evangelios eran pastores que usaban la tradición de las enseñanzas de Jesús para orientar a sus iglesias en situaciones específicas. Por ello Mateo re-interpreta la parábola del banquete desde su lectura de conflicto con el judaísmo. Pero esto no significa que las parábolas se hayan cerrado a esta interpretación particular. Antes bien, por su propia naturaleza literaria, las parábolas se abren a nuevas interpretaciones a lo largo de la historia. El papel de los lectores actuales es completar su sentido y hacer real su significado mediante la proclamación y la práctica del reinado de Dios en nuestra época y cultura.

Parábola Rabínica (Éxodo Rabba XLVI, 5)

Esta parábola rabínica permite observar la manera cómo las historias ilustran los textos bíblicos para comprenderlos desde nuevos ángulos. También, a diferencia de lo que se ha dicho descuidadamente en algunos lugares, hace ver que, para Israel, Dios también era concebido como un Padre, un "Padre Nuestro".

El santo, bendito sea, dice: Ignorasteis a vuestros propios padres, Abrahán, Isaac y Jacob, ¿y me llamáis Padre a mí? Entonces le respondieron: Sí, te reconocemos por padre nuestro.

Esto puede compararse con una huérfana que fue educada por un tutor, que era un hombre bueno y digno de confianza; la educó y la cuidó muy bien. Algún tiempo después, quiso casarla; en el momento de firmar el contrato, el escriba le preguntó: ¿Cómo te llamas? Ella respondió: Fulana de Tal. Pero cuando le preguntó cómo se llamaba su padre, ella lo miró en silencio. Su tutor le dijo entonces: ¿Por qué te quedas muda? Ella respondió: Porque no conozco más padre que a ti, ya que es padre el que educa a un hijo, no el que lo engendra.

Del mismo modo, la huérfana es Israel, como está dicho: "Estamos huérfanos, sin padre" (Lam 5,3). El tutor bueno y fiel es el Santo, bendito sea, al que Israel comenzó a llamar padre nuestro, como está dicho: "Señor, nuestro padre eres tú" (Is 64,7) (En: Maisonneuve, 1985, p. 32).

PARÁBOLA DE LAS DIEZ VÍRGENES (MATEO 25,1-13)

GUIDO MAHECHA

El texto dice que el Reino es semejante a 10 vírgenes y desde este momento la narración nos introduce en las costumbres de la sociedad del tiempo de Jesús que eran totalmente opuestas a las enseñanzas de Jesús y el Reino de los Cielos. Sabemos que se han interpretado estas tres parábolas, las de vírgenes, la del siervo fiel que espera a su señor, y la parábola de los talentos, todas en el evangelio de Mateo, centrando su enseñanza en la venida inesperada del Jesús. De paso lo evidente en la parábola, el abuso del hombre sobre las mujeres, queda como enseñanza de trasfondo y no se rechaza abiertamente ni mucho menos se condena cuando usamos la parábola para hablar de la segunda venida de Jesús. Simplemente ignoramos la situación y alegorizamos la interpretación de la parábola.

¿Qué es la enseñanza evidente de la parábola y que debemos en forma clara que rechazar como anti reino? El valor de la mujer centrado en tres aspectos: la virginidad, la juventud, y la obediencia a lo establecido. Las 10 mujeres tienen que ser vírgenes y seguramente había alguna manera de comprobación de dicho estado, si no son vírgenes no clasifican para ser invitadas a participar como concubinas del hombre rico. Tienen que ser jóvenes, en la sociedad oriental de esa época las mujeres eran casadas después de los 12 años y probablemente el hombre poderoso y rico no buscaría para sus concubinas personas de edad mediana o maduras. Tienen que ser dóciles y cuidadosas de cumplir las normas de la casa, tener aceite siempre listo para cuando llegue su esposo concubino.

Las condiciones, en que la parábola coloca a las 10 vírgenes, hacen desarrollar algunos de los anti valores frecuentes en algunos seres humanos. La falta de solidaridad entre las vírgenes, la negativa rotunda a ayudar a la otra persona, la división entre el grupo para poder obtener algunos privilegios, la exaltación del deseo de sobrevivencia en una posición social, anulando todo tipo de protesta o defensa de su dignidad, las cinco rechazadas no abren su boca. La parábola hace ver normal lo anormal, las cinco prudentes están felices de no compartir a su esposo con las otras cinco y el esposo tendrá la oportunidad de buscar o que le busquen una nueva cosecha de vírgenes para su deleite.

Como estamos discutiendo el asunto de género en las parábolas, en esta parábola hay elementos de desigualdad en las relaciones hombre-mujer que los evangelios y las palabras de Jesús en general los rechaza. Siguiendo lo establecido al inicio del trabajo vemos que Jesús hace sus milagros igualmente para hombres que para mujeres, mostrando que para el son iguales . En Marcos 5:25-34 cura a una mujer considerada inmunda por su flujo de sangre, en Marcos 7:24-34 acepta la enseñanza de una mujer extranjera, en Lucas 8:1-3 habla de los doce y da nombre a algunas de las mujeres que siguen a Jesús, en Juan 20:17 manda a una mujer a anunciar su resurrección. El Reino es anunciado a hombres y mujeres por igual y como el Reino es de los débiles las mujeres tienen un lugar especial en el Reino para ellas, dado

PARÁBOLA DE LAS DIEZ VÍRGENES
GUIDO MAHECHA

que la sociedad patriarcal las ha colocado en situaciones vulnerables. En Mateo 23:1-12 Jesús muestra como en su comunidad nadie debe colocarse sobre las otras personas concluyendo que el mayor será el servidor y que el que se exalta será humillado. Por lo cual afirmamos que no puede haber relaciones asimétricas dentro de la comunidad de creyentes en Jesús.

Brevemente mencionemos los aspectos de desigualdad de género que la parábola tiene y que las enseñanzas del Reino rechaza: la hegemonía androcéntrica que le da derecho de tener más de una esposa, la exigencia de una virginidad que el esposo no tiene ni puede ni quiere ofrecer, la apropiación del derecho de llegar cuando quiere sin importarle los gastos y preocupaciones a que someta las mujeres que lo esperan, la capacidad de hacer culpable a la mujer por las desgracias que el hombre le impone, las vírgenes fueron las culpables de ser echadas fuera. El texto en una primera lectura muestra que las cinco jóvenes que no estaban listas obligaron al señor a que las despachara por lo cual solo ellas son culpables de su desgracia. Aunque en realidad es el abuso del fuerte sobre el débil asunto contrario a lo establecido por el Reino de Dios.

Concluyendo esta parte debemos citar a Pablo cuando afirma: "Examinadlo todo: retened lo bueno". Las parábolas de Jesús fueron dadas para que oyendo y viendo lo evidente no siempre podamos ver lo escondido no tan evidente. No podemos de ninguna manera hacer afirmaciones hermenéuticas sobre las parábolas que contradigan las enseñanzas generales de los evangelios. Tampoco podemos aceptar como normal las descripciones de las parábolas que son netamente culturales sin por lo menos dar una explicación adecuada al respecto.

Entonces, en cuanto a las parábolas y las relaciones de género es claro en que en una lectura de superficie estas relaciones son asimétricas. Las dos parábolas femeninas, la de la levadura y la de la moneda perdida, muestran que para Jesús y sus primeros discípulos y discípulas el que se hiciera una representación de Dios femenina no causaba ningún problema. Dentro de las parábolas mismas las mujeres son sujetos activos en las actividades del Reino y participan en su crecimiento y en la preparación de la vida misma y pueden buscar y hallar lo que se había perdido.

En cuanto a la parábola de las 10 vírgenes debemos afirmar que las mujeres no deben ser clasificadas por sus características físicas y que deben animarse y respetarse cuando entran en la lucha, como cualquier otro grupo humano, por ser consideradas en relaciones simétricas con los hombres. En cuanto a los hombres, que la descripción de acciones en la parábola por parte del señor no concuerda con la enseñanza bíblica y de ninguna manera pueden ser imitadas o justificadas o servir de modelo. (Mahecha, 2008, pp. 20s).

EVANGELIO DE MARCOS

Fernando Botero.
El camino de los lamentos

Marcos es el primer evangelio escrito, aunque no el texto más antiguo del NT, ya que las cartas de Pablo circulaban por las iglesias antes de que se escribieran los cuatro evangelios. De la estructura narrativa de Marcos bebieron los demás evangelios. Y muestra las formas más antiguas de las recopilaciones de historias sobre Jesús realizadas en las comunidades.

Fue escrito entre el 65 y el 70 d.C. por un autor de lengua griega, que parece no conocer muy bien la geografía de Palestina. Utilizó tradiciones previamente formadas sobre Jesús, y se dirigió a una comunidad que sufría persecuciones y sentía pérdidas y fracasos frente a su entorno (Brown, p. 194).

Marcos da testimonio de cómo el mensaje cristiano ya ha traspasado las fronteras religiosas del mundo judío y se ha abierto también a los paganos, llegando hasta el mismo centro del poder imperial romano: Roma. Allí el cristianismo es catalogado como movimiento sospechoso y es duramente perseguido y castigado, bajo el emperador Nerón en el año 64.

El evangelio de Marcos fue escrito en una situación de guerra de los judíos contra los romanos por la posesión de Jerusalén, y de la persecución contra los cristianos. El autor escribe para dos mundos sociales: el propio de Jesús en los años 30, y el de su comunidad en los 65-70's. Interpreta la historia de Jesús desde la perspectiva de la guerra. E invita a los lectores y lectoras de todos los tiempos a apropiarse de la historia de Jesús desde sus propios contextos de conflicto y exclusión.

El relato no comienza con el nacimiento de Jesús, sino con el inicio de su ministerio. Su primera frase es lapidaria: "Comienzo del Evangelio de Jesús, el Cristo, Hijo de Dios" (Mc 1,1 BJ). Un mensaje judío para el mundo, pues la palabra "Cristo" era un título judío –traducción del término hebreo Mesías-, que significa el "ungido", aplicado especialmente a los personajes esperados para liberar a su pueblo (1 Sam 10,1; 2 Sam 7,14; Sal 2,2). Un mensaje político para el mundo, pues se anuncia a un liberador que transformará las situaciones de injusticia en las que está viviendo el mundo mediterráneo de la época. El evangelio se encargará de mostrar de qué tipo de mesías y de liberación mesiánica se trata: no la nacionalista y retaliativa a partir de un rey entronizado y violento, sino la de la transformación a partir de las comunidades marginales, con el protagonismo de las mujeres, los niños y los enfermos.

Marcos es un texto que resalta las fronteras y los bordes culturales para trasgredirlos. Jesús va más allá de los límites de Galilea y se adentra en el mundo pagano para hacer comunidad y predicar el evangelio (Powery, En: Deyoung, 2010). Se destacan casos como la predicación en las zonas no judías de Tiro y Sidón (3,8), el encuentro con la mujer siro-fenicia (7,24ss), la liberación del endemoniado de Gadara (Mc 5,1ss), la sanación de un sordo en Decápolis (7,31-37) y la multiplicación de los panes para alimentar a la población de aquella región temida por los judíos como si fuera un antro de demonios (8,1-9).

1. Texto bíblico: la sanación de un leproso (Mc 1,40-45)

> *Se le acerca un leproso y [arrodillándose] le suplica:*
> *–Si quieres, puedes sanarme.*
> *Él se compadeció, extendió la mano, lo tocó y le dijo:*
> *–Lo quiero, queda sano.*
> *Al instante se le fue la lepra y quedó sano. Después lo despidió advirtiéndole enérgicamente:*
> *–Cuidado con decírselo a nadie. Ve a presentarte al sacerdote y, para que le conste, lleva la ofrenda de tu sanación establecida por Moisés. Pero él salió y se puso a proclamar y divulgar el hecho, de modo que Jesús no podía presentarse en público en ninguna ciudad, sino que se quedaba fuera, en lugares despoblados. Y de todas partes acudían a él (Mc 1,40-45 BNP).*

Esta narración corresponde a la estructura clásica de un relato de milagro. Este tipo de relatos, además de enseñanzas reconfortantes y esperanzadoras para las personas enfermas, son parábolas sobre la vida. La estructura de los relatos de milagro es la siguiente:

a. Exposición que describe la gravedad de la enfermedad: enfermo de lepra (40a).

b. Encuentro con el taumaturgo y desafío: "si quieres, puedes sanarme" (40b).

c. Se le ordena a la enfermedad que se vaya, o a la sanidad que venga: "Lo quiero, queda sano" (41).

d. Resultado del milagro: se va la lepra y el enfermo queda sano (42).

e. Advertencia de Jesús: no decirle a nadie, y llevar la ofrenda al templo (43-44).

f. Asombro y testimonio: a pesar de la advertencia de Jesús, el leproso lo divulga, y esto se opone al "secreto" de Jesús en Marcos (45).

El leproso es un personaje humilde, pide a complacencia de Jesús ("si quieres"). Y también alegremente desobediente, pues se va a divulgar lo que Jesús le prohibió hacer. Se nota un cambio en él, no sólo físico sino emocional, pues pasa de silencioso a ser un proclamador, lo cual le traerá problemas a Jesús.

Jesús es un personaje particularmente cargado de sentimientos. Al comienzo, se dice que está movido a ternura y compasión por el leproso. Algunos manuscritos no leen "compadeciéndose" sino "enfadándose". Este cambio puede deberse a la intervención de un copista que borró la referencia al enfado de Jesús, porque le parecía algo muy humano como para atribuírselo al hijo de Dios. La dureza con que Jesús advierte al leproso de que no diga nada puede comprenderse como enojo (43), y da razón de que Jesús no estaba de muy buen genio.

Sin embargo, Jesús toca al leproso, yéndose contra las tradiciones de Israel: "Si alguno, sin darse cuenta, toca a una persona impura, manchada con cualquier clase de impureza, cuando se entere, se vuelve culpable" (Lev 5,3). "Expulsen del campamento a los enfermos de lepra" (Num 5,2). Este es un acto supremamente valiente y compasivo, pues Jesús elige a la persona en lugar de la ley, y valora el bienestar de la gente antes que el poder de las tradiciones. Este milagro también provoca un cambio en Jesús, y no sólo en el leproso, pues empieza a hacer advertencias sobre el silencio mesiánico, y se va a lugares despoblados (45).

Marcos presenta la temática del silencio mesiánico. Muestra a Jesús como un personaje que no quiere que se sepa de su poder y sus milagros, sin decir porqué. Esta acción pondrá a Jesús al margen de las ciudades por unos días (situación que cambia en 2,1), estando afuera en los lugares desiertos (45), y en los bordes de su cultura en general. Pero la gente sigue llegando hasta donde él está, desenterrándolo. El narrador quiere demostrar que la ola de fama se le va saliendo a Jesús de las manos, hasta el punto de no poder tapar el sol con un dedo.

Es importante la polaridad marcana entre el secreto y la proclamación. Esto refleja la situación del mismo Jesús, como un personaje que se va abriendo poco a poco a su conciencia mesiánica, hasta anunciarlo desafiantemente en Jerusalén, y ser muerto por las autoridades. También refleja la situación de la comunidad en la que se redactó el evangelio, en una época donde hablar más de la cuenta era peligroso, pues se podía tachar de rebelde a cualquier cristiano, en el momento en que las acciones cristianas se iban haciendo cada vez más sospechosa ante el mundo romano (Theissen, 2002). Por ello la prudencia, mas no la pasividad, era la clave para la comunidad receptora. La práctica del evangelio debía ser discreta en lo posible, pero también debía estar dispuesta a cargar la cruz del martirio cuando las presiones sociales y políticas lo ameritaran (Mc 8,27s).

Los milagros de Jesús en boca del pueblo

La madre se sentó en el suelo junto a Miriam (enferma) y le acariciaba el cabello con mucho cariño: -El ha dicho: *Los ciegos ven y los paralíticos caminan; los leprosos son purificados y los sordos oyen; los muertos resucitan y la Buena Noticia es anunciada a los pobres. ¡Y feliz aquel para quien yo no seré ocasión de escándalo!*

-¡Si viniera aquí! -susurró la niña.

Ana envolvió en un paño a su hija y la cogió en brazos: -No sé cómo hacerle venir. Créeme, no sé cómo. Pero puedo contarte una historia de él. ¿Quieres que te la cuente?

Miriam asintió, y Ana comenzó así: -*Una mujer padecía hemorragias desde hacía doce años...*

Le contó la historia de una mujer que pidió a Jesús que curase a su hijita...

Y luego le contó lo de los ciegos, que habían recobrado la vista, de los leprosos, que habían sido curados, de los paralíticos, que volvieron a andar. Sus historias iban siendo cada vez más maravillosas e inverosímiles. Miriam escuchaba con ansia cada una de aquellas historias. Eran sus historias. Ella había sido ciega, y había recobrado la vista. Ella había estado paralítica, y había vuelto a andar. Ella había estado muy enferma, y había recobrado la salud. Cada una de las palabras de su madre le infundía nueva esperanza.

Algunas cosas de esas historias me desagradaban. Sonaban a cosas supersticiosas y primitivas. Pero con el tiempo fui quedando no menos cautivado que Miriam. Me di cuenta: en esas historias estaba toda la esperanza de aquella gente pobre. En ellas escuchaba el ansia de la

☞

gente de triunfar del sufrimiento y de la muerte. Sentí profundamente: Mientras se sigan narrando esas historias, la gente no se conformará con que las personas pasen hambre y sed; con que estén mutiladas e impedidas; con que estén enfermas y desvalidas.

Mientras tengan estas historias, tendrán esperanza. Me preguntaba si Ana habría escuchado todas sus historias de Jesús: esas historias que contaba Miriam. ¿No habría inventado algunas para consolar a la pequeña Miriam? Creo que, si se le hubieran acabado las historias, yo habría podido sentarme a la cabecera de la enferma y habría inventado más historias. Sé perfectamente que las historias no curan por sí solas. Pero tenía la sensación de que, sin esas historias, Miriam no se curaría nunca..

...¿Has escuchado las historias sobre Jesús? Suenan algo parecido. Pero Jesús no pide dinero por sus curaciones. Y lo que es aún más importante: El sabe muy bien que la gente es exageradamente crédula en los milagros, porque desconfían de sus propias fuerzas. Por este motivo, Jesús recalca a menudo: «Tu fe te ha sanado». Él lo dice expresamente: No soy yo el que ha obrado el milagro; en ti mismo está oculta la fuerza para ser sanado. ¡Jesús quiere curar a esa gente modesta de su desconfianza supersticiosa!

Claro está que Jesús sueña los sueños de gente insignificante. Jesús no se dirige a los ricos y poderosos. ¿Qué pretende, entonces? Esa gente insignificante vive humillada. Jesús quiere que vuelvan a andar erguidos. Son personas abrumadas por las preocupaciones. Jesús quiere librarles de ellas. Son personas que sienten que su vida no es importante. Jesús les da conciencia del gran valor de su vida. Y a eso es a lo que tenéis miedo. Todos vosotros y Herodes Antipas: todos tenéis miedo de que la gente insignificante comprenda que no son insignificantes. Por eso habéis esparcido el rumor de que os proponéis matar a Jesús. Para que él tenga que cruzar la frontera y desaparecer. Así os dejará en paz. Para que la gente insignificante no tenga la idea de rebelarse y llegue a ser peligrosa para vosotros (Theissen, *La sombra del Galileo*, pp. 139-142; 169-178)

2. Jesús y las normas de pureza

Jesús no viene a mantener o sancionar el orden israelita de lo puro y lo impuro sino a transformarlo de manera subversiva (Pikaza, 1998, p. 52.)

Jesús busca superar las normas de pureza legal para acercarse a los excluidos. Tal cercanía compasiva lo pone en el plano de los impuros, de los que no son completamente humanos según la religión de la pureza. Es por esto que los especialistas en religión institucional, los escribas, lo llaman endemoniado y servidor de Satanás, y sus propios familiares piensan que él está loco (Mc 3,21-30). Pero Jesús persiste incluso sobre la propia exclusión que recibe, y decide seguirse identificando con las personas marginadas para liberarlas.

Lo mismo sucede en la historia en que los discípulos recogen espigas en sábado, y la sanidad del hombre en el día de reposo, donde Jesús defiende al ser humano por encima de las leyes. (Mc 2,23-3,6). Para el judaísmo de la época, la comunidad se reúne en torno al sábado, a las leyes. Para Jesús y sus seguidores y seguidoras, la comunidad se reúne en torno a lo humano. La ley permitía calmar el hambre cortando espigas al pasar por un sembrado, excepto en día sábado (Ex 34,21; Dt 23,26). Jesús pasa por encima de estas leyes, porque, para él, el bienestar de las personas es superior a las leyes: "El sábado se hizo para el ser humano, no el ser humano para el sábado" (Mc 2,27).

Hay otros casos en los que Jesús trasciende los límites de la religión institucional, como en la sanación de las dos mujeres "impuras" para los judíos: la niña de doce años, que muere a llegar a su mayoría de edad, y la mujer que lleva doce años muerta para la cultura, con un constante flujo de sangre que la excluye de la comunidad (Mc 5,21-43). Ambas mujeres están vinculadas por una misma enfermedad: son signo de impotencia del pueblo israelita a causa de sus leyes de exclusión. Jesús opta por salvarlas a las dos y devolverlas a la vida.

En la actualidad el VIH/ Síndrome de Inmunodeficiencia Adquirida (SIDA) es el paradigma de las enfermedades que se puede considerar excluyente. Los y las pacientes sufren no solo las consecuencias físicas y médicas, sino también sociales y familiares. Muchos pacientes con VIH / SIDA pierden su familia, son relegados a las últimas habitaciones de su casa, sus ropas son quemadas y no son tratados como seres humanos. Millones de dólares se han invertido, a través de las últimas tres décadas, en campañas educativas para dar a conocer los mecanismos de trasmisión del VIH /SIDA, las medidas de prevención y también en enseñar que la enfermedad NO se trasmite por un abrazo, por compartir una comida, por hablar con una persona enferma o por estar cerca de un enfermo. Y sin embargo, todavía hoy, se le niega ese acercamiento cálido incluso dentro de la comunidad médica.

El milagro que hace Jesús comienza con el contacto físico y a los pacientes con SIDA muchas veces se les niega ese contacto humano. Qué sencillo es imitar el milagro de Jesús: dar la mano, abrazar y darle un beso a un paciente con SIDA. Jesús nos enseña que podemos cambiar de parecer, pasar del rechazo al contacto humano y al milagro de la incorporación en la sociedad. Tal vez no podamos cambiar a las compañías farmacéuticas pero tenemos la capacidad del trabajo persona a persona, uno a la vez y hacer el mundo un poquito mejor (Liliana Reyes, material inédito).

Aceptar a los despreciados es la curación social que Jesús trae a los pecadores y publicanos. Así llega el Reino de Dios al mundo de los humillados e injuriados y rompe las cadenas espirituales del desprecio por sí mismo (Moltmann, 2002, p. 19).

Pero Jesús no sólo confronta las leyes, sino que es confrontado él mismo como judío, tal como narra la historia en que la mujer siro-fenicia le pide que sane a su niña, la cual también es pagana y "poseída por un espíritu inmundo" (Mc 7,24-30 BNP). Jesús ha traspasado los límites de su tierra, ahora no está protegido por los tabúes culturales. Y en este territorio límite refleja su etnocentrismo: "Deja que primero se sacien los hijos. No está bien quitar el pan a los hijos para echárselo a los perritos" (7,27 BNP). Pero la mujer razona y desafía a Jesús, diciendo que los perritos también esperan las migas de pan de los hijos, y con ello transforma la mentalidad de Jesús, por lo que éste la sana. En este sentido, la mujer pagana con su hija "endemoniada" se presenta como superior a la ley de la pureza, y confronta a Jesús para optar por la vida a favor de ellas. Es su fe la que realiza el milagro.

Para Jesús, la experiencia de la trascendencia y el amor divino dentro de la comunidad no se da en la mera ritualidad, aunque para él también sean importantes las fiestas y las celebraciones. En Marcos, esta experiencia se evidencia más en las relaciones inmanentes, ya que el símbolo fundamental del actuar de Dios no está en el rito, sino el ser humano y en su trama de relaciones, en una comunidad que transgrede los bordes para incluir a todas las personas.

Este actuar de Jesús para sanar enfermedades y expulsar demonios era el método que aplicaban muchos médicos y exorcistas itinerantes. Lo mismo que sus contemporáneos, judíos y no judíos, Jesús atribuye las enfermedades del cuerpo y de la mente a los demonios (Mt 12,43-45; Lc 11,24-26). La curación consiste en la expulsión del demonio relacionado con tal o cual enfermedad (Mt 9,33; Lc 9,49). Jesús usaba los métodos exorcísticos de la medicina antigua para curar dolencias del cuerpo como la ceguera, la sordera, la mudez, la parálisis, la lepra y la fiebre y también enfermedades mentales y del cerebro (Mt 12,27; Lc 11,19). Como señala Böcher, las expulsiones de demonios y las curaciones eran tratadas de manera similar por diferentes personas de la cultura antigua, independientemente si fueran judíos, paganos o cristianos (Mc 1,32-24; Lc 6,18) (Böcher En: DENT, p. 818).

La labor de Jesús, narrada sobre todo en los relatos de milagro, consiste en liberar a las personas mediante el desafío a la exclusión social y religiosa, el atrevimiento de la aceptación de las personas *non gratas* y la inclusión de éstas en la comunidad. Esto lo logra sólo dentro de las categorías simbólicas en que está inserto. De tal manera que la persona rechazada por anomalías y experiencias de anomía pueda participar de la vida plena del reinado de Dios, donde la sanidad empieza por la aceptación, la inclusión, y la participación activa en una comunidad.

La propuesta de Jesús frente a la religión de la pureza consiste en el perdón y la curación (Mc 2,1-12). La religión de su tiempo perdona a través de la forma sacral en el templo, mediante las oraciones rituales y los símbolos del arrepentimiento. Jesús lo hace de modo no sacrificial, sin sacerdotes ni ritos, dentro de las casas, más allá del templo y las sinagogas. Para Jesús, Dios habita también en la casa, y en el acto de fe de los amigos del paralítico, en la imprudencia de la mujer pagana que le reclama un milagro, en la valentía de la hemorroísa que toca el manto sin que esto le fuera permitido por la ley.

Variaciones en el concepto de Mesías: de revolución mesiánica a muerte sacrificial (Gonzalo Puente Ojea)

Me parece personalmente plausible inferir que el concepto de *mesianidad*, que probablemente gravitaba en la conciencia del Nazareno, correspondía al tradicional de su pueblo, pese al deliberado propósito de los sinópticos de evitar, salvo en dos o tres ocasiones, declaraciones explícitas de Jesús identificándose con el Mesías de carácter davídico... Aunque el martirio *inesperado* de Jesús, que concluyó en su crucifixión, debería haber descalificado su probable pretensión de Mesianidad –y tal fue la reacción inicial de sus discípulos-, emergió pronto la creencia en su *resurrección*, que requirió un lento proceso de *elaboración dogmática* insólita dirigida a legitimar el fracaso mesiánico y transformarlo en insospechado cumplimiento del plan providencial de Yahvé en su fidelidad a las promesas de hegemonía y liberación de su pueblo fiel.

En la redacción de los evangelios se acorta la distancia entre los dos conceptos mesiánicos o del redentor, el judío y el mistérico, el prepascual y el post-pascual, y se superponen en una sola presentación entremezclada, como señala Marcos 8,27-38. Pedro declara a Jesús "Tú eres el Mesías" (29). Aquí es evidente que Jesús acepta la mesianidad que le otorgan los discípulos, y manda a que no lo digan a nadie. Pero a esta tradición se le inserta una interpretación distinta, helenística y post-pascual, que se escribe después de la muerte de Jesús, tratando de comprender por qué ese Mesías fue asesinado: "empezó a explicarles que el Hijo del Hombre tenía que padecer mucho, ser rechazado por los ancianos, los sumos sacerdotes y los letrados, sufrir la muerte y luego de tres días resucitar" (31).

Así se forma un híbrido teológico, con dos concepciones superpuestas de lo que es lo mesiánico. Marcos *contrapone*, a la noción habitual de mesianidad, *otra* diferente de signo contrario, pues en definitiva viene a contrariar todo lo que el pueblo de Israel –y sin duda también el Jesús *histórico*- esperaba ardientemente del Mesías" (Gonzalo Puente Ojea, En: Piñero, 1993, pp. 159-160. 167).

3. Documento: la resurrección de una muchacha, un milagro mediterráneo

Los evangelios de Marcos y Lucas narran la historia de la resurrección de una muchacha de doce años (Mc 5,21-43; Mt 9,18-26; Lc 8,40-56). El texto contiene dentro de sí otro relato que parece una interrupción, pero en realidad hace parte de un mensaje en común: la vuelta a la vida de dos mujeres apresadas en los ritos de su sociedad. Se trata de la resurrección de la niña de doce años, y de la sanación de una mujer enferma desde hace doce años. La estructura de

Apolonio
de Tiana

la narración refleja un profundo contenido, no sólo para el cristianismo del Siglo I, sino para la cultura greco-romana de la época, que también tiene relatos similares, como este atribuido a Apolonio de Tiana.

Una muchacha parecía haber muerto en la hora de su boda, y el novio seguía el féretro haciendo a gritos los lamentos naturales de un matrimonio no consumado. Lamentábase con él Roma, pues la muchacha pertenecía a una familia consular. Apolonio, que se encontraba por casualidad presente en el duelo dijo: "Depositad el féretro en el suelo, pues yo pondré fin a vuestras lágrimas por la muchacha". Al propio tiempo preguntó cuál era el nombre de ésta. La gente pensó que iba a pronunciar un discurso al modo de las oraciones fúnebres que despiertan los lamentos, pero él, sin hacer otra cosa que tocarla y pronunciar algo en secreto, despertó a la muchacha de su muerte aparente. La joven dio un grito y regresó a casa de su padre, devuelta a la vida como Alcestis por Heracles. Y pretendiendo regalarle los parientes de la joven 150.000 sestercios, dijo que se los añadieran a la dote de la joven. Y si Apolonio encontró en ella una chispa de vida que hubiera pasado inadvertida a los médicos −pues se dice que estaba lloviendo y salía vapor de su rostro-, o si devolvió el calor apagado de la vida recuperándolo, es algo cuya comprensión fue misteriosa no sólo para mí, sino para todos los que estaban presentes (Filóstrato, Vita Apollonii IV. En: Leipoldt y Grundmann, p. 74).

Este relato presenta elementos en común con los relatos de milagros que aparecen en el NT. En comparación con el relato de los evangelios, da cuenta de una experiencia de la Divinidad que se va generando a lo largo de la cultura mediterránea, valorando el milagro de la vida como gratuidad, y reflexionando sobre los ritos de paso como un llamado a vencer el miedo que paraliza y mata. A continuación, algunos paralelos:

- Una muchacha que muere en un momento importante de su vida, un rito de paso, una transición de la niñez a la madurez (12 años/ casarse; el número doce es un símbolo que implica el paso de las horas del día a las de la noche, el número de los meses del año, y las cuatro estaciones multiplicadas por el número sagrado de tres) (Mc 4,42).

- La muchacha es hija de una persona o un grupo importante dentro de su comunidad: "una familia consular" / "un dignatario de la sinagoga" (Mc 5,22).

- El taumaturgo dice algo que choca con las costumbres populares: "Depositad el féretro en el suelo, pues yo pondré fin a vuestras lágrimas" / "Se reían de él" (Mc 5,40).

- El taumaturgo toca y habla a la muchacha y le dice algo (Mc 5,41).

- La muchacha vuelve de la muerte, y esto es considerado como un despertar. Se enfatiza que "la muchacha no está muerta sino que está dormida" (Mc 5,39).

- La acción del taumaturgo se da dentro del contexto de la gratuidad, no cobra nada.

4. El milagro y lo "Real Maravilloso" en América Latina

En América Latina confluyen diferentes mentalidades y formas de interpretar la realidad: indígenas, africanas, europeas, particularmente españolas, y de otros grupos diversos debido al intercambio migratorio. Una gran parte de la población considera a la naturaleza y al cosmos como un orden inmanente, inagotable en sus secretos y en sus relaciones, gracias a la herencia de las culturas africanas e indígenas, y también al aporte del pentecostalismo como discurso de la sanación divina de las enfermedades y expulsión de demonios. De manera que el milagro es concebido como un espacio de lo posible en la realidad cotidiana, tanto en el campo como en las grandes urbes.

Como señala Diego Irarrázabal (1999), la cultura popular latinoamericana cultiva sus conocimientos desde la narración milagrosa de los hechos. La mezcla de culturas refleja la posibilidad de interpretar los hechos singulares desde una perspectiva milagrosa. Aspectos que serían explicados desde una mentalidad científica a partir de razones lógicas, en muchos sectores de nuestro continente son vistos desde lo que Alejo Carpentier llamara lo "Real Maravilloso", aquellos elementos sobrenaturales que hacen parte de la interpretación de la realidad, y se cruzan con la historia. Como ocurre en la narración *El Reino de este mundo*, novela sobre la Revolución e Independencia de Haití. En ella, el escritor cubano presenta los actos de envenenamiento de los amos blancos por parte del mandinga François Mackandal, los cuales son interpretados desde la perspectiva del pueblo afrocaribeño. Eventos que otras mentalidades podría interpretar como acciones naturales, son vistas desde como actos milagrosos y maravillosos, gestados por los Dioses africanos que acompañan a su pueblo en la liberación.

Todos sabían que la iguana verde, la mariposa nocturna, el perro desconocido, el alcatraz inverosímil, no eran sino simples disfraces. Dotado del poder de transformarse en animal de pezuña, en ave, pez o insecto, Mackandal visitaba continuamente las haciendas de la Llanura para vigilar a sus fieles y saber si todavía confiaban en su regreso. De metamorfosis en metamorfosis, el manco estaba en todas partes, habiendo recobrado su integridad corpórea al vestir trajes de animales. Con alas un día, con agallas al otro, galopando o reptando, se había adueñado del curso de los ruidos subterráneos, de las cavernas de la costa, de las copas de los árboles, y reinaba ya sobre la isla entera. Ahora, sus poderes eran ilimitados. Lo mismo podía cubrir una yegua que descansar en el frescor de un aljibe, posarse en las ramas ligeras de un aromo o colarse por el ojo de una cerradura. Los perros no le ladraban; mudaba de sombra según conviniera. Por obra suya, una negra parió un niño con cara de jabalí. De noche solía aparecerse en los caminos bajo el pelo de un chivo negro con ascuas en los cuernos. Un día daría la señal del gran levantamiento, y los Señores de Allá, encabezados por Damballah, por el Amo de los Caminos y por Ogún de los Hierros, traerían el rayo y el trueno, para desencadenar el ciclón que completaría la obra de los hombres. En esa gran hora -decía Ti Noel- la sangre de los blancos correría hasta los arroyos, donde los Loas, ebrios de júbilo, la beberían de bruces, hasta llenarse los pulmones (Carpentier, 1983, p. 35).

Más adelante, el mandinga es capturado y llevado a la hoguera. La multitud se agolpa frente a su héroe, y ocurre un conflicto de interpretaciones. ¿Qué ven los blancos? Ven a un negro cimarrón que muere ante todos. ¿Qué ven los negros? Ven que su liberador resucita y se convierte en mosquito para habitar en medio de su pueblo:

> Mackandal estaba ya adosado al poste de torturas. El verdugo había agarrado un rescoldo con las tenazas. Repitiendo un gesto estudiado la víspera frente al espejo, el gobernador desenvainó su espada de corte y dio orden de que se cumpliera la sentencia. El fuego comenzó a subir hacia el manco, sollamándole las piernas. En ese momento, Mackandal agitó su muñón que no habían podido atar, en un gesto conminatorio que no por ser menguado era menos terrible, aullando conjuros desconocidos y echando violentamente el torso hacia adelante. Sus ataduras cayeron, y el cuerpo del negro se espigó en el aire, volando por sobre las cabezas, antes de hundirse en las ondas negras de la masa de esclavos. Un sólo grito llenó la plaza: -*Mackandal sauvé!* (Carpentier, 1983, p. 43).

EVANGELIO DE MATEO

Mateo es un retrato multicultural de Jesús, que saca a la luz la vida de una comunidad de fe con miembros judíos y no-judíos. Un relato atrevido, donde los especialistas en la Toráh desconocen al mesías, mientras que los astrólogos de oriente son capaces de identificar al rey de Israel en el mensaje de las estrellas (Mt 2,1s). Un mensaje que vuelca los valores culturales de un asfixiante imperio romano, para enseñar que el servicio a Dios se realiza en la satisfacción de las necesidades primarias y también espirituales de los que tienen hambre y sed, y no en la religión institucional de ritos y sacrificios (Mt 23-25).

El evangelio de Mateo es un texto escrito entre los años 80 y 90 d.C, probablemente en Siria. Tal ciudad es un lugar teológico importante dentro de la narración del evangelio: "Su fama se difundió por toda Siria, de modo que le traían todos los que padecían diversas enfermedades o sufrían achaques: endemoniados, lunáticos, paralíticos y él los sanaba" (Mt 4,24 BNP).

Como fuentes para su composición, Mateo se vale del evangelio de Marcos, de Q y de tradiciones que podemos llamar pre-mateanas. En el evangelio, el autor comunica ciertos tesoros tradicionales palestinos y arcaicos, pero en especial refleja el fin de la edad apostólica y transmite el eco de una larga discusión con el rabinato judío de Siria (Bonnard, 1983, p. 20).

El autor es un judeocristiano que usa constantemente del AT y citas las escrituras siguiendo el estilo midrásico, tal como se practicaba en la sinagoga. La genealogía y el relato de infancia de Jesús incorporan relatos haggádicos judíos, evidentes en los paralelismos entre Jesús y Moisés, y Jesús y José (2,1-23). El Sermón de la Montaña muestra un especial interés en la interpretación y aplicación de la Ley judía (5,17s). Hay fuertes debates con los fariseos acerca del valor de la religión judía (Mt 23,1s). Jesús ordena obedecer a los que se sientan en la Cátedra de Moisés (23,2-3), y hace pensar a sus oyentes en las dificultades que podría traer una huída durante el día sábado, cuando está anunciando la destrucción del templo y el sitio de Jerusalén (24,20). Incluso, el relato de la pasión del Maestro está narrado a modo de Midrash o reinterpretación de pasajes del AT (Mt 26-27).

El escritor es un judeocristiano con educación de la diáspora, como Pablo. Su postura teológica es abierta, pues admite gentiles en la sinagoga (Mt 28,19), pero no tan liberal frente a la Ley como Pablo, pues da un valor muy especial a la Ley judía (Mt 5,17-18). Su intención es presentar a la comunidad una pedagogía cristiana, con la propuesta de ser discípulos de Jesús en un contexto de oposición de la sinagoga y de encuentro con el mundo pagano. En el aspecto literario, el autor busca educar a su audiencia por medio de un escrito claro. En el aspecto ético, enseña a vivir, según la memoria y tradiciones que ha recibido de Jesús.

1. Texto bíblico: El nacimiento del liberador (Mateo 1,18-2,23)

Jesús nació en Belén de Judea, en tiempos del rey Herodes. Sucedió que unos magos de oriente se presentaron en Jerusalén preguntando:-¿Dónde está el rey de los judíos que acaba de nacer? Vimos aparecer su estrella y venimos a adorarle (Mt 2,1.2 BNP)

El evangelio de Mateo es un relato biográfico, que sigue el modelo de la literatura greco-romana de su época, a finales del Siglo I d.C. Usa la retórica para la elaboración de narraciones sobre personajes importantes, como lo también lo hacen las biografías o *vitae* elaboradas por autores greco-romanos contemporáneos al NT, como Plutarco (50-120 d.C.) y Suetonio (70-140 d.C.).

En su *Institutio Oratoria*, el escritor romano llamado Quintiliano (39-95 d.C.) destaca la manera en que se compone la biografía de una persona, para convencer a la audiencia del honor –o la vergüenza- de la persona de la que se habla:

- Nacimiento: se elogia el país, los padres y los antepasados de la persona. Además se narran las circunstancias milagrosas en las que nació el elogiado.

- Vida: se elogia el carácter, el físico y la fortuna de la persona.

- Muerte: se elogia la muerte honorable, su actitud, y lo que sucede después de la muerte, en particular la forma en que los dioses recompensan a la persona, y en que los familiares y conocidos honran al muerto.

"Antes de la existencia del hombre consideraremos su patria, padres y antepasados, y esto de dos maneras. Porque o manifestaremos que correspondieron a la nobleza heredada o que, habiendo nacido en las malvas, se la ganaron por sus puños. Al tiempo antes de su existencia pertenecen los pronósticos y oráculos que anunciaron su fama venidera. Así dijeron éstos que el hijo de Tetis sería mayor que su padre". (Quintiliano. Instituciones oratorias. VII, 3)

Mateo refleja un estilo biográfico greco-romano de carácter popular, diferente a la literatura culta greco-romana clásica, y marcada con fuertes influencias midrásicas judías. El relato incorpora formas preliterarias, correspondientes a la tradición oral de las comunidades cristianas, con la intención persuasiva de convencer a la audiencia de que Jesús crucificado y resucitado es el Mesías, y su nacimiento es leído a la luz de este profundo significado religioso.

El relato de nacimiento e infancia de Jesús (Mt 1,18-2,23) es una narración (*narratio*) a manera de biografías (*bioi, Vitae*) de la antigüedad. Se trata de una retórica epideíctica, que consiste en narrar la historia de la infancia de una persona honorable, en este caso de Jesús.

Una comparación con el relato de nacimiento de Augusto, contado por Suetonio, permite comprender la importancia que se da al nacimiento de Jesús, dándole una categoría de personaje real –y peligrosa para el imperio- dentro del contexto romano (Londoño, 2012):

	Nacimiento de Augusto (contado por Suetonio)	Nacimiento de Jesús (contado por Mateo)
Lugar de origen	La ciudad de Vélitres, y la familia Octavia como una familia honorable del lugar.	Nace en Belén (casa de David), y crece en Nazaret.
Familia	Proviene de una familia de patricios. Se destacan en su genealogía personajes importantes. Su padre, gozó de considerables bienes y de honor.	En su genealogía están los antepasados más importantes de Israel, como Abraham y David. Padres y madre virtuosos (José por su justicia y María por su pureza).
Concepción milagrosa	Una serpiente se deslizó sobre su madre Atia en el templo de Apolo; Augusto nació diez meses después.	El Espíritu Santo viene sobre la virgen María. Luego nace Jesús.
Señales milagrosas	Sueños, augurios, rayo, águila, profecías.	Sueños, astro, magos, profecías.
Peligro que corre el futuro rey	El senado romano había prohibido la crianza de los niños que nacieron durante ese año, ante un augurio de que nacería un rey para Roma.	Herodes se entera que nacerá el rey de los judíos en Belén, y manda matar a los niños menores de 2 años.
Significado del nombre	Inicialmente se llamó Turino (nombre de un antepasado), luego adoptó el nombre de César (herencia de su tío); y finalmente se llamó Augusto (magnífico).	Su nombre es Jesús (salvará a su pueblo), pero su accionar le dará el nombre de Emmanuel (Dios con nosotros).

La genealogía y el relato de nacimiento e infancia de Jesús son la totalidad del evangelio narrada en una miniatura. Este comienzo contiene las temáticas que se realizarán después a lo largo de la obra. Las micro-narraciones y temáticas presentadas en el relato de infancia son:

a. *Jesús como mesías de Israel e hijo de David* (1,1.18-25). Preludia toda la narración como tal, donde la gente reconoce a Jesús como rey mesiánico-davídico: "¡Señor, Hijo de David, ten compasión de nosotros!" (20,30-31 BNP; cf. 9,27; 12,23; 15,22; 21,9; 21,15).

b. *El rechazo de Israel a Jesús como Mesías, tipificada en Jerusalén, con sus sacerdotes, escribas y el mismo rey* (2,1-12.16-18). La narración del rechazo y persecución de Herodes y toda Jerusalén preludia el juicio de Jesús por el mismo tipo de personajes (sacerdotes, políticos, gente de Jerusalén): "A la mañana siguiente los sumos sacerdotes y los ancianos del pueblo tuvieron una deliberación para condenar a Jesús a muerte. Lo ataron, lo condujeron y lo entregaron a Pilato, el gobernador" (27,1-2 BNP; cf. 27,25).

c. *Exilio en Egipto y retorno de Jesús a Galilea ante la amenaza del rey que se siente celoso* (2,13-23). Preludia su muerte y resurrección, como imposibilidad de los poderes de este mundo de vencer al rey mesiánico: "Ustedes no teman. Sé que buscan a Jesús, el crucificado. No está aquí; ha resucitado como había dicho… Después vayan corriendo a anunciar a los discípulos que ha resucitado y que irá por delante a Galilea; allí lo verán" (28,4-7 BNP).

d. *Jesús como la presencia de Dios con su pueblo, el Emmanuel* (1,24). Preludia, por un lado la acción de Dios en el Jesús terrenal, y también la presencia del Jesús resucitado: "Yo estaré con ustedes siempre, hasta el fin del mundo" (28,20 BNP).

e. *Apertura mesiánica hacia los paganos, quienes lo reciben o buscan* (1,22ss). Preludia la apertura post-pascual de la predicación a los paganos: "Vayan y hagan discípulos entre todos los pueblos, bautícenlos consagrándolos al Padre y al Hijo y al Espíritu Santo" (28,19 BNP).

En este sentido, el relato mateano de la infancia no pretende ser *historiografía literal*, sino contar de forma concisa la *historia teológica* de Jesús. En este preludio, Mateo no presenta los recuerdos de la familia de Jesús, sino que retrotrae aspectos de la vida del Jesús adulto, y también de la comunidad mateana, y los proyecta en el niño. Es una síntesis de su vida, muerte y resurrección, con un énfasis en el rechazo por parte de

Israel al que el narrador considera que es su mesías, y su muerte que es exilio, unida a su resurrección que es retorno.

Además, Mateo saca a la luz una esperanza mesiánica que había en el mundo mediterráneo por esa época. Se trataba de la creencia en el surgimiento de un rey de Oriente, quien quitaría el poder a Roma y lo devolvería a los reinos orientales. Esta esperanza era compartida por judíos y por muchos no judíos y por personas de otras religiones o cultos.

> Tanto judíos como paganos esperaban un soberano procedente de Oriente y el final de la dominación romana del mundo. Tales esperanzas siguieron vivas después de la guerra. Josefo nos habla de una "profecía ambigua" que inspiró a los rebeldes y que se podía encontrar también en las sagradas Escrituras (*Bell*. 5,312). Esta profecía expresa una esperanza generalizada en Oriente, la de que, tras el período de supremacía occidental, el mundo volvería a estar dominado por Oriente. Tácito da testimonio de esta esperanza cuando escribe: "que en aquellos días Oriente se volverá fuerte y que hombres salidos de Judá tomarán el poder" (*Hist*. 5,13). Esta expectativa se combinó con las esperanzas mesiánicas del judaísmo; así, Josefo puede decir que "también" era posible encontrarlas en las sagradas Escrituras. La combinación de ambas esperanzas creaba un alto grado de credibilidad (Theissen, 2002, p. 64).

Con las esperanzas mesiánicas de un rey oriental que acabara con la dominación romana, Mateo hace una interpretación nueva de lo que significa ser el Mesías. En su interpretación, establece vínculos con las expectativas paganas, ya que los magos ven en los astros el cumplimiento de las esperanzas. A esto le suma la prueba judía del cumplimiento de las profecías, a partir de las reiteradas citas de cumplimiento. Las esperanzas mesiánicas están lejos de creer en el gobierno romano de los Flavios, y optan por la creencia en una persona marginal, Jesús de Nazaret.

Si se hace notar que los oráculos de reyes venideros, particularmente orientales, estaban prohibidos en Roma, Mateo se erige como un libro amenazador y peligroso, revolucionario. Sin embargo, la pretensión mesiánica ya no es la guerra. Después del fracaso militar de los judíos en la guerra del 70 d.C., los cristianos están lejos de pensar en una revolución armada. Se trata más bien de una transformación en los valores, al ponerse de parte de las personas marginadas por la sociedad y de hacerlas parte de una comunidad que desafía al imperio con su ética, ya que con las armas es imposible.

El personaje mesiánico tiene que ser diferente al guerrerista cuyo levantamiento es un fracaso –y lo será en el 135 d.C. con el fracaso de otro militar judío, Simón Bar Kochba-. El Mesías para Mateo ha de ser un maestro que a través de su enseñanza reorganice el mundo conocido, en su orden político-espiritual, y este Mesías es Jesús, "quien salvará a su pueblo de sus pecados" (1,21). Estos pecados no consisten en la mera moralidad o legalidad judías, sino las implicaciones sociales que tiene la ética mesiánica, como reflejan el Sermón del Monte (Mt 5-7).

La revolución mesiánica presentada por Mateo brota del amor y no del odio (5,43-48), cuya perfección consiste en la oposición radical a todo ejercicio de la violencia (5,21-26. 38-42). Una revolución mesiánica que parte del poner en práctica las enseñanzas del maestro (7,24-26). Una revolución que será premiada en el futuro en las categorías de honor y vergüenza, cuando el Hijo del Hombre llegue con majestad, acompañado de todos sus ángeles, y premiará con *honor* a quienes dieron de comer a los hambrientos, recibieron a los extranjeros, vistieron a los desnudos, visitaron a los enfermos y a los presos, mientras que rechazará y echará a las tinieblas a quienes no lo hicieron, en términos de *vergüenza* (25,31-46).

2. Documento: la escuela de Yohanan Ben Zakay y el judaísmo de Mateo

(Documento: Misná, Pirqé Abot, II, 8-14

8a. Rabí Yojanan, hijo de Zakay, tuvo cinco discípulos: Rabí Eliecer, hijo de Hircanos; Rabí Josué, hijo de Ananías; Rabí Yosé, el sacerdote; Rabí Simón, hijo de Natanael y Rabí Elazar, hijo de Araj.

9. Les decía: salid y ved cuál es el camino recto al cual debe adherirse el hombre. R. Eliezer decía: el ojo bueno. R. Josué decía: el compañero bueno. R. Yosé decía: el vecino bueno. R. Simón decía: el que prevé el futuro. R. Elazar decía. El corazón bueno. Les decía: apruebo las palabras de Elazar, hijo de Araj, porque en sus palabras están contenidas las vuestras.

Les decía: salid y ved cuál es el camino malo del que se ha de alejar el hombre. R. Eliezer decía: el ojo malo. R. Josué decía: el compañero malo. R. Simón decía: el que recibe prestado y no paga. El que recibe prestado de un hombre es como si lo recibiere de Dios, ya que está escrito: el impío recibe prestado, pero no devuelve, pero el justo es caritativo y da. R. Elazar

☞

---

decía: el corazón malo. Les decía: apruebo las palabras de Elazar ben Araj, ya que en sus palabras se contienen las vuestras.

10. Cada uno de ellos decía tres cosas. R. Eliezer decía: séate querida la hora de tu compañero como la tuya propia, no te dejes llevar fácilmente de la ira, colócate en el día precedente a tu muerte. Caliéntate al fuego de los sabios; ten cuidado, sin embargo, de sus brazas, no sea que te quemen, puesto que su mordedura es la mordedura de la zorra, su picadura la picadura del escorpión, su silbido el de la serpiente. Todas sus palabras son como braza de fuego.

11. R. Josué decía: El ojo malo, la inclinación mala, el odio a las creaturas sacan al hombre del mundo.

12. R. Yosé decía: sean caros para ti los bienes de tu compañero como los tuyos propios, prepárate tú mismo para aprender la Torá, ya que (su conocimiento) no es algo que se hereda, que todas tus acciones sean (hechas) por Dios.

13. R. Simón decía: ten cuidado en la recitación del shema, y de la oración. Cuando ores, no hagas de tu oración algo rutinario, sino que ha de ser un acto (de petición) de clemencia y gracia a Dios, bendito sea, como está escrito: porque es un Dios clemente y misericordioso, paciente y magnánimo, que se arrepiente del mal. No te hagas prevaricador ante ti mismo.

14. R. Elazar decía: mantente vigilante en el estudio de la Torá, infórmate de lo que has de responder a un increyente, entiende por quién te esfuerzas, es tu dueño fiel, el que ha de pagarte la retribución de tu trabajo.

Este texto, que aparece en la compilación de prácticas judías llamado la *Misná*, demuestra la existencia de una escuela rabínica que se desarrolló hacia el año 80 d.C., contemporánea de Mateo. Con lo cual se evidencia la gran cercanía y similitud que tienen los textos del NT con sus raíces judías, pues tanto el NT como la Misná son dos herencias de una misma religión que tomó posteriormente dos caminos diferentes, pero que siguen siendo hermanas.

Una lectura detenida de ambos textos, permite establecer una estrecha relación entre el pensamiento judeo-cristiano de Mateo con el pensamiento judío de Yohanan ben Zakay y su escuela:

* *El corazón bueno es el camino recto. El camino malo es el corazón malo:* "Bienaventurados los limpios de corazón, porque ellos verán a Dios" (Mt 5,8 BJ) "Porque donde esté tu tesoro, allí estará también tu corazón" (Mt 6,21 BJ).

* "Lo que sale de la boca viene de dentro del corazón; y eso es lo que realmente contamina al hombre, (Mt 15:18 BJ)

- *Séate querida la hora de tu compañero como la tuya propia:* "Amarás a tu prójimo como a ti mismo" (Mt 22,39 BJ)

- *No te dejes llevar fácilmente de la ira, colócate en el día precedente a tu muerte. No enojarse contra el compañero:* "Pues yo os digo que todo aquel que se encolerice contra su hermano será reo ante el tribunal; el que llame a su hermano 'imbécil' será reo ante el Sanedrín; y el que le llame 'renegado' será reo de la Gehenna de fuego" (Mt 5,22 BJ).

- *Caliéntate al fuego de los sabios; ten cuidado, sin embargo, de sus brazas, no sea que te quemen, puesto que su mordedura es la mordedura de la zorra, su picadura la picadura del escorpión, su silbido el de la serpiente. Todas sus palabras son como braza de fuego:* "Abrid los ojos y guardaos de la levadura de los fariseos y saduceos. (Mat 16,6 BJ). "En la cátedra de Moisés se han sentado los escribas y fariseos. Hace, pues, y observad todo lo que os digan, pero no imitéis su conducta sus obras, porque dicen y no hacen" (Mt 23,2.3 BJ)

- *El ojo malo, la inclinación mala, el odio a las creaturas sacan al hombre del mundo:* "El ojo es la lámpara del cuerpo. Si tu ojo está sano, todo tu cuerpo estará iluminado; pero si tu ojo está malo, todo tu cuerpo estará a oscuras. Y si la luz que hay en ti es oscuridad, ¡qué oscuridad habrá!" (Mt 6,22.23 BJ)

- *Sean caros para ti los bienes de tu compañero como los tuyos propios:* "Todo cuanto queráis que os hagan los hombres, hacédselo también vosotros a ellos. En esto consisten la Ley y los Profetas" (Mt 7,12 BJ)

- *Prepárate tú mismo para aprender la Torá, ya que (su conocimiento) no es algo que se hereda, que todas tus acciones sean (hechas) por Dios:* "¡Ay de vosotros, escribas y fariseos hipócritas, que pagáis el diezmo de la menta, el aneto y del comino, y habéis descuidado lo más importante de la Ley: la justicia, la misericordia y la fe! Esto es lo que había que practicar, aunque sin descuidar aquello" (Mt 23,23 BJ).

- *Ten cuidado en la recitación del shema:* "Amarás al Señor tu Dios con todo tu corazón, con toda tu alma y con toda tu mente. (Mt 22,37 BJ) Mc 12, 29-30 agrega el inicio del Shemá: "Escucha, Israel: el Señor nuestro Dios, es el único Señor. Y amarás al Señor tu Dios… (Mc 12,29-30 BJ; cf. Dt 6,4s)

- *Cuando ores, no hagas de tu oración algo rutinario, sino que ha de ser un acto (de petición) de clemencia y gracia a Dios:* "Y cuando oréis, no seáis como los hipócritas, que gustan de orar en las sinagogas y en las esquinas de las plazas, bien plantados para que los vea la gente… Cuando oréis, no charléis mucho, como los paganos, que se figuran que por su palabrería van a ser escuchados. No seáis como ellos, porque vuestro Padre sabe lo que necesitáis antes de pedírselo" (Mt 6,5-7 BJ).

Esta relación intertextual permite comprender que el cristianismo no se consideraba a sí mismo como una religión nueva, sino como una parte del judaísmo, en su variante mesiánica. Algunos grupos cristianos encontraban una profunda relación con la religión de origen, mientras que otros buscaban distanciarse notablemente. El erudito Ulrich Luz, en su comentario a Mateo (2001, p. 70), resalta las siguientes similitudes entre Mateo y Yohanan Ben Zakkai, que complementan nuestras observaciones:

- Como Mateo, Yohanan prefirió la bondad y el amor sobre los sacrificios y el cumplimiento estricto de la ley.

- Como Mateo, Yohanan estuvo abierto a los paganos como seguidores de Dios.

- Tanto Mateo como Yohanan respetan la ley judía, pero no la sitúan en el centro. Lo central es el amor.

- Ambos presentan la fe en un plano ético, buscando la norma de las normas.

- Ambos optaron por la paz en el contexto judío de la guerra.

- Ambos cuentan la parábola del banquete de manera similar.

3. El cristianismo, entre otros judaísmos

Los evangelios y todo el NT no son más fáciles de entender que el AT u otros textos religiosos. Nuestra familiaridad litúrgica y la lectura cristianizada a veces se convierten en lentes que no nos permiten ver las estrechas relaciones que tenía el texto con su cultura, y de esta manera también nos alejan de nuestra realidad. El Testamento cristiano no se concebía a sí mismo como un texto aislado, caído del cielo, sino como las reflexiones acerca de la vida de una persona, Jesús de Nazaret, con relación a los textos sagrados (AT y otros textos hebreos) y a las experiencias religiosas de la época greco-romana.

El cristianismo del primer siglo debe ser comprendido como una variante dentro de la pluralidad de creencias y prácticas que se expresaba en el judaísmo del siglo I d.C. El erudito judío Jacob Neusner hace un recuento de los diversos judaísmos antes de la destrucción del templo en el 70 d.C., y entre esos, se cuenta el cristianismo, como una denominación más de aquel judaísmo, inmerso en el mundo helenista.

> Desde la época del segundo templo, antes del 70, poseemos escritos valiosos de grupos de judíos, los cuales se veían a sí mismos como el "Israel" del que hablan las Escrituras. Sabemos que los Rollos del Mar Muerto, la librería encontrada en nuestros tiempos, retratan a un sistema religioso judaico que de alguna manera entra en conflicto con el sistema establecido en el Canon rabínico. En Alejandría, Egipto, un filósofo judío, Filón, escribió un vasto corpus en el cual está expuesto un sistema religioso judío, basado en la lectura de la Escritura a la manera en que los griegos interpretaban la filosofía y el mito. Los libros apócrifos de las Escrituras hebreas abarcan literatura que enfatiza el significado y el fin de los tiempos. Los antiguos cristianos, Jesús y su familia, y Pablo, todos se veían a sí mismos como "Israel" y recurrían a la Escritura para proveer un entramado interpretativo de la vida y enseñanzas, muerte y resurrección de Jesucristo. Todos estos grupos encajan en la categoría de "judaísmos", aunque cada uno difiere en aspectos fundamentales del otro (Neusner, 2002, p. 9).

Esta estrecha relación entre judaísmo y cristianismo es también polémica. Las relaciones con los fariseos, por ejemplo, son presentadas en los evangelios desde una perspectiva del conflicto. Están escritos con el dolor de una separación que se está dando cada vez con más fuerza (Mc), o una separación realizada (Mt, Lc, Jn). Sin embargo, reflejan muchos aspectos en común con el judaísmo, especialmente con la rama religiosa de las clases populares judías, llamada *fariseos* ("consagrados"). El conflicto descrito en los evangelios se trata de la rivalidad natural entre las diferentes facciones del judaísmo, dos de las cuales sobrevivieron y se desarrollaron con los siglos, y se leyó de manera equivocada cuando el judaísmo y el cristianismo ya eran dos religiones completamente distintas. En el siglo I d.C., tal rivalidad correspondía a las diferencias naturales entre distintas ramas del judaísmo, como sucede en la actualidad en las distintas iglesias del cristianismo.

Los evangelios pintan a menudo a estos personajes como hipócritas y legalistas sin corazón. Pocos dudan de que esta imagen sea una exageración debida a la hostilidad y que refleje una polémica posterior entre cristianos y judíos.... La crítica extremadamente hostil de Mateo contra los escribas y fariseos como legalistas puntillosos (especialmente en el cap. 23) no es rara en el panorama de duras críticas de unos grupos judíos contra otros en los siglos I a.C. y d.C., una crítica que a veces bordea la frontera de la difamación. Trágicamente, cuando el cristianismo comenzó a ser considerado como otra religión respecto al judaísmo, la crítica de Mateo se transformó en el vehículo de la opinión de que el cristianismo era equilibrado y honesto mientras que el judaísmo era legalista y superficial. "Farisaico" se convirtió en el sinónimo de la autojustificación hipócrita. Los pasajes de Mateo (y de Juan, y otros textos del NT) han continuado siendo determinantes en las relaciones entre cristianos y judíos, puesto que muchas de las opiniones de los rabinos del siglo II d.C. llegadas hasta nosotros no son legalistas y puntillosas, sino sensatas y éticas (Brown, 2002, pp. 136 y 308).

Cuando Jesús proclama las Bienaventuranzas en la montaña, rodeado de sus discípulos, está realizando una remembranza de la Torah. El profeta sube a la montaña, e invita a caminar a su pueblo en la senda de la diligencia y la rectitud (*Asherei*), un término hebreo que implica más que la volátil palabra latina *Felicitas*, pues no se consigue si no se construye mediante un estilo de vida que se fundamente sobre una roca.

Mateo presenta las típicas bendiciones y maldiciones proféticas en dos sermones: (a) uno en la montaña, a la entrada de la Tierra Prometida, dirigida a sus discípulos y a la multitud que lo escucha, a quienes invita a guardar la Torah (Mt 5,1-12); (b) el otro, en el templo, en el centro de la ciudad santa, elevando ayes ante los grupos religiosos que corren el peligro de cumplir las leyes olvidándose del amor (Mt 23,13-32). Lucas (6,20-26), elabora una lista de bendiciones y maldiciones, donde contrapone a los pobres y los que sufren frente a los ricos que gozan de bienestar. Así, los evangelistas siguen la enseñanza primordial de la Torah para entrar a la tierra de la Alianza (Dt 27 y 28; 30,15-20), señalando no una ruptura sino una profunda continuidad con las raíces culturales y la religión de origen.

Allí, en esta misma montaña, según Mateo, Jesús invita a la oración que conocemos como el Padrenuestro. Casi todas las palabras que aparecen en esta oración provienen de las tradiciones judías previas, que más tarde fueron recopiladas en la literatura rabínica. Con esto, no estamos diciendo que Jesús o los evangelistas cometieran un "plagio" con las oraciones judías, sino que su vida espiritual se enraíza dentro del gran olivo natural que es Israel.

Como señala la biblista Marie Vidal, Jesús recibe de su pueblo el don de la oración. El Maestro "ha aprendido sus oraciones en las rodillas de su madre (M. Vidal, 1997, p. 147), y recuerda en el Padrenuestro los principales elementos de la plegaria universal del pueblo hebreo, incluida la palabra Abba (Padre), con la que el pueblo hebreo se relacionaba constantemente con Dios. La plegaria hebrea llamada el *Qadish* que mostramos a continuación, es una oración mucho más antigua que el NT y que el mismo Jesús. En este sentido, es importante destacar que los textos del NT encarnan una cultura de la que posteriormente surgirán el judaísmo, el cristianismo, y el islam.

Qadish: Oración judía

Sea engrandecido y santificado su gran Nombre
En el mundo que Él creó según su voluntad.
Reine su Reino,
Germine su liberación
Y llegue su Mesías,
En vuestra vida y en vuestros días
Y en la vida de toda la Casa de Israel,
Pronto y en un tiempo próximo
Decid: ¡Amén!...

Venga gran paz de los cielos,
Vida, plenitud, salvación, consuelo, liberación,
Curación, redención, indulgencia y perdón,
Abundancia, rescate,
Sobre nosotros y sobre todo su pueblo Israel
Decid: ¡Amén!

Recibe con Ternura y complacencia
Nuestra oración.
Sean recibidas
La oración y la petición de todo Israel
Ante su Padre
Que está en el cielo y en la tierra,
Decid: ¡Amén!
(M. Vidal, 1997, p. 159)

EVANGELIO DE LUCAS

Al igual que Marcos y Mateo, Lucas es un texto de la segunda generación cristiana, en la época sub-apostólica, después de que hubiera muerto el último de los apóstoles que conoció personalmente a Jesús. El escritor que conocemos como Lucas recopila y conserva la memoria de diferentes comunidades, y la organiza de manera literaria en sus dos tomos escritos: el evangelio y los Hechos de los Apóstoles.

Su evangelio comienza de esta manera:

> *Ya que muchos emprendieron la tarea de relatar los sucesos que nos han acontecido, tal como nos lo transmitieron los primeros testigos presenciales y servidores de la palabra, también yo he pensado, ilustre Teófilo, escribirte todo por orden y exactamente, comenzando desde el principio; así comprenderás con certeza las enseñanzas que has recibido (Lc 1,1-4 BNP).*

Este modo de escribir la historia es común en la investigación y la reescritura de documentos ya para mediados del siglo II a.C., como aparece en la obra de Polibio, quien intenta escribir su investigación (en griego, "historia") formando un "todo orgánico".

Por medio de la historia es preciso concentrar en una sola visión sinóptica el plan que la fortuna ha aplicado para la realización de una serie universal de acontecimientos... Si es posible tener una idea de todo según las partes, es imposible tener de ello una ciencia y una conciencia exactas. También debemos pensar que la historia monográfica no aporta más que una contribución absolutamente escasa para el conocimiento y la fiabilidad del conjunto. Partiendo de la conexión y la comparación de todos los hechos entre sí, de sus semejanzas y sus diferencias, es como -solamente tras un examen- se puede sacar provecho y agrado de la historia (Polibio, Historias I,4.1.9-11. En Baslez, 2009, p. 8).

Lucas es un historiador. Se interesa por los acontecimientos, por los hechos. Y da importancia al testimonio ocular para escribir y hacer visible a sus lectores y oyentes los acontecimientos del pasado que conciernen a su presente.

El evangelio fue escrito alrededor del 85 d.C. (Brown, *Introducción* I, 2002, p. 226). El autor muestra tener conocimiento de la destrucción de Jerusalén (año 70), pero no de la persecución de Domiciano (año 90-95), y parece vivir el rechazo oficial de la sinagoga hacia los cristianos (entre el año 85 y 90).

La comunidad a la que escribe es de cristianos mayoritariamente de origen pagano y distantes de Palestina. Los convoca a adherirse al mensaje liberador de Dios, con un fuerte acento en la inversión de destinos para ricos y pobres, con la fuerza de los profetas del AT y que ahora por medio del Espíritu de Jesús se va realizando en las iglesias domésticas y periféricas, afuera de la sinagoga y el Templo y de las instituciones religiosas dominantes.

1. Texto bíblico: el rico y Lázaro, un tradicional cuento corto (Lc 16,19-31)

Das Gleichniß von dem reichen Mann und dem armen Lazarus.

Hijo, recuerda que en vida recibiste bienes y Lázaro por su parte desgracias. Ahora él es consolado y tú atormentado. Además, entre ustedes y nosotros se abre un inmenso abismo; de modo que, aunque se quiera, no se puede atravesar desde aquí hasta ustedes ni pasar desde allí (Lc 16,25-26 BNP)

Esta parábola es un cuento corto. Recoge un motivo de la literatura antigua que ha pasado por diferentes desarrollos sucesivos. Se trata de un relato primitivo, contado en Egipto, en Grecia, y que ha llegado hasta Palestina. La intención del narrador es retomar esta tradición, dándole matices cristianos, para exhortar a su comunidad atender a las personas pobres aquí y ahora.

Un relato egipcio cuenta cómo en el *Amentit* se invierten los destinos de un rico y un pobre. Un relato talmúdico narra cómo en la morada de los muertos, el injusto no logra calmar la desesperada sed de su lengua. La historia griega de Luciano de Samosata cuenta cómo en la vida futura Micilo el zapatero llega a la isla de los bienaventurados; mientras que el rico Megapente es condenado a recordar sin recesar su pasado después incluso de muchos ruegos ante el barquero que lleva a los muertos al hades, Caronte (Bovon, 2004).

La parábola evoca la esperanza futura para invitar a reflexionar y a tomar acción sobre la realidad presente. No se trata de una mera consolación o una legitimación del sufrimiento en vista de una expectativa *post-mortem*. El futuro descrito en la narración es una ambientación literaria para invitar a una acción presente, pues es en esta vida donde se podrá optar por las personas empobrecidas. Es aquí donde se oyen las voces proféticas para tal misión, incluyendo la voz del Resucitado.

El relato se compone de tres escenas, mediadas por el *motivo de la inversión de destinos*. Las dos primeras son cortas, y relatan la inversión. La tercera es más larga, y consiste en un diálogo en el que gravita el sentido de la historia, que está contada a modo de cuento corto.

- **Escena 1 (19-21).** *Descripción inicial del rico y el pobre Lázaro.* El rico vive espléndidamente, mientras que Lázaro vive echado a su puerta, con llagas y con hambre. Más familiarizado con los perros que con los seres humanos.

- **Escena 2 (22).** *Inversión de la situación.* Mueren ambos. El elemento sorpresa es que Lázaro es llevado por los ángeles al seno de Abraham, mientras el rico no.

- **Escena 3 (23-31).** *Diálogo entre el rico y Abraham: Imposibilidad de revertir la situación.* En el lugar de los muertos, el rico pregunta a Abraham si Lázaro puede ayudarlo en su sed, y Abraham responde que no. Luego le pregunta si Lázaro puede ayudarlo llevando la noticia a sus familiares en la tierra, y a Abraham dice que no. El rico insiste, pero Abraham fulmina sus intenciones con una frase lapidaria: "Si no escuchan a Moisés ni a los profetas, aunque un muerto resucite, no le harán caso".

El rico se convierte en un mendigo que ruega por algo que no se puede cumplir. El rico es castigado no por ser rico, sino por pasar de largo siempre al lado del pobre, sin escuchar a Moisés y los profetas para ayudarle a construir una vida digna. El pobre es consolado por el mero hecho de ser pobre, pues los pobres están en el corazón de Dios. En la tierra, el rico estaba adentro y el pobre estaba afuera. En la vida después de la muerte, el pobre está adentro, y el rico está afuera. El narrador demuestra que, aunque el relato habla de muertos, se dirige a vivos y los interpela a la conversión a través de la historia.

a. Los lugares escatológicos y la vida después de la muerte

La parábola de Lázaro y el rico es un texto muy interesante, porque refleja la concepción que muchos cristianos de la época del NT tenían sobre los lugares escatológicos. Las escenas de la narración siguen una secuencia especial en cuanto al espacio y el tiempo. Comienzan en la tierra y terminan en el *Hades*, espacio futuro, con algunos accidentes geográficos tales como el lugar de tormento (*Gehenna*) y el lugar de consolación (*Seno de Abraham*).

El *seno de Abraham* (κόλπον Ἀβραάμ) puede referirse al puesto de honor junto a Abraham, ya que según la costumbre de los antiguos, en el acto de comer, la posición de la cabeza de un comensal se encontraba más o menos a la altura del pecho de su vecino (H. Seebass. En: DTNT, 1980). La intercesión de Abraham es frecuente en el judaísmo, en el sentido de la intercesión de los que participan ya de la vida eterna a favor de sus familiares y allegados. Una práctica de invocación de los santos, común en diversas culturas. Refleja la opinión judía de que hombres que han vivido con Dios, especialmente los patriarcas, permanecen vivos después de la muerte, la comparte también Jesús, y por ello dice que allí donde está Dios debe haber vida (Mc 12,26; Mt 22,32; Lc 20,37).

El concepto de la vida *post-mortem* fue creciendo en el judaísmo con el paso del tiempo. Como otros pueblos de la antigüedad, desde los griegos hasta los babilonios, los israelitas del AT concebían el mundo de los muertos como un gran espacio en las profundidades, un mundo subterráneo. Los espíritus de los muertos entran en un mundo de tinieblas y silencio, llamado el Sheol (שְׁאוֹל) cuyas puertas están aseguradas y por lo tanto no hay retorno (Job 10,21; Sal 88,7; Ecl 9,10).

Con el paso del tiempo, va apareciendo en Israel el deseo y la esperanza de que Yahvé también gobierne en el inframundo (1 Sam 2,6; Job 26,6 y Prov 15,11). Textos como el Salmo 139,8 y Amós 9,2 mencionan que el reino de los muertos se mantiene abierto delante de Dios y está sujeto a él.

Experiencias como el exilio babilónico y las conquistas de los persas, los griegos y los romanos, hacen que los judíos se pregunten por la posibilidad del castigo y la recompensa más allá de esta vida, pues esta realidad no alcanza para retribuir a los malvados y bendecir a los justos. Y por ello aparece una imagen de un tiempo posterior en el que habrá premios y castigos; y así nace en Israel la esperanza en la vida después de la muerte.

La literatura de Qumran, especialmente en la sección de Hodayoth, habla de cómo Dios rescata de los peligros del inframundo: "porque tú has redimido mi alma del abismo, y del infierno de Abaddon, tú me has levantado" (1Q 3,19). Y también el apócrifo de 1 Henoc va a describir un inframundo con premios y castigos para los justos y pecadores.

> De allí fui a otro lugar, y se me mostró en occidente un monte grande y alto y una fuerte roca: en medio de él había cuatro cavidades, cuyo interior era muy profundo, ancho y liso (tres oscuras y una luminosa, que tenía en medio una fuente de agua)... Estas tres fueron hechas para separar los espíritus de los muertos. Así se separan las almas de los justos, (y permanecen) allí (donde) hay una fuente de agua viva y, sobre ella, una luz. Del mismo modo se ha hecho (un lugar) para los pecadores, cuando mueren y son sepultados en la tierra sin que hubiera juicio contra ellos en su vida. Aquí son apartadas sus almas, en este gran tormento, hasta el gran día del juicio, (para) venganza, tormento y castigo de esas almas de los que eternamente maldicen. Aquí los atará (Dios) por la eternidad. Igualmente se ha apartado un lugar para las almas de los que se quejan refiriendo su pérdida, al haber sido asesinados en los días de los pecadores (1 Hen 22, 1-2. 9-12; Díez Macho, 1984, pp.58-59)

El NT toma del judaísmo tardío la imagen cosmológica de los tres niveles del mundo: el cielo, la tierra y las profundidades (Flp 2,10; Ap 5,13). En el mundo de las profundidades no sólo se encuentra la región de los muertos (ἅδης), sino también la Gehenna o lugar de castigo. Según la cosmovisión judía y del Oriente antiguo, que se transparenta en el NT, la región de los muertos forma parte del mundo de las profundidades.

b. El infierno en la tierra

La sensibilidad que tiene Lucas por las personas pobres invita a su audiencia a pensar que muchas de ellas están viviendo un infierno en la tierra. Cuando describe a los ricos (πλούσιος), Lucas adopta una actitud marcadamente crítica, señalando su manera de vestir y su olvido del pobre que está a su puerta. Una actitud que mantiene a lo largo de su obra.

Al lado de las bienaventuranzas para los pobres, el evangelista sitúa el *¡Ay!* contra los ricos, debido a la inversión escatológica de las circunstancias, especialmente porque el reinado de Dios ha venido (6,20.25). El Señor despacha a los ricos con las manos vacías (1,53), y es muy difícil para los ricos entrar al reino (18,24.25).

Lázaro
(James Tissot 1836-1902)

El mensaje de Lucas es que el rico no existe para sí, sino siempre en relación íntima con el pobre, a quien tiene al alcance de su vista, y a quien está llamado a atender. El autor de este evangelio y de los Hechos exige una relación correcta con el pobre (12,21; 16,9-13), haciéndolos los principales invitados al banquete comunitario (14,12-13); por esto Zaqueo se convierte en un paradigma de lo que significa la conversión, ya que debe compartir lo que se tiene con los pobres (19,2.8).

El *pobre* (πτωχός) es un adjetivo que aparece 34 veces en el NT, de las cuales 20 veces están en los evangelios sinópticos, evidenciando un tema recurrente en la predicación de Jesús, y en la situación social de muchas personas dentro y fuera de las comunidades a lo largo del siglo.

Lucas señala que la misión de Jesús es dar buenas noticias a los pobres, traducidas a acciones concretas: anunciar la libertad a los cautivos, dar la vista a los ciegos, poner en libertad a los oprimidos, y para proclamar el año de gracia del Señor (Lc 4,19ss BJ; cf. 7,22). La bienaventuranza para los pobres –no sólo en espíritu sino también, y principalmente, en la dimensión material- (Lc 6,20) proviene de la fuente de *logia* (*Q*). Esta tradición se basa en Isaías 61,1ss, y se halla en la misma línea que el pensamiento judío, según el cual el pobre se halla bajo la especial protección de Dios, como es constante en el AT.

Es interesante que Jesús no vincule la bienaventuranza para los pobres a algún condicionamiento moral, sino que el mero hecho de ser pobres hace de estas personas objeto y sujeto de la bienaventuranza divina. Esta bienaventuranza no es una mera consolación, "sino que la salvación existe ya de manera histórica y visible con sólo volver la mirada al tiempo de Jesús, que prometió la buena nueva a los pobres" (Merklein, "Pobre". En: *DENT*, p. 1262).

La parábola de *El rico y Lázaro* evoca la realidad futura para invitar a reflexionar sobre la realidad presente. Estas realidades son diferentes la una de la otra. El sentido inmediato es la descripción del mundo de los muertos. El sentido profundo es una reflexión desde el mundo de los vivos: Lázaro ha vivido un infierno en su vida, y la consolación que ofrece el texto es el restablecimiento de la equidad, que crea en las personas un sentimiento de bienestar y de justicia.

Muchas veces se ha tratado de pensar que es la vida futura la que dará sentido a esta vida presente, a este valle de lágrimas. Por ello, se pretende iluminar el sufrimiento presente a la luz de una esperanza ultraterrena, y nada más que futura. Ejemplo de ello es la literatura y las muchas predicaciones o testimonios que se han producido acerca del cielo y el infierno.

Sin embargo, debe pensarse en la situación invertida actual, y en la manera cómo la gente empobrecida y excluida vive el infierno dentro de su propia realidad. Sin descartar ninguna posibilidad futura, la parábola invita a pensar en el infierno de la guerra, de la violación de la conciencia. El infierno de las cárceles y de las fábricas, de las dictaduras, las desapariciones y también los secuestros. El infierno de las inapropiadas condiciones de trabajo en las empresas. El infierno de la contaminación que envenena los ríos y mata la vegetación y los animales, con monstruosas maquinarias que devoran todo lo vivo.

Si la intención de la parábola es que hagamos una lectura desde la tierra, debemos pensar en el infierno que viven todas las personas pobres, como Lázaro. El mensaje narrado por Jesús es un llamado a quienes pueden leer a los profetas, y también escuchar al Resucitado. Es aquí y ahora, donde debemos ayudar a las personas a liberarse de las llamas del infierno. Después de la muerte, no podemos.

La resurrección como creación colectiva de esperanza (Ivone Gebara)

La simbología de la resurrección puede tener otros significados más allá de la vida después de la muerte. El mito cristiano trata de la humanidad/Dios viva éticamente y desde el símbolo Jesús/Dios él no puede morir y, por eso, resucita siempre. En él estamos todos resucitados simbólicamente, pero tenemos que seguir haciendo y luchando por el bien. Jesús es como un emblema que nos representa y nos recuerda que somos resucitados. El deseo de hacer el bien surge desde dentro de nosotros, porque Dios no está más arriba y afuera del mundo. Jesús es el emblema de los que creen en otra imagen de lo divino. Lo divino no es más el Dios de la teocracia política del judaísmo, sino una trascendencia adentro de las relaciones humanas. Y es desde la creencia en esta trascendencia que Jesús vivió restaurando vidas, restaurando relaciones. La comunidad de amigas/os y discípulas/os de Jesús cree que él fue asesinado por sus obras de resurrección. El mito antes de ser dogmatizado significó una creación colectiva de la esperanza para mejorar la vida de los pobres, desde la exclusión que les imponía el Imperio y el Templo. No hay que olvidar los impuestos que tenían que pagar, hasta sobre el comino, la cantidad de revueltas que hubo en ese tiempo contra la presencia del invasor ni las críticas hacia el Templo cómplice de la opresión del pueblo. El mito va a significar que aunque mataron a uno, los otros siguen, porque son humanidad/Dios, porque el emblemático cumplió su misión y ya no está en esta historia, pero su espíritu sigue con los que lo amaban. Podríamos decir que no está más con nosotros, pero también está con nosotros. Al mismo tiempo María no está y está. Esta es la dinámica de la vida y de la muerte, de la presencia y la ausencia constitutivas de nuestra historia (I. Gebara, 2002, pp. 77-78).

2. Biblia y culturas: la muerte en las culturas latinoamericanas

Las imágenes del inframundo reflejan, en crudo, el encuentro humano con la muerte. Es un encuentro que produce miedo, porque *al otro lado* está lo desconocido. La muerte es el paso a una transformación profunda, en la cual las personas de todas las religiones estamos hermanadas. El propósito de las religiones consiste en acompañar a las personas en trasegar por la vida, y éste trasegar también incluye la muerte, el paso final. Los símbolos de la muerte llegan a los rincones que la razón no puede acompañar. Estas imágenes hacen posible que los vivos nos encontremos con nuestros ancestros, con nosotros mismos y con Dios, en una dimensión insondable para lo cotidiano.

a. ¡Oh Elegba! ¡Los muertos tocan el tambor!

Los pueblos afro de nuestro continente tienen otra concepción de la muerte, en la que el más allá es la presencia de la lucha por el más acá. Los muertos se entremezclan con los vivos para alcanzar la liberación, y se alían a los ancestros indígenas, también violentados, para cantar con sus músicas y sus acciones. En su obra sobre la aguerrida presencia africana en Abya-Yala, el escritor colombiano Manuel Zapata Olivella habla sobre sus ancestros afro en la novela *Changó el gran putas*.

En la revolución haitiana, al ritmo de los tambores de los muertos Bouckman y Mackandal, vivos y muertos, indios y negros se entremezclan en la lucha por la liberación de su pueblo:

No los veía, pero oye el resonar de los caracoles y flautas anunciando la hora de su muerte. Los Xemes y difuntos indios asesinados por la Loba Blanca querían ver la cara pálida del general Leclerc con su pupila más verde que el ojo de la selva. Engalanados con plumas y narigueras de oro, danzan alrededor del moribundo con sus macanas y flechas. Le arrancarán los ojos para que en la oscuridad de la muerte persistan sus delirios (Zapata Olivella, 1983 p. 220.)

A golpes del tambor, Bouckman fue llamando a los Archas. El llanto del yambalú despierta a los muertos. Legba inició el descenso de los Vodús para despejar el camino de nuestras victorias. Después, danzando en las caderas de Madame Bourville, la madre de las corrientes, Oshún, nos promete abrirnos las desembocaduras de los ríos. Bouckman nos anunció que Ogún está con nosotros y nos ofrecía cañones, fusiles y barcos. Se acercó hasta mí y al oído me revela los secretos para asaltar las bahías y los puertos. Finalmente desciende el propio Changó montado en la cola de un relámpago. Todos enceguecimos y solo podemos escuchar su trueno voz hablándonos desde el fondo de los tambores (Zapata Olivella, 1983 274).

Desde Brasil, los mártires negros de la libertad levantan sus voces, y el narrador las comenta:

No estoy seguro si me hablaban en coro o si oía-escucho sus voces por separado: "Soy Pedro da Silva Pedroso, sólo tenía veinticuatro años cuando fui ahorcado". La segunda, puedo jurarlo, me llegó de ultratumba: "En este continente, mi nombre es Joao de Deus do Nascimiento". La otra, lejana, cercana, salía de mis

propios labios: "Aún me llaman Lucas Dantas, porque nadie muere en la camada del pueblo". Esperó que el eco se apoyara en la bóveda de la iglesia. Después su garganta degollada me traerá su palabra viva: "Manuel Faustino dos Santos Lira". La más próxima me habla con los ojos apagados: "Mi religión es el Islam y mi nombre Eliseo Pandará. No Sólo prediqué la libertad sino cómo conquistarla" (Zapata Olivella, 1983, p. 298).

En los Estados Unidos, donde grandes poblaciones negras fueron esclavizadas y torturadas, se levantan las voces de los muertos, con cantos de Blues desde las plantaciones, para contar que sus raíces siguen unidas, y los muertos renacen en quienes luchan por la libertad:

Esas sangres no se pierden. No hay una sola gota de nuestra sangre que se extravíe en la gran familia de los ekobios. Ni cuando se mezclan con otras sangres, ni al ser derramadas por mano violenta, ni cuando se nos seca en la sepultura porque los muertos tenemos dos vidas, una que va directa a otro recién nacido y la que nutre el magara de nuestros Antepasados. Por ahí andan, por ahí andan muchos hermanos nuestros aunque tú no lo sepas. En cada Negro hay un ekobio de esa sangre de tu abuela del Mississippi o del tío que se llevaron para Virginia o de otras sangres, de otros abuelos, que te pertenecen tanto o más que la sangre de tus hijos (Zapata Olivella, 1983, pp. 400-401).

Es en este espíritu, que Agne Brown, levanta su voz en el púlpito de una iglesia evangélica, encendida su lengua por el fuego de Changó:

Me dirijo a vosotros, ekobios que me escucháis. No a los Blancos sordos. No vengo a predicar paciencia ni resignación ni vanas esperanzas: les anuncio el culto de la Vida y las sombras que inspiran la rebeldía que hay en nosotros los Negros. Más allá sólo perdura el eco de los sueños. Pero oídlo bien, vida y rebelión no existen sin la presencia de los muertos. Somos la fuerza de todo que fue y la fuente poderosa de todo lo que será. No habrá ejércitos de Blancos ni todos sus odios juntos que sean más poderosos que ésta firme voluntad de ser y hacer. Sólo rebelándonos los vivos y los muertos a través de todas las sangres cumpliremos la profecía de Changó (Zapata Olivella, 1983, p. 347).

b. El seno de la Madre Tierra es fuente de vida

Para los pueblos indígenas de los Andes, la vida es un proceso continuo en un plano amplio de los ciclos cósmicos. Los muertos hacen parte de *Pacha*, el cosmos generador de vida. Para el cristianismo tradicional, la muerte constituye el encuentro con el Dios del más allá. Para el mundo andino, la muerte es encuentro con los Dioses y los Ancestros, pero se da en la tierra. Y no sólo la muerte, sino las fiestas y ritos son encuentro con ellos. La muerte no es separación, sino encuentro. Por ello hay una relación de reciprocidad entre vivos y muertos, donde el *Ajayu* (alma del difunto) es parte de la familia, la comunidad y la tierra. La muerte duele, pero no es considerada como un caos, sino como parte de la armonía del universo.

> En palabras de un anciano aymara, tenemos tres vidas y dos nacimientos. La primera vida es el seno materno y desemboca en un primer nacimiento; la segunda es la vida en este mundo. La muerte a esta segunda vida es el segundo nacimiento, que nos conduce a la tercera vida. El seno de la madre humana y el seno de la Madre Tierra son fuente de nueva y mayor vida en los diversos momentos de este gran ciclo vital a la vez personal, social y cósmico (Xavier Albó, En: Teología andina II, 2006, p. 372).

c. Poesía y pintura sobre el cadáver de Jesús

Desde una perspectiva urbana y contemporánea, el escritor Pablo Montoya medita sobre una pintura que alude al cadáver de Jesús, realizada por Holbein el joven en 1521. Este poema en prosa, que puede ser leído como un microcuento, relee el texto bíblico de la muerte de Jesús valiéndose de una obra de arte, y lo conecta con la realidad latinoamericana contemporánea, realidad de muchos anónimos que desaparecen sin dejar dolientes. La muerte es vista desde otra perspectiva: aniquilación de lo humano, negación de toda posibilidad de vida, ironía interpretativa; y aun así, denuncia de injusticia. El significado de la muerte tiene que ver con el sujeto que ha cesado su existencia. El poema merece una lectura detenida.

Hans Holbein el Joven (1497-1543). *Cristo en la tumba*. 1521.

La noticia brotó, brusca, de la universidad. Junto a uno de los eucaliptos, que bordean su entrada, Tomás cayó ultimado por la policía. Un cerco de uniformados impidió, durante los minutos de la agonía, que el estudiante recibiera atención. Tarde fue cuando el automóvil llegó al hospital. El cuerpo fue trasladado a la morgue donde, eso explicaron, se le hizo una autopsia necesaria. La noticia, como agua desbordada, se regó por la pequeña ciudad de Tunja. Las emisoras repitieron el aviso. Las oficinas y comercios cerraron de inmediato. El tránsito de las calles se detuvo. La policía, expectante, se acuarteló. Una multitud de estudiantes fue reuniéndose en la plaza principal. Allí debía llegar, en horas de la noche, el ataúd. Nuestro plan era hacer un cortejo hasta la alcaldía en medio de consignas dolientes. Luego tomarnos la sala magna y velar a Tomás, con discursos y canciones, hasta el amanecer. En la mañana, la manifestación acompañaría el sepelio hasta el lejano cementerio, en las afueras de la ciudad. Una traba absurda, sin embargo, tenía el ataúd atascado en las instalaciones de la morgue. Yo fui escogido para llevar la carta con la orden oficial que exigía la salida del compañero. La sala estaba sola. Las consignas, que me habían seguido, continuaban afuera. Sobre una de las plataformas vi el cuerpo. Largo y extenuado como una espada sin brillo. Un calzón cubría el genital. Las costillas estaban envueltas en un cartílago amarillento. El formol era un látigo de oprobio disperso en la sala. Tomás, pensé, poseía la fealdad de la muerte. Su pelo, mojado en partes, era un pegote. Los ojos, dos fosas vacías que algún chulo había picoteado. Los labios entreabiertos dejaban ver puntas de dientes semejantes a un horizonte que ya nadie habría de ver. La muerte, me dije, era eso. Un mar, un valle, una selva, una boca desaparecidos para siempre de los ojos de los hombres. Busqué la herida. La encontré en el costado. Me asombré porque no estaba, como decía el rumor en la plaza, cerca del corazón. Era una llaga hecha por una sanguijuela y no la herida de una bala. Me acerqué. Tomás tenía las manos y los pies maniatados. En su cabeza, hacia las sienes, coágulos de sangre se amontonaban. Un calor arrasó mi rostro. Tomás había sido asesinado y su cuerpo maltratado con sevicia. Quise salir de la sala para que la gente supiera la verdad. Que la noticia ganara la plaza e hiciera explotar la rabia contenida de la multitud. Pero alguien me tocó el hombro. Indignado, tomé al hombre por las solapas de su delantal médico. Demoré segundos en entender su alegato. Logró soltarse y me ordenó seguirle. En otra de las salas estaba el ataúd con Tomás. Y el hombre de al lado ¿quién es?, pregunté con vergüenza. El médico levantó los hombros y contestó: un desechable, quizás. (Montoya, 2007, p 55).

EVANGELIO DE JUAN

El evangelio de Juan es el último escrito de los cuatro evangelios canónicos. Polémico, radical y místico. No vacila en declarar a Jesús "Dios" (1,1), y a quienes no lo siguen como "hijos de las tinieblas" (3,17; 8,47). Valora el discipulado por encima del apostolado (21,22-23), y destaca el papel de las mujeres como grandes predicadoras del evangelio (20,17). Muestra una concepción diferente lo que es el cristianismo. Considera que la fe y la vida eterna consisten en un conocimiento profundo de Dios y su hijo, y declara a los hijos de Dios como "dioses" (10,34) e hijos de Dios que no vienen de carne ni de sangre (1,12). Un evangelio que se ubica en una situación hermenéutica distinta, más parecida a la de los filósofos y místicos judíos de la época, que a la de los campesinos de Palestina de los años 30.

Los especialistas concuerdan en ubicar el escrito final en los años 90, en la ciudad de Éfeso (Brown, 2002, p. 444). El texto refleja la larga reflexión que hace una comunidad sobre su fe a lo largo de un siglo. Contiene las memorias del Discípulo amado, y las interpretaciones que hace la comunidad de su experiencia con el Resucitado. El autor, e incluso el Discípulo amado que aparece en el texto, son desconocidos hasta el momento, y no hay ningún argumento claro que permita atribuirlo a Juan hijo de Zebedeo.

En síntesis, el evangelio de Juan es una gran reflexión teológica que invita a experimentar la presencia divina en medio de la humanidad, y el gran escándalo de que Dios se haya hecho carne. Un texto cargado de símbolos que tienen más de un sentido.

El asunto mismo que registra en esa su manera, sencilla, histórica —esos judíos mezquinos, poco atractivos, demasiado ciegos a la riqueza mítica del mundo pagano que los rodeaba-, era precisamente el tema de los grandes mitos. Si alguna vez un mito se había hecho real, se había encarnado, sería exactamente como esos relatos. Y no había nada en la literatura que se les asemejara. Los mitos se le parecían en ese aspecto. Las historias, en otro. Pero nada era simplemente como ellos.

Y ninguna persona era como la Persona que pintaban; tan real, tan reconocible, a través de la profundidad de los tiempos... y a la vez tan lumínico, iluminado por una luz allende el mundo, un dios. Pero si era un dios —ya no somos politeístas-, entonces no un dios, sino Dios. Aquí y sólo aquí en todos los tiempos, el mito debió hacerse realidad; el Mundo, carne; Dios, Hombre. Esta no es "una religión", ni "una filosofía". Es la suma y ser actual de todas ellas (C.S. Lewis, 1994, p. 214).

1. Texto bíblico: Jesús, el pan que es más que pascua y más que eucaristía (Jn 6,1-71)

Yo soy el pan vivo bajado del cielo. Quien coma de este pan vivirá siempre. El pan que yo doy para la vida del mundo es mi carne (Jn 6,51 BNP).

El capítulo 6 de Juan está presentado en siete escenas, en cada una de las cuales Jesús se va quedando progresivamente con menos discípulos, debido a la profundidad chocante de su mensaje:

Banquete sagrado, pintura cristiana en catacumba antigua

a. En la orilla del lago -Tiberíades, Jesús multiplica los panes (1-15)

b. Jesús atraviesa el lago, y se identifica como "Yo soy" (16-21)

c. En la otra orilla del lago –Cafarnaúm-, Jesús se identifica como "Yo soy el pan de la vida" (22-40)

d. Los judíos murmuran, y Jesús insiste en que es el pan de la vida (41-58)

e. Los discípulos murmuran, y Jesús declara que sus palabras son espíritu y son vida (59-66)

f. Los Doce se quedan con Jesús, porque sólo él tiene palabras de vida (67-71)

En esta trama narrativa está presente el tema del *pan*, tanto en un sentido literal, como en un sentido simbólico-espiritual. Aparece también el tema de la identidad de Jesús, cuyas declaraciones se vuelven más atrevidas y escandalosas, y por esto pasa de estar con una multitud a estar con más poca gente. Se mencionan motivos literarios clásicos de la tradición del éxodo, tales como la pascua, atravesar el lago, la identidad del "Yo soy", la mención de Moisés, la murmuración, y la transmisión del espíritu y las palabras de vida.

El narrador intercala la pascua judía (πάσχα, 4) con la eucaristía cristiana (εὐχαριστέω, 11.23). Entre estas dos fiestas, la judía y la cristiana, presenta a Jesús como una persona cuya identidad y sabiduría van más allá de estas liturgias. Ambas fiestas no sólo son recogidas en la persona de Jesús, sino superadas en él. Para el evangelio de Juan, hay que ir más allá de los judíos y de los discípulos, para comprender las palabras de vida, hay que habitar en Jesús y dejar que él habite en uno, comiendo metafóricamente de su carne y sangre.

> Oscar: Yo creo que la verdadera comida que él traía era la unión entre los hombres, el amor. No venía nada más a multiplicar el arroz y los frijoles (*El Evangelio en Solentiname* II, p. 35).

La narración de Juan 6 está ligada por las palabras *pan* y *comer* (y también *beber*). El narrador juega con dos acepciones importantes: la *literal* y la *simbólica-espiritual*.

• En 6,1-15 aparece el sentido *literal*, usando una narración que también cuentan los sinópticos, en la que Jesús multiplica los panes y los peces. Hay un sentido simbólico en relación a la pascua judía (24). Esta pascua se convierte en liturgia cristiana, en eucaristía (11.23). Esto dará pie a una comprensión de Jesús como pan de vida dentro del contexto de la institución de la Cena del Señor, clásico en las iglesias judeocristianas, pero insuficiente para la comunidad juánica.

• En 6,16-21 se manifiesta la señal de la que Jesús está hablando, y es la expresión "Yo soy" (20). Ella introduce el tema de "Yo soy el pan", que da un significado más profundo, *espiritual y simbólico*, de lo que es el pan material. De esta forma se introduce la resignificación que hace el cuarto evangelio a este relato de milagro.

• En 6,22-59 expone la conversación con los judíos, quienes no comprenden el sentido *simbólico* y se conforman con el sentido *literal*. Para ellos, es suficiente con el pan de Moisés (cinco libros, cinco panes) que alimenta a la totalidad de Israel (doce cestas). Para el Jesús de Juan esto no es suficiente, ni siquiera es la señal indicada, ya que la señal indicada es él mismo: "Yo soy el pan de vida, que ha bajado del cielo" e invita a comer de su carne y beber de su sangre para recibir la vida eterna.

• En 6,60-66 señala que no sólo los judíos lo abandonan, sino muchos de sus discípulos (6,66). Con ello se muestra que para el narrador no es suficiente ver en Jesús al profeta como Moisés, sino que hay que ver al "Yo soy", al *Lógos* que se revela a sí mismo en sus milagros. De esta forma, el texto está criticando a muchos judeocristianos que no aceptan esa revelación más profunda, *simbólica-espiritual*.

• En 6,67-71 se hace una salvedad frente a los judeocristianos, y se muestra que los Doce no lo abandonan, porque él tiene palabras de vida eterna, y ellos reconocen que él es el Consagrado de Dios. Sin embargo, Jesús señala algo más *profundo* todavía, y es que él los eligió a ellos, y también que entre ellos está el diablo. Con esto los acepta, pero no destaca la profundidad de ese conocimiento *simbólico-espiritual* que se requiere. Por lo que hay otros cristianos más que alcanzan niveles de espiritualidad aún que los Doce.

El narrador retoma un tema clásico de los sinópticos pero le da una interpretación propia. Esta interpretación pretende ser más *profunda*, *simbólica-espiritual*, y dejar de lado al mensaje *literal* para centrarse en el mensajero. Ahora Jesús es lo importante, y no su milagro. Y este milagro se intercala con la Eucaristía cristiana. Así, sobre una historia conocida se propone una interpretación nueva, y es que Jesús mismo es el pan, superior a Moisés, y superior incluso a lo que los sinópticos pretenden decir de él.

El texto de Juan 6 refleja el distanciamiento que ya se hacía más fuerte entre la iglesia y la sinagoga. Y no sólo entre ellas, sino el distanciamiento entre la comunidad juánica y las iglesias judeocristianas. Como señala el evangelio, para los discípulos judíos es duro aceptar esto, los escandaliza (60-61), y prefieren irse, dejar al Jesús que habla de sí mismo como "Yo soy". Esta alta cristología produce un cisma entre los mismos cristianos, y muchos de ellos preferirán seguir interpretando a Jesús como nuevo Moisés, como Mesías, e incluso como hijo de Dios, pero no como el "Yo soy" del que hay que comer su carne y beber su sangre de manera místico-mistérica y evidentemente gnóstica. Esta comunidad que excluye a los demás en esta narración, en realidad está contando la historia de su auto-exclusión del grueso de los cristianos.

> El pan ha capturado la imaginación de los pueblos, hasta el punto de hablar de "el pan de vida" de la misma forma en que se habla del árbol de vida o del agua de vida. Como estos dos, el pan puede otorgar inmortalidad. Este concepto llegó a ser además un importante símbolo para el más alto nivel del pensamiento religioso avanzado: así como se decía que la sabiduría era fuente de vida o árbol de vida, Cristo dice en el evangelio de Juan: "Yo soy el pan de vida; quien coma este pan vivirá por siempre" (6,51) (Gunkel, p. 75).

2. La historia del Jesús del Cuarto Evangelio es la historia de la comunidad

En su obra *La comunidad del discípulo amado*, Raymond Brown investiga el desarrollo de la iglesia como reflejo de la redacción del evangelio de Juan. Allí menciona que la comunidad juánica fue una comunidad de personas diversas que decidieron aceptar a Jesús como el Mesías. La estructura del evangelio muestra la historia de la comunidad, a través de círculos concéntricos en los que se va a ampliando su membrecía y su teología. El Cuarto Evangelio y las cartas juánicas están insertos en una historia de confrontación aguda con las sinagogas y con otras iglesias de talante judío.

En la primera fase de la comunidad juánica (años 50-89 d.C.), el grupo se componía de judíos cuya fe en Jesús asimilaba una cristología relativamente baja. Algunos eran discípulos de Juan el Bautista (1,20.35-40). Posteriormente surgió una cristología más alta que agudizó el conflicto con los judíos que consideraban que ésta era una blasfemia, y tal fricción impulsó al grupo juánico a afirmaciones todavía más audaces (Jn 1,35-51).

El segundo grupo que se añade a la comunidad juánica tiene una cristología más alta, e invita a conocer a Jesús de una manera más profunda que la de los judeo-cristianos (Jn 4,23). La aceptación de los samaritanos por parte del grupo acarrea la hostilidad y sospecha por parte de la sinagoga y sus jefes, y va surgiendo un rechazo mutuo. El Jesús juánico soporta la persecución sufrida históricamente por la comunidad juánica (Jn 8,41); por ejemplo, cuando se le acusa de samaritano, lo que sucede históricamente es que se está acusando a la comunidad juánica de recibir samaritanos (Jn 8,48). Posteriormente vendrá un tercer grupo, el de algunos gentiles (Jn 12,20-23); y esto traerá la ruptura definitiva con la sinagoga, y hará volcarse a la comunidad juánica hacia el mundo helenista para proclamar el evangelio.

Cuando se redacta el evangelio (año 90 d.C.), la comunidad intenta marcar diferenciadamente su identidad respecto a otros grupos religiosos. Los judíos descritos por Juan (5,16; 3,37ss; 16,2) son los que están en las sinagogas y no aceptan que Jesús sea el mesías. Los seguidores de Juan Bautista también tuvieron su conflicto con la comunidad juánica. Muchos de ellos habían seguido a Jesús y hasta se hicieron cristianos, pero muchos de ellos proclamaban a Juan como el emisario de Dios. Por esto, la comunidad juánica niega totalmente los atributos mesiánicos que pudiera tener el Bautista (1,9.115.19-24.0; 3,28).

En relación con la comunidad juánica, se detecta un grupo de los cripto-cristianos, cristianos judíos que habían permanecido dentro de las sinagogas negándose a admitir públicamente que creían en Jesús. En textos como Juan 12,42-43 y 9,22-38 se menciona a un grupo de discípulos que no creen en Jesús. Históricamente, este tipo de cristianos eran simpatizantes de Pedro y Santiago, cristianos que permanecieron dentro de las sinagogas, y por ello la comunidad juánica los ve como falsos creyentes.

Otro grupo de cristianos es el de las iglesias judeo-cristianas no juánicas. Se trata de cristianos que habían abandonado sus sinagogas, pero con raíz judía. Se consideraban herederos de Santiago el hermano del Señor, de la iglesia de Jerusalén. En Juan 6,60-66 el Jesús juánico entra en polémica con algunos judíos que también son sus "discípulos", pero que no son verdaderos creyentes. En 7,3-5 se habla de los hermanos de Jesús que esperaban milagros, pero no creían realmente en él –según Brown, esta es una crítica contra Santiago como líder de la comunidad judía cristiana de Jerusalén, más conservador que Pablo y Pedro (Gal 2,12)-. En 8,31-45 se ataca a quienes creían en Jesús como judíos cristianos que se sienten ofendidos por la alta cristología de la comunidad juánica y su aceptación de pensamientos y miembros samaritanos. Todo esto refleja que estos judíos cristianos no aceptaban la divinidad de Jesús imputada por la comunidad juánica, ni entendían la eucarística de la misma manera que la comunidad juánica sino de manera judía, como la pascual.

Las declaraciones del "Yo soy" en el evangelio de Juan

Una lectura atenta al Cuarto Evangelio hace ver que Jesús habla de sí mismo en este evangelio mucho más que en los sinópticos. Jesús se refiere a sí mismo usando la frase "Yo soy" (ἐγώ εἰμι) 46 veces en este escrito (Ehrman, 1997, p. 141), entre las cuales se destacan los siete símbolos fundamentales para la cristología de la comunidad juánica:

- Yo soy el pan de vida (6,35).
- Yo soy la luz del mundo (8,12).
- Yo soy la puerta (10,7.9).
- Yo soy el buen pastor (10,11-14).
- Yo soy la resurrección y la vida (11,25).
- Yo soy el camino, la verdad y la vida (14,6).
- Yo soy la vid verdadera (15,1).

En 8,58, además, aparece la declaración a secas: "Antes de que Abrahán existiera, Yo Soy" (BJ). Esto significa no sólo que Jesús está diciendo que es más viejo que Abraham, sino que está usando el nombre de Dios mismo, tal como aparece en la LXX, para identificarse con el personaje sagrado del AT (cf. Ex 3,4).

---

3. Biblia y literatura: los personajes son símbolos de realidades profundas

Para comprender el NT, es importante comprender a los personajes de los textos narrativos como arquetipos y símbolos, representantes de diferentes comunidades y realidades sociales. Los personajes son personificaciones de experiencias de fe más complejas que lo que sencillamente parecen presentar. Este punto de partida sirve para diversos tipos de estudio del texto bíblico, ya sean narrativos, sociológicos, históricos, retóricos, e incluso psicológicos y existenciales.

Un ejemplo tomado de la literatura es el que aparece en la novela de Alejo Carpentier, *Los pasos perdidos* (1953). Esta obra narra el viaje de un musicólogo desde Nueva York hasta la selva de Venezuela; desde su experiencia amorosa con una mujer europea llamada Mouche hasta el encuentro con una mestiza latinoamericana llamada Rosario; desde la exterioridad hasta el sí mismo, encontrando en esta mujer la simbólica de una nueva tierra. Se trata de recuperar los pasos perdidos, de ir al encuentro por la identidad latinoamericana. El narrador propone al personaje de Rosario (la mujer latinoamericana) en reemplazo del personaje Mouche (la mujer francesa), como una elección simbólica en la que América Latina se convierte en el destino de la humanidad, desplazando a Europa que se autoerige como centro del universo.

En Carpentier, los personajes no representan individualidades sino colectividades, las cuales son simbólicas, significativas, tomadas del sentido barroco de su escritura. Éste autor no se enfoca en los personajes concretos, ni profundiza en la psicología individual de sus personajes, sino que crea arquetipos. En sus obras, el romance pasa a un segundo plano, y las relaciones amorosas representan más bien la interacción con el símbolo.

Es así que Rosario y Mouche son la imagen de América y Europa respectivamente. Rosario, mestiza, de una cultura perdida en el tiempo, joven, hermosa. Mouche, francesa, seguidora de las modas de su época, tal vez más vieja, y también hermosa. El musicólogo, narrador y protagonista de *Los pasos perdidos*, se hallará ante ésta disyuntiva simbólica, Rosario o Mouche, América o Europa, el Nuevo Mundo o el Viejo Mundo. Estas mujeres marcan los estados de consciencia del hombre: de la monotonía a la indiferencia, y de la indiferencia hacia el descubrimiento del nuevo mundo.

Rosario es la América exuberante, imagen contraria a la Europa decadente representada en Mouche. Cuando el musicólogo encuentra a Rosario es "la mujer que había estado casi muerta" (Carpentier, 1953. Ed. 1998, p. 61). Se deslumbra por su belleza y por su sencillez, una persona heterogénea cuya imagen está "fuera del tiempo" (p. 82). Luego es una imagen que va creciendo hasta apoderarse de toda la narración: "La joven crecía ante mis ojos a medida que transcurrían las horas, al establecer con el ambiente ciertas relaciones que me eran cada vez más perceptibles. Mouche, en cambio iba resultando tremendamente forastera dentro de un creciente desajuste entre su persona y cuanto nos circundaba" (Carpentier, 1998, p. 105).

Frente a una experiencia con un rito funerario latinoamericano, el musicólogo se da cuenta que Europa en realidad es más joven que ésta amalgama de culturas. América Latina es un nuevo Mediterráneo que recoge tradiciones africanas, asiáticas, europeas, judías, indígenas y hasta celtas. Se vuelve a Mouche, y encuentra a una mujer derrotada, la que antes era la adivina pequeño-burguesa soñadora, la europea que despertaba el interés de los esnobistas latinoamericanos. Mouche es la ciudad desarrollada, que pierde su encanto ante la magia de la selva, que estorba con todos sus deseos lejanos a las culturas ancestrales. Mientras tanto, el mundo se llena de la esencia de Rosario. Ella es parte de la selva, es símbolo de la utopía, de la nueva propuesta cultural, que se erige como la vida simple y el lugar real de la ensoñación.

De la misma forma, personajes narrados en el Nuevo Testamento pueden comprenderse como la representación de realidades más complejas. El Pablo de los Hechos de los Apóstoles es distinto del Pablo de las cartas. El Jesús del Cuarto Evangelio dice cosas que no diría el Jesús de los sinópticos. Detrás de los personajes descritos, está la historia de diferentes comunidades, rostros de hombres y mujeres que se inter-relacionan y tienen conflictos, de grupos sociales con sus dinámicas propias que son representados en personajes como "la samaritana" o "el endemoniado Gadareno".

En esta línea de pensamiento, el Jesús juánico es símbolo no sólo del Jesús histórico, sino también de la comunidad misma. Jesús soporta la persecución sufrida históricamente por la comunidad juánica (Jn 8,41). Cuando se le acusa de samaritano, el conflicto social que hay detrás de esta acusación es la acusación a la comunidad juánica de recibir samaritanos (Jn 8,48). Estos samaritanos ya han sido aceptados según el capítulo 4 del evangelio. Estos tienen ideas anti-templo y una cristología no centrada en el mesías davídico. En este conflicto con los judíos, señala Brown que "el Jesús que habla de *los judíos* (13,33) y de lo que está escrito en su ley (15,25. Cf. 10,34) está hablando el lenguaje de los cristianos juánicos para los cuales la ley no es ya algo suyo sino el distintivo de otra religión" (1983).

En el Cuarto Evangelio, las palabras pronunciadas por Jesús en la cristología del *Yo soy*, le trae graves conflictos con los judíos. El conflicto social que subyace a esta historia es el conflicto ente la comunidad juánica y la sinagoga judía, como también entre la comunidad juánica y los cristianos judíos que no tenían una cristología tan alta. Este conflicto traerá a la comunidad juánica su posterior expulsión de la sinagoga (Jn 10,30-33; 8,58-59). De manera que se está contando la historia a dos niveles, un nivel es el de los personajes narrados, y el segundo nivel es el de la comunidad que narra, la cual está proyectando en la historia escrita sus propias realidades. Nuestro papel como lectores y lectoras es interpretarla ahora desde un tercer nivel, a partir de nuevos contextos, produciendo una lectura creadora de sentido.

4. Jesucristo: una figura que crece con el tiempo y la cultura

En círculos filosóficos, se ha dicho que Aristóteles es el filósofo más grande de la antigüedad. Sin embargo, es sabido que en la antigüedad, Aristóteles era un desconocido, recordado simplemente como un boticario, y siempre a la sombra de Platón. Fue con el tiempo, con el esfuerzo de personas como Andrónico de Rodas, posteriormente con los filósofos árabes, y finalmente con Tomás de Aquino, que Aristóteles ganó el lugar que tiene en la cultura. Por esto se puede afirmar que Aristóteles fue el filósofo más grande *de* la antigüedad, pero no se podría afirmar que fue el más grande *en* la antigüedad.

Lo mismo sucede con Jesús de Nazaret, quien en el mundo judío de la época estuvo a la sombra de Juan el Bautista, personaje más conocido y más famoso, más citado y más respetado por la gente de su entorno. De Juan, pocos dudaban que fuera profeta, de Jesús había muchas más dudas.

Sin embargo, con el tiempo, Jesús se iría transformando en el hombre primordial, fundamento y arquetipo del ser humano: "el primer hombre, Adán, se convirtió en un ser vivo, el último Adán se hizo un espíritu que da vida" (1 Cor 15,45 BNP). Así, Jesús pasa a ser una figura concreta *dentro* de la historia a ser una figura a *través* de la historia. Llegará a ser una imagen fundante para la personalidad humana en occidente, alguien excepcional, como llegan a ser en otros espacios culturales personajes como Buda, Krisna y Mahoma.

> El Dios que en Jesús se revela es humano. El hombre que en Jesús se revela es divino. En eso reside la singularidad de la experiencia cristiana de Dios y del ser humano. Ser humano y Dios están tan íntimamente implicados, que no podemos ya hablar del ser humano sin hablar de Dios, y no podemos ya hablar de Dios sin hablar también del ser humano (Leornado Boff, En: Vigil (ed.), 2007 p. 31).

Con la escritura de diversos textos sobre Jesús desde comunidades eclesiales, la figura del Nazareno va creciendo. Pasa de ser un sabio o maestro a ser un profeta; de profeta a mesías; de mesías a hijo del hombre; de hijo del hombre a hijo de Dios; de hijo de Dios a Palabra encarnada (*Lógos*); y finalmente, llega a hablarse de él con la categoría de Dios. El NT evidencia diferentes cristologías, correspondientes a las etapas de composición de los textos y al contexto de comprensión de los autores y comunidades (Brown, 2001):

- **La cristología de la segunda venida**: es la primera en el desarrollo neotestamentario después de la muerte y resurrección de Jesús (años 30-50 d.C.). Esta cristología piensa que cuando Jesús vuelva, será constituido Señor y Mesías (Hch 3,19-21), y se le espera con la oración *Maranatha* (1 Cor 16,22, Ap 22,10).

- **La cristología de la resurrección**: también de la misma época (30-50 d.C.), considera que la resurrección entroniza a Jesús en el cielo como hijo de Dios, y esta es su coronación mesiánica para compensar la humillante muerte en la cruz (Hch 2,32-36; 5,31; 13,32; Ro 1,3-4).

- **La cristología a la luz del ministerio público de Jesús:** es una combinación entre la imagen de mesías victorioso y siervo sufriente. Evidente en los evangelios (65-90 d.C.). En Marcos, la identidad de Jesús se hace completa en su muerte, pero se viene develando en su vida y ministerio (Mc 1,24; 15,39). En Mateo, se presenta a Jesús con camino de siervo, pero sus discípulos pueden ver su filiación divina (Mt 16,13-33; 8,25). Lucas no presenta a Jesús como Hijo de Dios durante su ministerio, pues esto lo reservará para el libro de los Hechos, pero sí como Señor (Lc 23,46; 22,28). Juan es el evangelio en el que el peso de la identidad exaltada aumenta, y el de la debilidad humana desaparece (1,18; 17,5; 6,5-6; 6,70-71); es quien presenta una teología de la preexistencia de Jesús (1,1; 17,5), y refleja la cristología más alta en todo el NT.

- **Las cristologías a partir del período anterior al ministerio público de Jesús:** se basan en los relatos de la niñez, o de la concepción virginal, o de la preexistencia. Son reflexiones posteriores a las primeras historias sobre Jesús (80-100 d.C.). Con ello se trata de pensar a Jesús antes de su nacimiento, particularmente en el evangelio de Juan, y se le vincula a una existencia antes de Abraham (Jn 8,58), antes de la creación (Jn 1,1-2; Fil 2,7-8), o paralelo a Adán (Ro 5,12-17).

Jesucristo es una figura que crece con el tiempo y la cultura, y en este sentido es una figura arquetípica de la cultura occidental y de también de América Latina, occidentalizada y cristianizada por la fuerza, y que ahora respira un profundo sincretismo cristiano con religiones y cosmovisiones originarias de Abya-Yala y África; sin embargo, Jesús es una figura prominente y arquetípica.

Cristo Pantokrator, Catedral de Cefalú, Sicilia, 1148. La inscripción latina alrededor del Pantocrator traduce: Yo el creador me he hecho hombre. Yo Redentor del hombre y del hombre que hice. Juzgo en cuanto corpóreo los cuerpos, en cuando Dios los corazones.

La figura de Jesucristo sufre una modificación sustancial con la romanización del cristianismo, en el Siglo IV. Se pasa de un Cristo de los mártires a un Cristo de los reyes y vencedores. La imagen que lo representará es la imagen del Cristo *Pantokrator*, representado como regente de todas las cosas, a imagen y semejanza de los emperadores romanos. De esta manera, Jesucristo adquiere las características de la cultura, y crece (o cambia) con el tiempo.

Pero la figura de Jesucristo no es sólo propiedad de los vencedores. También los vencidos han generado sus propias imágenes, incitadoras a la resistencia ante los poderes coloniales. Cerezo Barredo, conocido pintor de la liberación latinoamericana, muestra la otra imagen de Jesús: un hombre crucificado entre miles de hombres y mujeres en las ciudades, favelas y campos de América Latina, víctimas de la crueldad humana. Jesús se identifica con el sufrimiento humano, y es imagen que moviliza hacia la liberación.

Cerezo Barredo
Viacrucis Despojado, 1994.

Otra figura de Jesucristo surge desde la perspectiva de la mujer, también crucificada y condenada al vientre y al útero, sin más opciones ante la vida que ser a la vez virgen y madre. Imágenes como las de Edwina Sandys y otras del arte popular reflejan una apropiación de Jesús, identificado con las mujeres, y con el llamado a bajar de la cruz a quienes injustamente han sido crucificadas.

Edwina Sandys,
Christa, 1994.

Escultura *En el nombre de Dios*, Catedral de Copenhage, Inaugurada el 1 de diciembre, Día internacional del VIH.

Es notable, por ejemplo, el interés que suscitan los libros sobre Jesucristo, como *El Código Da Vinci*, de Dan Brown, o *El evangelio según Jesucristo*, de José Saramago. Esto se debe a que intentan dar una imagen distinta de Jesús, más humana, o secreta, o irreverente. El fenómeno de ventas de estos libros habla por sí solo. Para las personas influenciadas por la cultura occidental es importante conocer a su personaje fundante, comprender el sentido de su vida y personalidad, ya que son un modelo para la ética e incluso para la estética; y comprender su muerte y resurrección, ya que su significado es definitivo para la construcción de sentido existencial para la vida humana.

Hechos de los Apóstoles

No les toca a ustedes saber los tiempos y circunstancias que el Padre ha fijado con su propia autoridad. Pero recibirán la fuerza del Espíritu Santo que vendrá sobre ustedes, y serán testigos míos en Jerusalén, Judea y Samaria y hasta el confín del Mundo (Hch 1,7-8 BNP).

Los Hechos de los Apóstoles es el segundo volumen de la obra Lucana, aunque no es el mismo tipo de libro que el escrito en el primer volumen. El evangelio de Lucas presenta la vida de Jesús de Nazaret, profeta ungido por Dios, quien nace milagrosamente y resucita después de una muerte por acusación de la misma Jerusalén, la cual mata a sus profetas (Lc 13,34). La imagen que presenta el evangelio es similar a la de Marcos y Mateo, y es clasificada dentro de los géneros literarios como una biografía (gr. βίος , lat. *Vita*) greco-romana. Hechos es diferente, pues ahora los protagonistas son los seguidores del Resucitado, que inician en Jerusalén, y se dispersan para ser testigos desde allí por Judea, Samaria, y "hasta lo último de la tierra" (Hch 1,8 RV95).

El título *Hechos de los apóstoles* (πράξεις ἀποστόλων) se asimila al título que se da a escritos greco-romanos que ensalzaban la carrera de hombres célebres (gr. πράξεις, lat. *acta*). Su interés consiste en mostrar los eventos clave en la vida de las iglesias, desde su origen en Jerusalén hasta el final en la ciudad de Roma, cuando Pablo, en una casa-prisión, anuncia el reinado de Dios (28,30-31).

Los investigadores llaman a este género literario "Historia antigua", una mezcla entre biografía, historia y novela (Ehrman, p.115; Marguerat, p. 106). Un ejemplo de este tipo de escritos se halla en la obra Flavio

Josefo, contemporáneo al NT, titulada *Antigüedades de los judíos*, la cual cuenta eventos importantes de la historia de Israel, desde Adán y Eva hasta el siglo I d.C. La "Historia antigua" consiste en recopilar datos importantes para la historia de una nación, además con pinceladas de relatos novelescos. Los protagonistas son perseguidos y se salvan milagrosamente, hay interesantes diálogos entre los personajes que van a apareciendo y desapareciendo en la narración; en ellas, hay discursos largos o breves, relatos de viaje y cartas privadas. Aunque no se puede decir que sea una obra de ficción, tampoco se puede pensar que se trata de una investigación causal de los fenómenos históricos. El autor de Hechos tiene un interés teológico, y para presentar su mensaje de fe se vale de altas técnicas greco-romanas de elaboración literaria.

> La novela antigua mezcla indisolublemente obra de ficción y agregado de realidades históricas. Transmite los contenidos pertenecientes a culturas y religiones diferentes, judía, egipcia, griega y latina; desbordando la óptica helenocéntrica, los novelistas son pasadores de cultura, como quiere serlo el autor de los Hechos de los Apóstoles (Baslez, 2009, p. 69).

Como historiador, el autor recurre a diversas fuentes y tradiciones preexistentes, como ha dejado claro en Lc 1,1-4. En Hechos encontramos materiales previos, que son datos para su historia, como listas de nombres (1,13; 6,5; 13,1), episodios breves y aislados (3,1-10, 5,1-11), la tradición del ciclo narrativo de Pedro (9,32-11,18; 12,1-17), los itinerarios del viaje paulino (16-21, posiblemente un diario de viaje) y el esquema de las predicaciones antiguas de que Jesús fue muerto por los hombres y resucitado por Dios, del cual los discípulos son testigos (2,22-24.32-36; 13,23-33). El autor reescribe y estructura en su propia narración todas estas tradiciones que recogió.

El autor, conocido por la tradición posterior como Lucas, es un historiador y no un apocalíptico. Fija su atención en el presente y en el pasado de la iglesia, y señala que a los discípulos no les corresponde conocer los tiempos escatológicos (1,7). Lo que importa es dar testimonio del pasado, del Jesús que murió y ha sido resucitado por Dios (1,8).

Hay un notable interés por la continuidad de la misión, gracias al poder del Espíritu Santo. Por ello, hay continuidad temática entre el evangelio y los Hechos en estos aspectos:

- El Jesús que es bautizado y recibe al Espíritu Santo (Lc 3,1) con los creyentes que son bautizados y reciben al Espíritu (Hch 2,1s).

- El Jesús empoderado para hacer milagros y predicar el evangelio (Lc 4,18s) y los apóstoles que reciben al Espíritu para hacer las mismas acciones (Hch 1,8).

- El Jesús que es perseguido por la autoridades, incluso condenado y ejecutado (Lc 23) con algunos de sus discípulos que sufren la hostilidad, incluso la muerte (Hch 7,1s).

Además, se presenta un paralelismo constante entre Pedro y Pablo, ya que Pedro es considerado por muchas comunidades como el sucesor de Jesús, mientras que Pablo está siendo presentado como apóstol, importante para la comunidad paulina a la que va dirigida el escrito. Los paralelismos entre Pedro y Pablo son estos:

- Ambos predican sermones ante la multitud de Judíos (Hch 2,14s; 22,1ss).

- Ambos obran poderosos milagros (5,15; 19,2s).

- Ambos tienen opositores entre los líderes judíos, son aprisionados por predicar y son liberados por intervención divina (12,1-11; 16,19-34).

- Ambos reciben una revelación divina que les muestra que Dios ha decidido incluir a los gentiles dentro de la iglesia, y así la iglesia se abre a las culturas (9,1ss; 10,1ss).

Tanto Pablo como Pedro son personajes elaborados mediante un mismo esquema literario: el del líder de la comunidad que tiene una misión especial, la cual consiste en continuar con el legado de sus creencias. Tal continuidad presenta la elaboración de una comunidad paulina, de la tercera generación de cristianos, después de la muerte de Pablo, para mostrar que Pablo tuvo también la autoridad de Jesús para predicar el evangelio y ser apóstol, como la tuvo Pedro. Con ello, se está rescatando la identidad cristiana de todas las comunidades paulinas, después de la muerte de Pablo.

1. Texto bíblico: la conversión de Saulo, el llamado de un cristiano (Hechos 9,1-19a)

La historia de Pablo es una de las historias fundantes para el cristianismo a lo largo de la historia. Este apóstol fue convirtiéndose en una personaje fundante a lo largo del primer siglo. En la historia del encuentro de Pablo con Jesús, llamado "conversión", o también "vocación" –por ser más un llamado profético que una conversión propiamente-, las comunidades paulinas empiezan a identificar la propia experiencia de muerte y resurrección en Cristo, y la experiencia de la gracia mediante un llamado a la vida.

La narración de la vocación de Pablo es fundamental para la comunidad lucana, de tradición paulina, para la que está escrita la obra. El narrador da cuenta de ella en tres ocasiones, cada una con detalles particulares y divergentes (cf. 22,1-21; 26,2-23).

La redacción lucana consiste en la externalización de un milagro interno que sucedió en la vida de Pablo, y que fue contado por él en otros textos. Luego éste relato se transmitió a través de los discípulos paulinos, y llegó hasta el escritor de los Hechos para darle una redacción final, conforme a la categoría de milagro que aparece en su evangelio.

En el texto, el perseguidor se convierte en perseguido y en profeta, el ciego se convierte en vidente, el enemigo se convierte en hermano, el que es llamado "Saúl" (BJ, en consonancia con el griego Σαούλ, Σαούλ 9,4), perseguidor del ungido/Mesías de Dios, pasa a ser miembro de la comunidad del Mesías.

Es interesante notar los términos usados, ligados a la liturgia de la comunidad:

- **Ayuno:** "Pasó tres días sin ver, sin comer y sin beber" (9,9 BJ).

- **Empoderamiento para la vocación:** "le impuso las manos… para que recobres la vista y te llenes del Espíritu Santo" (9,17 BJ).

- **Bautismo y fin de la ceguera:** "Al instante cayeron de sus ojos una especie de escamas y recobró la vista; se levantó y fue bautizado" (9,18 BJ).

- **Eucaristía:** "Tomó alimento y recobró las fuerzas" (9,19 BJ).

Probablemente, se trate de un relato bautismal de las comunidades paulinas desde las que Lucas cuenta la experiencia de conversión de Pablo. Quien se *bautiza*, en algún momento cayó a tierra cuando se encontró con Jesús. Durante un tiempo queda *enceguecido*, y luego pasa del estado de *ceguera*, porque se ha recibido al *Espíritu Santo*, y ha *abierto los ojos*. Ahora puede superar el tiempo

Pablo (Masaccio 1401-1428)

de *ayuno* previo, y entrar en la mesa de la comunidad para *tomar el alimento* y *recobrar sus fuerzas*.

En este relato, Pablo es el símbolo de todo cristiano que se encuentra con Jesús en el camino de su vida, es llamado a participar en el reinado de Dios, y esta llamada se comprende como vocación profética. Todo cristiano que entra a las aguas bautismales se identifica con este relato, y se le promete la vocación paulina: sufrirá por el nombre, y llevará el evangelio a los israelitas, los reyes y los gentiles (9,15.16).

Lo que hace el redactor de Hechos es traducir a una experiencia literaria lo que es una experiencia mística, la cual es intraducible. Tal como sucede con los místicos y las místicas a lo largo de la historia de la iglesia, sólo pueden contar la historia de su encuentro con lo divino mediante elementos externos que funcionen como metáforas, porque el lenguaje es insuficiente. San Juan de la Cruz habla de *La noche oscura del alma*, y Santa Teresa de Jesús habla de las *Moradas del castillo interior*. Lucas habla de *El camino de Damasco*, para contar la historia de encuentro que tuvo Pablo probablemente en una comunidad que transformó su vida para siempre.

El mismo Pablo cuenta su experiencia de encuentro con Jesús en algunas de sus cartas. En Gálatas 1,11-24, narra su vida anterior a la llamada, en el judaísmo, señalando dos cosas, su persecución a la Iglesia de Dios intentando destruirla; y su superioridad frente a sus compañeros del judaísmo, en su celo ferviente por las tradiciones de sus antepasados (1,13-14).

Luego, establece un giro en el relato, mediante la conjunción adversativa Ὅτε δὲ que indica un cambio en el tiempo, y dice que Dios le reveló a su hijo. Califica a Dios desde una perspectiva profética: "quien me apartó desde el vientre materno y me llamó por su mucho amor" (1,15 BNP), en clara alusión al texto de Jeremías 1,5 (BNP): "Antes de formarte en el vientre te elegí, antes de salir del seno materno te consagré y te nombré profeta de los paganos", y de Isaías 49,1b (BNP): "Estaba yo en el vientre, y el Señor me llamó; en las entrañas maternas, y pronunció mi nombre". Es decir, Pablo considera su vocación

Dios no es un problema, ante el cual nos situamos impersonalmente y tratamos –e incluso disecamos- como un objeto; tampoco es un enigma, una realidad definitivamente desconocida e incomprensible. Para la Biblia, Dios es un misterio en la medida en que es un amor que todo lo envuelve, alguien que se hace presente en la historia y en el corazón de cada uno a través de un impulso vital y liberador. Es el misterio del tú, que sólo podemos reconocer e invocar (Gustavo Gutiérrez, 2003, p. 41).

como una llamada de Dios para revelarle a su Hijo (1,16a BP), con el propósito de que –como el profeta Jeremías- para que "lo anunciara a los paganos" (1,16b BP).

Respecto a esta llamada, la Biblia de Jerusalén anota que "Pablo subraya el aspecto interno de la revelación y la relaciona con su vocación de apóstol de los gentiles" (1998, p. 1705). En la descripción de su llamada (καλέω) y revelación (ἀποκαλύπτω), Pablo no cuenta una historia de aspectos externos, sino de experiencia interna. En Gálatas, no menciona a Ananías, mientras que Hechos omite mencionar su viaje a "Arabia" (Gal 1, 17b) y su subsiguiente regreso a Damasco (1, 17c).

En 1 Corintios 15, 3-8, Pablo recoge una de las tradiciones primitivas de la iglesia, señala la aparición del resucitado ante sus seguidores, y se resalta a sí mismo como el último que se apareció. En 15,9 señala que él es el último, e incluso es indigno, por causa de su persecución a la Iglesia. Y luego relaciona su transformación con una experiencia profunda, más interna que externa: "Gracias a Dios soy lo que soy, y su gracia en mí no ha resultado estéril, ya que he trabajado más que todos ellos; no yo, sino la gracia de Dios conmigo" (15,10 BNP).

En Filipenses 3,4ss, Pablo habla de su vida pasada en comparación con su vida presente, confirmando sus raíces judías: "circuncidado el octavo día, israelita de raza, de la tribu de Benjamín, hebreo hijo de hebreos; respecto a la ley, fariseo, celoso perseguidor de la Iglesia; en cuanto al cumplimiento de la ley, irreprochable" (3,5-6 BNP). Y luego, menciona el giro que tuvo su vida, calificándolo como un llamado de la gracia, superando la justicia mediante la ley, encontrando una justifica diferente, que es la justicia que Dios concede al que cree (3,9). Y relaciona tal experiencia como una experiencia interna, de un fuerte encuentro existencial, en relación con la participación en la muerte y el poder de la resurrección (3,10).

En sus cartas, Pablo cuenta la historia de su vocación en términos de una experiencia interna, de encuentro con un Dios de gracia que lo llamó a revelarle a su hijo. El autor de Hechos, por su parte, busca configurar esa experiencia interna mediante el simbolismo narrativo de un encuentro externo camino a Damasco, donde Pablo cae a tierra, se enceguece, queda humillado ante el glorioso Jesús, y recibe humildemente al discípulo Ananías, quien le impone las manos para que recupere la vista y se bautice en el nombre de Jesús. La experiencia interna de resurrección que experimentó Pablo es narrada por Lucas mediante una bella construcción literaria que da muestras externas de la transformación del apóstol de los gentiles.

2. Biblia y Literatura: la conversión de otro Pablo, en el siglo XX.

Las experiencias personales profundas son las que cambian una vida para siempre. Situaciones como la amistad, el amor, los viajes, el dolor y la guerra nos llevan a transformaciones que le dan sentidos diferentes a la existencia. No se puede decir que en la vida hay una conversión, sino que está cargada de conversiones y encuentros, que transforman nuestro ser.

Pablo Neruda, en su poema titulado *Explico algunas cosas*, narra cómo pasó de la poesía surrealista y amorosa de su época anterior, a una poesía combativa y sensible por las personas pobres del mundo. Esto se debió a su estancia en España, en la época de la dictadura de Franco. Allí compartió con otros poetas como Rafael Alberti y Federico García Lorca, y también experimentó la guerra, el fuego, el dolor. Por ello su ser se convirtió para siempre, y su poesía fue avanzando hasta las capas más humilladas de la población humana, en Chile y el mundo.

Pablo Neruda (1904-1973), poeta chileno, Premio Nobel de Literatura. Considerado uno de los mayores poetas hispanoamericanos. Su obra transita por el romanticismo, el surrealismo y el realismo. El siguiente poema marca la ruptura o conversión que lo acerca a la población sufriente del mundo entero y lo hará sensible al sufrimiento en América Latina.

Explico algunas cosas

Pablo Neruda

Pintura de Neruda
(Gerardo Suzan)

PREGUNTARÉIS: Y dónde están las lilas?
            Y la metafísica cubierta de amapolas?
            Y la lluvia que a menudo golpeaba
                    sus palabras llenándolas
                    de agujeros y pájaros?
            Os voy a contar todo lo que me pasa.
Yo vivía en un barrio
            de Madrid, con campanas,
            con relojes, con árboles.
Desde allí se veía
            el rostro seco de Castilla
            como un océano de cuero.
Mi casa era llamada
            la casa de las flores, porque por todas partes
                    estallaban geranios:
            era una bella casa
                    con perros y chiquillos.
Raúl, te acuerdas?
            Te acuerdas, Rafael?
Federico, te acuerdas
            debajo de la tierra,
            te acuerdas de mi casa con balcones en donde
                    la luz de junio ahogaba flores en tu boca?

Hermano, hermano!
Todo eran grandes voces, sal de mercaderías,
            aglomeraciones de pan palpitante,
            mercados de mi barrio de Argüelles con su estatua
                    como un tintero pálido entre las merluzas:
                            el aceite llegaba a las cucharas,
                    un profundo latido
                            de pies y manos llenaba las calles,
                            metros, litros, esencia
                    aguda de la vida,
                            pescados hacinados,
                    contextura de techos con sol frío en el cual
                            la flecha se fatiga,
                            delirante marfil fino de las patatas,
                            tomates repetidos hasta el mar.

121

Y una mañana todo estaba ardiendo
y una mañana las hogueras
salían de la tierra
devorando seres,
y desde entonces fuego,
pólvora desde entonces,
y desde entonces sangre.
Bandidos con aviones y con moros,
bandidos con sortijas y duquesas,
bandidos con frailes negros bendiciendo
venían por el cielo a matar niños,
y por las calles la sangre de los niños
corría simplemente, como sangre de niños.
Chacales que el chacal rechazaría,
piedras que el cardo seco mordería escupiendo,
víboras que las víboras odiaran!

Frente a vosotros he visto la sangre
de España levantarse
para ahogaros en una sola ola
de orgullo y de cuchillos!
Generales traidores:
mirad mi casa muerta,
mirad España rota:
pero de cada casa muerta sale metal ardiendo
en vez de flores,
pero de cada hueco de España
sale España,
pero de cada niño muerto sale un fusil con ojos,
pero de cada crimen nacen balas
que os hallarán un día el sitio
del corazón.

Preguntaréis por qué su poesía
no nos habla del sueño, de las hojas,
de los grandes volcanes de su país natal?
Venid a ver la sangre por las calles,
venid a ver
la sangre por las calles,
venid a ver la sangre
por las calles!

3. El personaje de Pablo en Hechos

En el libro de los Hechos, el personaje Pablo, más que una personalidad, es una personificación. En él confluyen las experiencias posteriores de sus seguidores, y su imagen como símbolo fundante de la comunidad. Más que el Pablo histórico que se refleja en las cartas –el cual se autodeclara no muy buen orador, pero sí se evidencia como un buen escritor (1 Cor 2,1s)– hay un personaje fundante para la comunidad que produce y escucha el relato de los Hechos.

En Hechos, Pablo es un activista predicador, que obedece al llamado Divino y se pone a proclamar el evangelio (26,19). Un gran orador, que hace de su defensa no sólo una demostración de inocencia, sino una proclamación del *kerygma* para el que fue encomendado, en pleno cumplimiento de la misión que le fue dada de anunciar el evangelio a los paganos. Hasta el punto de la conclusión a la que lleva a Agripa a concluir: "Por poco me convences para hacer de mí un cristiano" (26,28 BNP).

Esto demuestra que la presentación del personaje es arte del narrador de los Hechos, y es tradición de la comunidad de cristianos paulinos de tercera generación. Como señala Daniel Marguerat, "Si el personaje de Pablo es tratado efectivamente en Hechos como una figura emblemática, no se trata sólo de Pablo, sino del destino del cristianismo" (2008, p. 123). A esto, añade Senén Vidal (2007, p. 20) la importancia de Pablo para las escuelas paulinas, después de la muerte del apóstol, en las siguientes dimensiones:

- **Pablo como figura social respetable:** se le presenta como ciudadano romano, con un constante tono de respeto a las autoridades, y su conocimiento de las leyes judías para hacer sus largas apelaciones jurídicas.

- **Pablo como figura religiosa venerable:** se le presenta educado en Jerusalén, del partido fariseo, judío-cristiano piadoso, profeta y visionario, que recibe revelaciones especiales de parte de Dios, e incluso taumaturgo.

- **Pablo como figura garante de la unidad de los cristianos:** se le presenta como un personaje que acata el mensaje de los doce apóstoles, acepta la postura de los cristianos de Jerusalén –circuncidando incluso a Timoteo (Hch 16,3)-, y trata con respeto a las autoridades judías y romanas.

Si se le compara con las cartas, el perfil del personaje Pablo es otro. Nada más echar un vistazo a su conflicto con los Doce apóstoles y los cristianos de Jerusalén y su negativa radical a que los pagano-cristianos se circunciden para complacer a los judeo cristianos (Gál 2,15-21). O pensar en el perfil que reflejan las cartas de Pablo como artesano popular, cuya palabra no alcanza eco en los grandes filósofos o en los rabinos de las sinagogas, sino en la gente sencilla, de su propia condición humilde: "Ustedes saben, y Dios es testigo de ello, que nunca los halagamos con palabras bonitas, ni usamos pretextos para ganar dinero... Recuerden, hermanos, nuestro esfuerzo y fatiga: noche y día trabajamos para no serles una carga mientras les proclamábamos la Buena Noticia de Dios" (1 Tes 2,5.9 BNP; cf. 1 Cor 1,26-28).

4. La presentación de los helenistas en Hechos

Por aquellos días, al multiplicarse los discípulos, hubo quejas de los helenistas contra los hebreos, porque sus viudas eran desatendidas en la asistencia cotidiana...
(Hch 6,1 BJ)

El libro de los Hechos da testimonio de cómo se fueron insertando diferentes grupos sociales dentro del cristianismo. En este pasaje, se introducen a los "helenistas", que son judíos que habían vivido fuera de Palestina, habían recibido alguna educación de la cultura griega, y ahora vivían en Jerusalén, disponiendo de sinagogas propias, en la que se leía la Biblia en griego. Los "hebreos" eran los judíos autóctonos, hablaban el arameo, pero leían la Biblia en hebreo en sus sinagogas (BJ, 1998, p. 1598).

Con este grupo, se introduce a grandes líderes que no sólo "servirán a las mesas" (6,3), sino que predicarán el reinado de Dios. Entre ellos aparece Esteban, como uno de los primeros mártires, en confrontación directa con el templo y las instituciones judías: "el Altísimo no habita en casas fabricadas por manos humanas" (7,48 BJ). Luego viene Felipe, que extiende el mensaje por Samaria (8,4) y bautiza a un etíope en el desierto (8,26s). Y de esta rama proviene también Pablo, quien será el héroe del libro a partir del capítulo 9, en quien la comunidad lucana toma identidad.

Dios íntimo: "El Altísimo no habita en casas fabricadas por manos humanas" (Hch 7,48).

Desde antes de la sed
y antes del silencio,
eras un humo triste
entubado en mis huesos.

Desde antes de la sed
y antes del silencio.

Hombres ciegos un día
me cerraron el viento
y me hicieron creer
que habitabas en templos,
hasta que un aire puro
me lavó los secretos
y como un mármol dulce
te divisé alma adentro.

Y fuiste de repente
De cristal, como el tiempo.

(Jorge Debravo, 2009, p. 115)

La comunidad lucana está tratando de formar su identidad en el contexto de una separación gradual entre judíos y cristianos. Mantiene la herencia del templo judío, y los cristianos respetan la Torah. Incluso, la carta que es enviada desde Jerusalén (Hch 15,20s) para la incorporación de los gentiles imita el decreto de la sinagoga para la relación entre judíos y gentiles en un ambiente judío, conocido en la literatura rabínica como las "Leyes de Noé".

La narrativa presenta una verosímil separación entre judíos y cristianos. Con Jesús como Mesías, la salvación de Israel se ampliará a los gentiles (Lc 2,31s; Lc 7,1s).). Y se tiene cuidado al decir que fueron a algunos sectores del liderazgo judío los adversarios de Jesús, dejando claro que no todos los judíos son los enemigos del Galileo (Lc 20,9-19; Hch 3,17).

Sin embargo, la separación entre judíos y cristianos da un giro sorprendente cuando llegan los helenistas a formar parte de la comunidad cristiana (Hch 6,1s). Esteban es asesinado por los judíos (Hch 7,1s) y la iglesia se dispersa. Pablo es rechazado por la sinagoga, y entonces dirigirá su misión a los gentiles (Hch 13,46). Y es con este rechazo, que Hechos demuestra una separación a causa del judaísmo. Sin embargo, el hecho histórico tuvo un movimiento más profundo: Fueron los cristianos los que rechazaron las prácticas judías, y se volcaron hacia los gentiles. Israel no echó a los cristianos, sino que ellos se fueron separando, debido a la naturaleza de su comprensión de la fe (Theissen, 2002).

El NT refleja una paulatina separación entre el judaísmo y el cristianismo, hasta llegar a ser dos polaridades con intereses diferentes. Entre ambas polaridades, existe una diversidad de matices inter-conectados entre sí, que marca una constante tensión entre el acercamiento y el alejamiento.

El conflicto entre judíos y cristianos es más complejo de lo que parece. No se trata meramente de la "incredulidad" de los judíos (como dicen algunos cristianos), ni de la "herejía" o "blasfemia" de los cristianos (como dicen algunos judíos), sino de un apremio por la identidad de diversos grupos, dentro de un tronco común que es el Israel histórico. Para las comunidades judías, se juega la propia historia y razón de ser. Para las comunidades cristianas –especialmente paulinas, está en juego la apertura a las gentes que se ve en la memoria de Jesús, y en la que se busca continuidad frente al mundo gentil. Las dimensiones del conflicto son:

- **Dimensión cultural:** el abandono de los grupos cristiano-helenistas de las prácticas legales del judaísmo, las cuales eran la señal de identidad de Israel, tales como las fiestas, la circuncisión como signo de pertenencia a la alianza, el descanso sabático, la normativa de pureza alimentaria, y la normativa matrimonial. El judaísmo era un movimiento plural, y diverso, pero su identidad común gravitaba en torno a éstas prácticas legales.

- **Dimensión social:** la comunidad cristiana empezó a creer en una pertenencia al pueblo de Dios, sin tener que cumplir con las leyes judías, por las que tanto habían luchado sus ancestros y por las que tantas personas dieron sus vidas (cf. 1 Mac 2,24.26-27.54)

- **Dimensión comunitaria:** la comunidad cristiana ofrece a los gentiles simpatizantes del judaísmo una inserción en la familia divina, sin tener que cumplir con las leyes de identidad judías. Algunas comunidades cristianas ya estaban separadas de la sinagoga, y esto implicaba una oferta proselitista más atractiva para los *piadosos* o simpatizantes de la ley judía, que no se atrevían a circuncidarse para hacerse plenamente judíos. Además de una ruptura en las relaciones del judaísmo con su entorno, esto implicaba una notable reducción en los aportes económicos que hacían los *piadosos* como ofrendas de devoción a la sinagoga.

Cartas en el Nuevo Testamento

NT en griego,
Versión Stephanus 1550.

De los veintisiete textos que aparecen en el NT, veintiún son cartas, y, de los restantes, dos de ellos contienen fragmentos de cartas, como es el caso de Hechos y Apocalipsis. Por esto se puede decir que las cartas fueron la forma literaria más popular en el cristianismo antiguo. En el NT, tenemos diferentes tipos de cartas, que varían dependiendo del estilo, el propósito y la audiencia.

En cuanto al estilo retórico, hay cartas deliberativas como Romanos, que busca convencer al auditorio para que tomen una postura y reciban a Pablo cuando vaya a visitarles. Hay cartas judiciales, como algunas partes de 2 Corintios, donde Pablo está defendiéndose de acusaciones que se le hacen de malbaratar los fondos para la colecta de Jerusalén. Y hay cartas de índole personal, y como la de Filemón escrita sobre un problema personal entre un amo y un esclavo, ambos conocidos de Pablo.

En cuanto al orador y los destinatarios, existen comunicaciones escritas entre personas individuales, como 1-2 Timoteo, Tito y 2-3 Juan. También hay comunicaciones entre un individuo con una comunidad específica, como muchas cartas de Pablo. También hay cartas circulares para varias comunidades, como el caso de Efesios, Santiago, 1-2 Pedro y Judas. Tenemos además una homilía antigua, con algunos rasgos de carta, como es Hebreos. Y también, hay cartas insertas dentro de otros géneros literarios, como sucede con las siete cartas del Apocalipsis (caps 2-3) y las cartas insertas en los Hechos (15,23-26; 23,26-30).

1. Las cartas en el mundo antiguo

En la antigüedad se escribían muchas cartas, con gran variedad de modelos y propósitos, como ha ido develando la arqueología por medio del descubrimiento de documentos diversos. En el mundo greco-romano, las cartas están escritas con técnicas específicas, y fuertemente influenciadas por la retórica, que es el intento de un orador de persuadir a su audiencia, para que tome una decisión frente a un tema importante.

Las cartas en el mundo antiguo suelen categorizarse de la siguiente manera (Aune, 1987):

- **Cartas privadas:** Constituyen el tipo de carta más común. Funcionan para mantener contacto entre el remitente su familia y amigos, suministrar informaciones importantes, pedir favores, cerrar negocios, o dar instrucciones a alguien.

- **Cartas oficiales:** escritas por un líder gubernamental o un representante oficial, tales como senadores, magistrados, o representantes de una ciudad. Eran cartas que se leían en voz alta en las plazas públicas, o se publicaban en piedras.

- **Cartas literarias:** se trata de obras literarias que usaban el modelo de las cartas, con fines pedagógicos, estéticos, filosóficos o políticos. Entre estas, se destacan las cartas de Cicerón, de Séneca y de Filostrato.

Los romanos, mucho más que los griegos, eran ávidos escritores y coleccionistas de cartas. Había personas que recogían y recopilaban en libros las correspondencias de personajes importantes, tales como Horacio y Plinio el joven. Entre las grandes colecciones posteriores a sus autores, se insertaban cartas auténticas, y otras que no eran auténticas, llamadas pseudoepigráficas. Un caso es el de las cartas de Platón, entre las cuales muy pocas son consideradas auténticas de este autor ateniense, y se alcanza a rescatar la Carta VII como una que sí es indiscutiblemente suya.

Las cartas eran medios de comunicación mayormente entre las clases altas o entre comunidades que gozaban de la presencia de personas letradas, como las sinagogas. Las clases populares no sabían leer en su gran mayoría. Cuando una carta era escrita para una comunidad de personas pobres, era necesario que alguien leyera en voz alta los mensajes enviados. Este, por lo general, es el caso del NT: "Dichoso el que lea y dichosos los que escuchen las palabras de esta profecía" (Ap 1,3a BJ).

2. Las cartas judías

Los judíos también participaban de esta vida de correspondencias. La arqueología ha descubierto muchas cartas judías, en lugares como Ras Shamra en Siria y Tel-el-Amarna en Egipto.

Existen cartas judías escritas en arameo, que contienen correspondencias personales, comunicados comunitarios, y algunos fragmentos de la Biblia Hebrea o de literatura rabínica. Además, se han descubierto cartas muy antiguas en idioma hebreo, fechadas entre el 630 y el 586 a.C., y algunas mucho más recientes, un poco posteriores a la época del NT, como las cartas del líder revolucionario Bar Kochba, entre los años 132 y 135 d.C.

Se conocen muchas más cartas en griego, como las comunicaciones entre sinagogas a lo largo del mundo greco-romano. Otras han sido insertadas en la versión griega de la Biblia Judía, conocida como la Septuaginta (LXX). Estos escritos se han denominado "apócrifos", y algunas de estas cartas han sido insertas en obras como 1 Macabeos, que contiene doce cartas oficiales; 2 Macabeos, que contiene siete cartas; y las adiciones al libro de Ester, que contienen dos cartas.

Copia de documento que escribieron en tablillas de bronce, y mandaron a Jerusalén para que quedase allí como documento fehaciente del pacto de paz y mutua defensa:

¡Gocen bienestar perpetuo romanos y judíos en tierra y mar! ¡Lejos de ellos la espada enemiga!

Pero si estalla la guerra contra Roma o uno de sus aliados en el imperio, el pueblo judío luchará a su lado con toda el alma, conforme lo exijan las circunstancias, a los enemigos no les darán ni suministrarán alimentos, armas, dinero, naves. Es decreto de Roma. Cumplirán estas cláusulas sin compensación alguna.

Igualmente, si estalla una guerra contra el pueblo judío, los romanos lucharán a su lado decididamente, conforme lo exijan las circunstancias, y no darán a los enemigos alimentos, armas, dinero ni naves. Es decreto de Roma. Observarán estas cláusulas lealmente.

En estos términos quedaba estipulado el pacto de los romanos con el pueblo judío.

Y si más adelante alguna de las partes quisiera añadir o rescindir algo, se hará de común acuerdo, y lo añadido o rescindido tendrá fuerza de ley.

En cuanto a los daños que les ha causado el rey Demetrio, ya le escribimos en los siguientes términos: ¿Por qué oprimes tiránicamente a nuestros amigos y aliados los judíos? Si se nos vuelven a quejar de ti, defenderemos sus derechos atacándote por tierra y mar (1 Mac 8,22-31 BNP).

3. Las cartas cristianas

La literatura cristiana, inserta en el mundo judío y el mundo helenístico, se ha producido en el contexto natural de la comunicación por medio de cartas. De allí que sus primeros escritos sean cartas, además de los muchos que se perdieron con el paso del tiempo. Se sabe, por ejemplo, que Pablo tuvo una larga correspondencia con los Corintios, de la cual sólo quedan dos cartas, las cuales son probablemente la recopilación de varias cartas (Vidal, 2002).

La estructura literaria de las cartas cristianas corresponde a las cartas de la época, con las convenciones propias de la cultura, y la retórica greco-romana. Según Brown (2002), los elementos de una carta eran los siguientes:

a. La carta comenzaba con una fórmula de apertura, *praescriptio*. Esta contenía tres elementos básicos: quien escribía, a quien escribía y una acción de gracias.

    • El que escribía generalmente se identificaba y decía algún tipo de titulo o cualidad por la cual estaba escribiendo: "Pablo, llamado por voluntad de Dios a ser apóstol de Cristo Jesús" (1 Cor 1,1a BNP).

    • A quien se le escribía la carta, el *adscriptio*, generalmente era mencionado con nombre o pronombre y alguna cualidad: "a la Iglesia de Dios de Corinto, a los consagrados a Cristo Jesús con una vocación santa" (1 Cor 1,2 BNP).

    • Finalmente, se incluía la *Salutatio* o saludo, que muchas veces era un desearle la paz a la persona: "Gracia y paz a ustedes de parte de Dios nuestro Padre y del Señor Jesucristo" (1 Cor 1,3a BNP).

b. A esto seguía una *acción de gracias* a los dioses por sus acciones a favor de la persona o personas: "Siempre doy gracias a mi Dios por ustedes, por la gracia que Dios les ha dado en Cristo Jesús" (1 Cor 1,4 BNP).

c. *El mensaje o el cuerpo* de la carta generalmente podía ser dividido por lo menos en tres partes:

    • Una primera parte *introducía el tema* con frases comunes y a veces un pequeño recuento para ambientar la petición: "El testimonio sobre Cristo se ha confirmado en ustedes" (1 Cor 1,6 BNP)

    • Después se presentaba *la petición o el mandato*, con verbos de petición o ruego, una expresión de cortesía, y la petición en sí: "Hermanos, en nombre de nuestro Señor Jesucristo les ruego que se pongan de acuerdo y que no haya divisiones entre ustedes,

sino que vivan en perfecta armonía de pensamiento y opinión"
(1 Cor 1,10 BNP)

- La última parte del cuerpo del mensaje era muchas veces un recuento de lo dicho y una apelación a cumplir lo solicitado: "Miren qué letras tan grandes, escritas con mi propia mano. Los que quieren quedar bien en lo exterior son los que los obligan a circuncidarse; lo hacen sólo para no ser perseguidos a causa de la cruz de Cristo" (Gal 5,11-12 BNP).

d. La conclusión generalmente incluía una frase deseando buena salud y algunas palabras de despedida: "La gracia del Señor Jesucristo esté con ustedes" (Fil 4,23 BNP).

4. La retórica

Pablo y los demás escritores de cartas en el NT siguieron el patrón epistolar común de su tiempo. Además, usaron las herramientas retóricas disponibles para convencer, enseñar y amonestar a través de las cartas.

Según George A. Kennedy (2003), la retórica es la cualidad del discurso gracias al cual el que habla o escribe trata de cumplir sus objetivos, que es convencer a su audiencia. Los autores clásicos la describen como la facultad de describir los instrumentos para persuadir (Aristóteles) o como la ciencia del hablar bien (Quintiliano).

En la antigüedad, existían tres tipos de discurso retórico:

- **Discurso Judicial:** cuando el autor trata de persuadir al auditorio que emita un *juicio* sobre acontecimientos sucedidos en el pasado. Busca la verdad y la justicia. Por ejemplo, 2 Corintios.

- **Discurso Deliberativo:** cuando el autor trata de persuadir al auditorio para que emprenda una determinada *acción* en el futuro. Busca el beneficio del público. Por ejemplo, Romanos.

- **Discurso Epideíctico:** cuando el autor trata de persuadir al auditorio para que mantenga, reafirme o cambien algún *punto de vista* sobre el presente o sobre alguna persona. Busca el honor de las personas descritas y la creencia en el auditorio. Por ejemplo Mateo 1-2 y Lucas 1-2.

En el discurso retórico, existen tres momentos por los que el orador o el escritor debne llevar a su audiencia para convencerlos de sus argumentos:

- **Ethos:** la *credibilidad* que el autor/orador es capaz de demostrar en su obra. El auditorio debe confiar en él y en lo que dice. Por ejemplo, "Por disposición de Dios he sido nombrado ministro de ella al servicio de ustedes, para dar cumplimiento al proyecto de Dios" (Col 1,25 BNP).

- **Pathos:** las *reacciones emocionales* que experimentan los oyentes cuando el autor "juega con sus sentimientos". Por ejemplo, "Estoy seguro de que, si fuera posible, se habrían sacado los ojos para dármelos" (Ga 4,15 BNP)

- **Logos:** los *argumentos* que dan razón a lo que se está defendiendo. Hay argumentos inductivos (ejemplos para llegar a una conclusión, como las parábolas), y argumentos deductivos (premisas aceptables para el auditorio, morales o culturales). Por ejemplo, "Mi argumento no es puramente humano, también la ley lo dice; en la ley de Moisés está escrito: *No pondrás bozal al buey que trilla.* ¿Acaso se ocupa Dios de los bueyes?, ¿no lo dice más bien para nosotros?" (1 Cor 9,8-10a BNP).

El estudio de la retórica es fundamental para comprender la literatura epistolar del siglo I. Existían manuales de la época, llamados *progymnasmata*, que tenían la función de instruir sobre cómo se convence a determinado auditorio, en determinada circunstancia. En ellos, se enseña desde cómo se escribe la biografía de un personaje ilustre, hasta cómo se debe hacer para conmover al público y ponerlo al favor del argumento de una persona. Esto era cultura general para los escritores de cartas, y los redactores del NT conocen estas estrategias para orientar pastoralmente a su público.

5. Documento: Carta de un soldado de la flota de Italia

Esta carta de la época del imperio romano, refleja la manera en que se daban las correspondencias en el mundo mediterráneo, con una estructura similar a las cartas que aparecen en el NT:

> *Apión a Epímaco, su padre y señor, muchísimos saludos. Ante todo, pido que tengas salud y que estando con fuerzas seas feliz con mi hermana y su hija y mi hermano. Le doy gracias al señor Sarapis porque, corriendo yo peligro en el mar, me salvó al punto. Cuando llegué a Miseno, recibí de César como viático tres monedas de oro y me va bien. Te lo pido, mi señor padre, escríbeme una cartita, informándome primero de tu salud, y segundo, sobre la de mis hermanos, y tercero, para besar tu mano, porque me educaste*

bien y por eso creo que pronto progresaré, si los dioses quieren. Da muchos saludos a Capitón y a mis hermanos y a Serenila y a mis amigos. Te envío un retrato mío por medio de Euctemón. Mi nombre es Antonis Máximo, centuria Atenonice. Pido que tengas salud (En: Leipoldt y Grundmann, 75, p. 69).

Esta breve carta refleja la estructura formal de una carta personal. Esquemáticamente, puede verse así:

- **Saludo:** Apión a Epímaco, su padre y señor, muchísimos saludos.

- **Bendición:** Ante todo, pido que tengas salud…

- **Narración:** Le doy gracias al señor Sarapis porque, corriendo yo peligro en el mar, me salvó al punto. Recibí de César como viático tres monedas de oro y me va bien.

- **Petición:** Te lo pido, mi señor padre, escríbeme una cartita…

- **Saludos finales:** Da muchos saludos a Capitón y a mis hermanos y a Serenila y a mis amigos…

- **Bendición final:** Pido que tengas salud.

Esta pequeña carta señala que no sólo los cristianos tenían al Dios Padre y a Jesús presentes en sus correspondencias, sino que cualquier divinidad era la mediadora incluso entre las relaciones sociales. También se nota que no todas las personas podían escribir cartas, y no en todas las circunstancias se escribían cartas, y por ello el soldado le pide a su padre que le escriba así sea una cartita pequeña.

En este breve mensaje, se condensan los sentimientos de un ser humano, legionario, que se siente misionero en otros lugares. Reconoce los peligros que presenta el mar mediterráneo, con los constantes naufragios, y atribuye a su dios la posibilidad de su salvación. El ser humano, en todas las culturas y religiones, dentro o fuera del imperio, es frágil. Necesita de la ayuda de la divinidad y las fuerzas sobrenaturales para tener salud, salvarse de los peligros y para "progresar" o tener un estilo de vida digno. En estas esperanzas se encuentran personajes tan distintos como Pablo, quien murió a manos del imperio, apresado por los soldados de Nerón; Juan de Patmos, un incansable combatiente contra Roma, llamada Babilonia, hostigado bajo el gobierno de Domiciano; y este soldado, que dentro de su cosmovisión ve en el César una mano favorable, y en el Señor Serapis todas las esperanzas para una vida mejor para él y su familia.

CARTAS PAULINAS

Grabado en la Biblia de Winchester, 1160–1175).

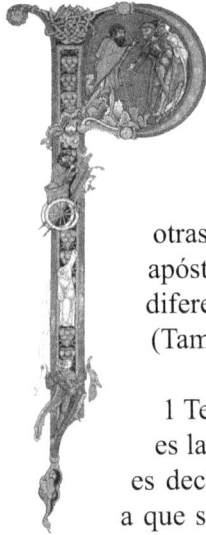

Las cartas paulinas son los escritos cristianos más antiguos que tenemos. Trece de las veintiún cartas del NT son atribuidas a Pablo. Esto es lo que se llama el *Corpus paulino*. Unas de estas cartas están escritas por Pablo. Otras, han sido dictadas por él. Y otras, escritas por sus discípulos después que el apóstol muriera. Por ello es que encontramos muchas diferencias entre cartas como Romanos y 1 Timoteo (Tamez, 2008).

1 Tesalonicenses, escrita en el año 51 desde Corinto, es la primera carta de Pablo. Es una carta parenética, es decir, tiene la intención de animar a la comunidad a que se afiance en su moral, y mantenga las prácticas enseñadas por Pablo.

Gálatas, escrita desde Éfeso en el 54, es una carta deliberativa. Allí Pablo refleja un debate con un grupo de cristianos judaizantes, y pone a la comunidad como jueza, para que decida a favor de los argumentos de uno y otro grupo.

1 y 2 Corintios son una recopilación de diferentes materiales de Pablo escritos a la comunidad de Corinto, entre los años 55 y 57, desde diferentes lugares por donde viaja Pablo. 1 Corintios es la recopilación de dos cartas. Mientras que 2 Corintios recoge cuatro cartas (Vidal, 2007, p. 145). Estas cartas en su forma final, tal como la tenemos en la Biblia, combinan aspectos reconciliatorios (2 Cor 1,1-2,13), y anotaciones judiciales, en la que Pablo en vez de reconciliarse, intenta ahondar en la polémica (2 Cor 10-12). 1 Cor 1-2 entra en debate con los "superapóstoles" que menosprecian a la gente sencilla, mientras que el capítulo 7 intenta responder una serie de preguntas que hacen los Corintios acerca de las relaciones afectivas, el matrimonio y la sexualidad.

Filipenses es una carta de gratitud por parte de Pablo, quien escribe en el año 57 desde la prisión de Éfeso a una comunidad que lo ha apoyado, y donde a su vez hace exhortaciones paréneticas, animando a la comunidad a mantenerse en lo que han aprendido, y en todo lo bueno.

La carta a Filemón es escrita también desde la cárcel de Éfeso en el año 57. Es una pequeña recomendación, donde el apóstol intercede ante el dueño de un esclavo, para que lo vuelva a recibir después de una falta que cometió contra éste.

La carta a los Romanos es la carta magna de Pablo. Es el último de sus escritos, del año 58, redactada probablemente desde Corinto ante una comunidad donde espera ser recibido. Una obra deliberativa, donde Pablo defiende su *ethos*, y se presenta ante una iglesia que no lo conoce personalmente, mediante el evangelio que predica. Por ello trata cuidadosamente de enseñar lo que hasta ahora ha reflexionado sobre el sentido de la fe cristiana, como el pecado, la ley, la culpa, la justificación, la paz con Dios, la gracia, y la vida en Espíritu y en comunidad.

Pablo fue un judío de la diáspora nacido en Tarso, capital de Cilicia en Asia Menor, fariseo, educado por los rabinos y profundo conocedor del pensamiento hebreo (Fil 3,5-6). Su educación fue amplia y diversa, entre la sinagoga y el mundo helenístico. Un viajero que se encontró con Cristo en una parte del camino, y este encuentro transformó su vida en torno al mensaje del reinado de Dios y su justicia.

Pablo y su lugar social en el mundo greco-romano

Conviene tener en cuenta que el trabajo manual para ganarse la subsistencia como un artesano contratado situaba a Pablo en el estrato humilde de la sociedad, al que pertenecía la inmensa mayoría de la población de entonces, es decir, dentro del grupo de los pobres, aunque sin llegar a caer, normalmente, pero sí en ocasiones, en el grupo de los mendigos o indigentes. Una buena imagen de la vida de penuria de los artesanos de la antigüedad la presenta Luciano en *Los fugitivos* 17 y, concretamente para el caso de los zapateros, es bien plástica la figura del pobre zapatero Micilo en *El sueño* y en *La travesía*, obra de ese mismo autor. A esa penuria hace referencia Pablo en varias ocasiones en sus "listas de calamidades" (1 Cor 4,11-12; 2 Cor 4,8; 6,4-5.10; 11,27; Rom 8,35).

Eso alejaba a Pablo del círculo de poder de los ricos patronos y sus secuaces, en los que se incluían también los oradores. De esa estrategia de poder, que determinaba al sistema de *patronazgo y clientela*, tan decisivo en el entramado social de entonces, con las consiguientes luchas por el prestigio y por el influjo de la vida de las ciudades y de las asociaciones, quiso Pablo alejar a sus comunidades, como lo demuestra con especial fuerza su correspondencia con la comunidad de Corinto. Precisamente la práctica de su oficio artesanal para ganarse su subsistencia fue clave en la diferenciación del método y el talante misionales de Pablo con respecto a los de otros misioneros cristianos. Un acaso bien documentado por la correspondencia corintia fue el conflicto con los misioneros helenistas que llegaron a Corinto, los cuales, a diferencia de Pablo, no trabajaban manualmente, sino que se ganaban su vida en dependencia de los ricos y patronos, al estilo de lo que hacía la amplia gama de oradores, sofistas y filósofos que circulaban por las ciudades helenistas de aquel tiempo.

...Los datos de las cartas apuntan claramente a una formación de Pablo en el judaísmo helenista, no en el palestino. Y se trató, probablemente, de la formación ordinaria de un judío helenista, educado dentro del ámbito de la comunidad judía de la ciudad. No parece que Pablo recibiera una alta educación en la escuela helenista de retórica, ya que los medios y los conocimientos retóricos que manifiestan sus cartas no demuestran, como a veces se afirma, ninguna educación especializada, sino la cultura general de un hombre helenista normalmente educado. En contra de ese entrenamiento especial de Pablo como orador está la acusación de algunos cristianos corintios contra él: "su presencia corporal es débil, y su palabra ridícula" (2 Cor 10,10). Por otra parte, como se ha indicado anteriormente, no parece que podamos aceptar como histórica la imagen de Pablo en Hechos como un orador impactante, que habla en espacios públicos y delante de grandes y, en ocasiones, selectos auditorios (Senén Vidal, 2007, pp. 37 y 38).

1. Texto bíblico: el conflicto en torno a la mesa del Señor (Gálatas 2,11-21)

Pero en cuanto vi que no procedían rectamente, conforme a la verdad del Evangelio, dije a Cefas en presencia de todos: "si tú, siendo judío, vives como gentil y no como judío, ¿cómo fuerzas a los gentiles a que vivan como judíos?" (Gal 2,14 BJ)

Pablo escribe esta carta a una serie de comunidades de Galacia (1,2), constituida probablemente de varios grupos que se reúnen en casas. Después de su presentación, pasa rápidamente a describir la situación que está viviendo la comunidad, y señala un asunto grave: " Me maravilla que tan pronto hayan dejado al que los llamó por la gracia de Cristo, para pasarse a una Buena Noticia diversa" (1,6 BNP). En 3,1s señala de nuevo un cambio en estas comunidades, e indica que han sido seducidos para cambiar el mensaje de Jesucristo, contraponiendo el Espíritu a la Ley. En 4,16 indica que hay una adversidad entre él y la comunidad, y ahora la comunidad desconfía de él. Pero es en 5,2 donde sale a la luz el problema central: "Miren, yo mismo, Pablo, les digo que si ustedes se hacen circuncidar, Cristo les servirá de nada" (BNP).

Desde el comienzo, se destaca la importancia de dos grupos ideológicos en pugna: uno de ellos es el mismo Pablo (1,1), y el otro es el de los adversarios que enfrentará en la carta, a quienes tacha de seductores (3,1) e incluso los maldice doblemente (1,8.9). Se trata de cristianos que predican la circuncisión y el judaísmo como una fase previa para ser verdaderamente cristianos, como sucede con el grupo de los judaizantes que aparecen en Hechos 15,2: "Si no os circuncidáis conforme a la costumbre mosaica, no podéis salvaros" (BJ). Las comunidades de Galacia están en medio, y Pablo lucha para recuperarlos para su evangelio de la gracia.

El conflicto se da en torno a la simbólica religiosa de dos comunidades. Hay un choque de culturas, entre los judíos de Palestina frente a Pablo, el cual es un judío helenista. Los adversarios son un grupo que quiere imponer su cultura como norma para pertenecer a la religión: los discípulos de Santiago –probablemente bajo el impulso de Santiago mismo-, Pedro y Bernabé. En el otro, están quienes defienden la libertad y la igualdad en medio de la diferencia: Pablo y Tito.

Pablo se vale de la *narratio* de su enfrentamiento con Pedro en Antioquía. Sus palabras para evaluar la situación son importantes:

- "me enfrenté con él (Pedro) abiertamente, porque su conducta era censurable" (2,11b BNP)
- "aun Bernabé fue también arrastrado por la hipocresía de ellos" (2,13 RV95)
- "no procedían rectamente conforme a la verdad del evangelio" (2,14 BJ)
- "Porque si me pongo a reconstruir lo que había destruido, muestro que soy transgresor" (2,18BNP).

Seguidamente, el apóstol establece la argumentación central que dará sentido a toda la carta, y que se convertirá en la piedra angular de la teología paulina: "conscientes de que el hombre no se justifica por las obras de la ley, sino por la fe en Jesucristo (διὰ πίστεως Ἰησοῦ Χριστοῦ) también nosotros hemos creído en Cristo Jesús. Tratamos así de conseguir la justificación por la fe en Cristo (ἐκ πίστεως Χριστοῦ) y no por las obras de la ley, pues por las obras de la ley nadie será justificado" (2,16 BJ).

La expresión *por la fe en Jesucristo* (διὰ πίστεως Ἰησοῦ Χριστοῦ) está presentada en el texto griego en caso genitivo, y puede significar objeto directo, como señala Biblia de Jerusalén: *creer en Jesucristo*; pero también puede significar la *fe/fidelidad de* Jesucristo, como modelo a imitar. La justificación no sólo implica creer en Jesús, sino tener fidelidad a Dios y a las personas, como la tuvo Jesús de Nazaret.

> Tradicionalmente se ha creído que se es justificado por la fe en Jesucristo, por su muerte en la cruz. Una mejor traducción posible de *dia pisteos Iesou Xristou* (Rom 3,22), es que se es justificado por la fe de Jesucristo. Es decir, su vida de fe manifestada en sus obras en Palestina, no se guió por la obediencia de la ley manipuladora, sino por Dios. Dios le justificó por su ministerio de justicia. El hecho de que fue resucitado evidencia que fue justificado por Dios, que su juicio fue contrario a las leyes romanas y judías (Elsa Tamez, 1995).

La fe/fidelidad de Jesús es el criterio para evaluar el cristianismo que llevan las personas, y no las obras rituales, que más bien aíslan a la comunidad y son excluyentes con quienes no pueden cumplir todos los requisitos. Pablo establece una retórica de contrarios, e indica que quien ha creído, ha muerto a la ley, y vive en Cristo; por lo que la ley ahora no tiene poder para quien tiene fe. Y reduce al absurdo el hecho de someterse a una vida ritual, porque si la vida depende de las prácticas cultuales, entonces se anula la gracia (2,21).

Pablo no emplea los símbolos de la pureza frente a la impureza, sino de la fe frente a las obras de la ley, la justificación frente al pecado, la crucifixión de la carne frente a la circuncisión de la carne. El criterio fundamental para evaluar la situación y establecer una respuesta es la verdad del evangelio mismo (2,14). Tal verdad tiene que ver con la mesa abierta, y la comunidad sin exclusiones, tal como se mantiene en la memoria del movimiento de Jesús.

Una lectura desde la antropología cultural, nos lleva a la simbólica de la mesa, lugar en torno al cual se presenta el conflicto. El problema que ve Pablo es que Cefas "comía en compañía de los gentiles" (2,12 BJ). Pero cuando llegaron los discípulos de Santiago, evitó a los gentiles. Pablo califica esto como "que no proceden rectamente, conforme a la verdad del evangelio" (2,14 BJ). De manera que la verdad del evangelio *está en la mesa*, en compartir la comida sin discriminar a las personas, como se hace evidente en los evangelios, rescatando la memoria de Jesús.

Es en la comida donde se define quién está adentro y quién está afuera de una comunidad. Como señala Claude Levi-Strauss, "el comer es el alma de toda cultura" (en: Aguirre, 1994, p. 26), y Rafael Aguirre añade que "la forma de comer vincula con el propio grupo y su historia" (1994, p. 27).

Las reglas de la mesa están estrechamente relacionadas con las barreras o fronteras que un grupo establece en el mundo que le rodea. Además, estas reglas reflejan y sostienen el orden interno, los valores y las jerarquías en el grupo. Las comidas son ceremonias, que reflejan las relaciones sociales de una cultura. En este caso, Pedro quiere establecer una jerarquía definitiva: los discípulos de Santiago tienen la razón, la comunidad de Jerusalén es superior a la comunidad de los gentiles. El destacado apóstol mantiene una marcada y discriminatoria barrera entre judíos y gentiles, que se diferencian entre sí respecto a las normas de pureza, particularmente en torno a la mesa.

En el mundo mediterráneo del siglo I, la comida está ligada al concepto de honor y vergüenza. *Con quién se come*: es lo que define el estatus de una persona, además de su estirpe y familia. Se busca comer con los patrones, es decir, con las personas de honor y recursos económicos que pueden ayudar a sus clientes en ciertos beneficios. Pedro y Bernabé reflejan esta postura, y demuestran que la iglesia de Jerusalén tiene poder. Santiago tiene jerarquía dentro de las comunidades cristianas, tal vez más que Pedro. Y aquellos quieren agradarle.

Pablo se fundamenta en la justificación por la fe para recibir a los excluidos dentro del banquete mesiánico, y así romper las barreras culturales. Inicia señalando una premisa importante para sus rivales, la frontera religiosa: "Nosotros somos judíos de nacimiento y no gentiles pecadores" (2,15 BJ). Y termina con una propuesta que rebate la primera premisa, rompiendo las líneas fronterizas de las reglas de pureza: "resulta que también nosotros somos pecadores" (2,17 BJ). Así, ayuda a la comunidad de Galacia a comprender que todos somos iguales. Esto se intensificará aún más cuando declara en 3,28 (BJ): "de modo que ya no hay judío ni griego, ni esclavo ni libre, ni hombre ni mujer, ya que todos vosotros sois uno en Cristo Jesús".

Pablo está señalando que las obras de la ley no deben impedir el compartir la mesa, pues esto es irse en contra de la verdad del evangelio. El evangelio es una transvaloración, una transformación en los valores culturales, donde lo que rige no es la exclusión sino inclusión. Y además, declara la muerte frente a la ley, "a fin de vivir para Dios" (2,19). Ese vivir para Dios es una vida de mesa abierta, y comida compartida, conforme a la memoria de Jesús, quien comía con publicanos y pecadores, y ésta era su manera de anunciar el reinado de Dios (cf. Lc 5,27-29; 7,36-50; 15,1s; 19,1-10).

En Gálatas, ser justificado no significa que a uno simplemente se lo declara sin culpa de haber violado la ley. Ser justificado significa que a uno se lo pone en una relación favorable con Dios –es hecho partícipe, sin restricciones, en la comunidad del pueblo de Dios. Concebir la justificación como la inclusión en el pueblo de Dios, o la integración como miembro de la comunidad del pacto, nos ayuda a entender el aspecto comunitario de la palabra (Baker, 2005).

En Gálatas, lo que hace el apóstol no es una mera polémica entre la fe y las obras, sino más bien un llamado a la inclusión, la mesa abierta y la experiencia comunitaria. El punto de partida es la *justificación por la fe*, pero tal justificación no es el fin, sino el *medio*. El razonamiento está en que si somos justificados por la fe, no debemos impedir a nadie hacer parte de la comunidad en torno a la mesa. La mesa es la muestra del amor de Dios a todas las personas, un amor que se manifiesta en relaciones humanas, en la memoria, la celebración, también la saciedad del hambre para los más pobres. Todas las personas deben tener acceso a ella.

2. La mesa y la gracia: ¿Hay continuidad entre Pablo y Jesús?

Una lectura comparada entre los evangelios y las cartas de Pablo hace saltar a la vista una serie de diferencias teológicas. Se pasa del ambiente rural y judío de los evangelios a un ambiente urbano y cosmopolita de las cartas. Jesús predica el reinado de Dios, Pablo se refiere a la justificación a través de la muerte-resurrección de Jesús. Jesús centraliza su mensaje a la casa de Israel, mientras que Pablo sale de los confines del Israel en confrontación con el mundo pagano para anunciar salvación para todos. Pablo suprime el título con el que se autodesignaba Jesús, "hijo del hombre", por nuevos títulos para Jesús, tales como "hijo de Dios", o "Señor", o "Jesucristo".

Jesús ha predicado una ética radical, que incluso invita a abandonar la familia para seguirlo, da una importancia secundaria al trabajo, tiene un mensaje de oposición a los ricos en el nombre de los pobres, y se resiste inteligentemente a pagar tributos al imperio; Pablo valora la familia, no centra su discurso en contra de los ricos, manda a someterse a las autoridades y a pagar impuesto, y valora y exhorta al trabajo. En este sentido, se puede pensar que Jesús es el fundamento del Nuevo Testamento, pero los fundadores de sus creencias son otras personas, entre ellas Pablo, además de los otros apóstoles, los carismáticos itinerantes que viajaban por el imperio predicando los dichos de Jesús, y los cristianos helenistas que dan un giro copernicano a la comprensión de Jesús y del cristianismo.

Sorprendentemente, la continuidad entre Jesús y Pablo no se da tanto en el mensaje de la cruz- pues Pablo predica a Jesús crucificado (1 Cor 1,23)-, sino en el tema de la mesa. Es en este lugar, tan significativo para las comunidades mediterráneas del siglo I, donde se concentra la experiencia con un Dios de gracia, tan presente en las acciones de Jesús y tan evidente en las doctrinas de Pablo.

Jesús (Moscú siglo XIV)

La mesa es para Jesús el lugar de encuentro del reinado de Dios. En ella, Jesús come con sus discípulos, pero también con publicanos y pecadores (Mt 9,10; Mc 2,15). Es en la mesa de un fariseo donde recibe a la mujer pecadora que lo unge con perfume (Lc 7,36-50). La mesa es el lugar donde Jesús se encuentra con sus amigos y amigas (Jn 12,2), y donde revela a éstos y éstas sus más profundos secretos (Jn 13,12.28). La mesa, además, es tema privilegiado de las enseñanzas y parábolas de Jesús, como el anuncio escatológico de quienes vendrán de distintos lugares de oriente y occidente a sentarse en la mesa del reinado de Dios (Lc 13,29), y la parábola del banquete, que gira precisamente en torno a la mesa y la inclusión de los excluidos (Lc 14,13).

Para Pablo, la mesa es el lugar de la comunidad cristiana. Por ello invita a los corintios a comer de la mesa reconociendo la dignidad del cuerpo de Cristo, es decir de la comunidad (1 Cor 11,20ss). La polémica en la carta a los Gálatas estalla cuando Pablo se da cuenta que en la comunidad hay dos mesas, donde los judeo-cristianos y los gentil-cristianos comen separados (Gal 2,11.13). Por esto asegura Pablo que ni Pedro, ni Bernabé, ni los "falsos hermanos" actúan "conforme a la verdad del evangelio" (Gal 2,14).

¿Cuál es esa verdad del evangelio? Es precisamente la mesa comunitaria, donde todos y todas son iguales. De allí que salga la declaración "Ya no se distinguen judío y griego, esclavo y libre, hombre y mujer, porque todos ustedes son uno con Cristo Jesús" (Gal 3,28 BNP). Y es también de la observación y la memoria de la mesa comunitaria, en tradición con las prácticas de Jesús, de donde surge el tema de la justificación por la fe, iniciado en Gálatas, y sistematizado años después en Romanos: "sabemos que el hombre no es justificado por observar la ley, sino por creer en Jesucristo; nosotros hemos creído en Cristo Jesús para ser justificados por la fe en Cristo y no por cumplir la ley, porque por cumplir la ley nadie será justificado" (Gal 2,16 BNP).

La mesa es el lugar donde se evidencia la gratuidad de Dios, y la gratuidad del amor entre la comunidad. La gracia proclamada por Jesús se dio en su acción con la gente, especialmente en la mesa como lugar de encuentro, donde no hay excluidos ni excluidas (Lc 6,36s; 7,44s). La gracia proclamada por Pablo es entendida como la acción de Dios con la gente, tal como lo demostró Jesús, donde la mesa sigue siendo lugar de encuentro, y no hay personas excluidas (Gal 2,11s).

Vouga, en un interesante estudio sobre Pablo, narra su vida en primera persona, y destaca lo que significa el evangelio para el apóstol:

La liberación efectuada por la verdad del Evangelio es, hablando con propiedad, un acto creador: el nacimiento de una nueva conciencia de sí, el descubrimiento radical y liberador de una relación de verdad que la subjetividad del creyente mantienen consigo misma, y de la libertad relacional que esta relación establece con la subjetividad de otro y el mundo que le es dado... Lo que yo entiendo por "recibir el Espíritu" es tomar conciencia de que estamos viviendo un cambio personal que se produce por una palabra que nos ha transformado... Porque Dios, esto es lo que revela la Cruz, no es el Padre de las cualidades sancionadas por la ley y perdidas, el Viernes Santo, por su Hijo. Es el Padre del Crucificado, al que resucitó de entre los muertos, aquel que llega a ser y permanece como hijo después de haber perdido todas sus cualidades. Esto quiere decir que no es el Padre de la pureza, ni de la santidad, ni de la circuncisión, sino el Padre de los seres humanos a quienes ama como hijos suyos, independientemente de sus cualidades.

Digo "Cruz" y no Pascua, para expresar la fuerza escandalosa y el poder creador de lo que sucedió allí. Porque la simple idea de muerte y resurrección apenas explica la significación del acontecimiento en la evolución de la conciencia humana. En efecto, la muerte y el nuevo nacimiento forman parte del ciclo de la vida. Son el símbolo de la continuidad del ser vivo, con la ayuda del cual la evolución y la cultura integran y vinculan entre sí las discontinuidades felices o dolorosas de la vida cotidiana, nacimientos, separaciones, encuentros, todos los pequeños finales y los nuevos comienzos. Ahora bien, la crucifixión de Jesús y su resurrección constituyen una fractura de la historia, la singularidad absoluta de un final definitivo y de un comienzo radical (François Vouga, *Yo, Pablo*, pp. 23.24.34)

3. 1 y 2 Tesalonicenses: dos teologías, dos autores, dos épocas de la iglesia

No quiero que sigan en la ignorancia acerca de los difuntos, para que no estén tristes como los demás que no tienen esperanza. Porque, si creemos que Jesús murió y resucitó, de la misma manera Dios, llevará con Jesús, a los que murieron con él. Esto se lo decimos apoyados en la Palabra del Señor: los que quedemos vivos hasta la venida del Señor no nos adelantaremos a los ya muertos; porque el Señor mismo, al sonar una orden, a la voz del arcángel y al toque de la trompeta divina, bajará del cielo; entonces resucitarán primero los que murieron en Cristo; después nosotros, los que quedemos vivos, seremos llevados juntamente con ellos al cielo sobre las nubes, al encuentro del Señor; y así estaremos siempre con el Señor. Consuélense mutuamente con estas palabras (1 Tes 4,13-18 BNP).

Una mirada detenida a las dos cartas a los Tesalonicenses, permite comprender de cerca el fenómeno de la pseudoepigrafía, y la manera como una escuela posterior atribuye el escrito a su mismo autor para enfrentar nuevas contextos. Esto, incluso a costa de la teología propia del personaje fundante, como Pablo, ya que con el paso del tiempo el personaje se convierte en parte del universo simbólico de la comunidad, el predicador se convierte en *predicación*, y su luminaria ensombrece hasta su teología original.

1 Tesalonicenses presenta una escatología de lo inminente, con un fuerte tono apocalíptico, en el que se acentúa principalmente la venida del Señor y la reunión de los vivos y los muertos con él. Al igual que el discurso escatológico de Jesús, que aparece en Marcos 13, hay un fuerte énfasis en que el día y la hora de la venida del Señor nadie los conoce: "Acerca de fechas y momentos no hace falta que les escriba; porque ustedes saben exactamente que el día del Señor llegará como ladrón nocturno" (1 Tes 5,1-2 BNP). Los datos que arroja son puntuales, y señala escuetamente los fenómenos escatológicos esperados por Pablo (1 Tes 4,16-18):

- El Señor mismo, al sonar una orden, a la voz del arcángel y al toque de la trompeta divina, bajará del cielo

- Entonces resucitarán primero los que murieron en Cristo

- Después nosotros, los que quedemos vivos, seremos llevados juntamente con ellos al cielo sobre las nubes, al encuentro del Señor; y así estaremos siempre con el Señor.

- Consuélense mutuamente con estas palabras.

2 Tesalonicenses, por su parte, intenta reexaminar y resignificar el tiempo presente para las comunidades post-paulinas. Usa un esquema epistolar semejante a 1 Tesalonicenses, pero da un tratamiento diferente a la escatología paulina. La intención es calmar las agitaciones escatológicas dentro de la comunidad, desarrollando un modelo diferente a 1 Tesalonicenses, presentando un reloj escatológico diferente, propio de comunidades que ya no están regidas por el principio apocalíptico de la *Paraousía*, sino que están luchando por encontrar estabilidad para un sistema de creencias religiosas más desarrollado. A continuación, el probable orden de los acontecimientos, según 2 Tes 2,2-12 (BNP):

- **Advertencia frente a lo dicho en otras cartas (probablemente 1 Tes):** "Hermanos, en cuanto a la venida de nuestro Señor Jesucristo y a nuestra reunión con él, les pedimos que no pierdan fácilmente la cabeza ni se asusten por profecías o discursos o cartas falsamente atribuidas a nosotros, como si el día del Señor fuera inminente" (1-2).

- **Aparición de la apostasía:** "primero tiene que suceder la apostasía" (3a).

- **Manifestación del hombre impío (3b):** "y se tiene que manifestar el Hombre sin ley, el destinado a la perdición, el Rival que se levanta contra todo lo que lleva el nombre de Dios o es objeto de culto, hasta llegar a instalarse en el santuario de Dios, proclamándose Dios".

- **Destrucción del hombre impío por parte de Cristo:** "entonces se revelará el Impío, al que destruirá el Señor [Jesús] con el aliento de su boca y anulará con la manifestación de su venida" (8).

- **Condenación de los seguidores del impío:** "...por eso les enviará Dios un poder seductor que los haga creer la mentira; así serán juzgados los que, en vez de creer la verdad, prefirieron la injusticia" (9-11).

Entre ambos textos se hace evidente un conflicto de interpretaciones en las comunidades paulinas. Andreas Dettwiller (En: Marguerat, 2008) ve allí hay un desplazamiento de sentido entre ambas cartas, que se podría esquematizar así:

1 Tesalonicenses	2 Tesalonicenses
Esperanza inminente en la venida de Cristo	Ya la esperanza no es "inminente"
Pablo no conoce una figura de "hombre impío" o "anticristo"	Es fundamental la figura del antagonista de Cristo o "hombre impío"
Pablo se centra en el tema de los muertos y los vivos en torno a la *Parousía*.	Se enfoca en el juicio final y su doble recompensa
Tensión entre un "todavía-no" que puede ser irrumpido en cualquier momento por el "ya" de la *Parousía*.	Fuerte énfasis en el "todavía-no", que se desplaza de una inminencia hacia una espera en el futuro.

Esta comparación refleja un cambio de orientación en las iglesias. 1 Tesalonicenses es la primera carta escrita por Pablo. 2 Tesalonicenses corresponde más bien a la era sub-apostólica, y refleja otras preocupaciones, especialmente las de unas iglesias que viven en la tensión entre contradecir al mundo y evangelizarlo, y para ello tienen especial interés en adecuarse a él, entrando en sus dinámicas sociales, como refleja el imperativo de 2 Tesalonicenses 3,10b (BNP): "el que no quiera trabajar que no coma", en consonancia con el ejemplo de Pablo, pero en abierto contraste con las enseñanzas de los carismáticos itinerantes, herederos del movimiento de Jesús: "Miren las aves del cielo: no siembran ni cosechan ni recogen en graneros, y sin embargo, el Padre del cielo las alimenta. ¿No valen ustedes más que ellas?" (Mt 6,26 BNP).

4. Pablo escribe una vasta correspondencia a lo largo del tiempo, y no una teología sistemática: 1 y 2 Corintios

A lo largo de sus cartas, se evidencia a un Pablo que está intentando responder a muchas preguntas, pastorear a sus comunidades y combatir a sus adversarios. Por ello, es difícil entresacar de sus escritos una teología sistemática, como si fuera una arquitectura perfecta y con un mensaje absoluto para todos los tiempos. Lo que allí encontramos es más bien un mensaje contextual del evangelio que se encarna en diferentes situaciones y momentos. Muestra de ello son las dos cartas que recogen la larga correspondencia que mantuvo el apóstol con los Corintios.

En 1 Corintios, se evidencia un fuerte enfrentamiento de grupos cristianos, entre la misión paulina y las misiones helenistas. Los corintios comparten con los helenistas el mismo mundo ideológico y social, y se sienten atraídos por sus luchas por el prestigio y el poder. Por esto Pablo es insistente en enfrentar la problemática con quienes detentan grandes palabras y con quienes esperan que unos "superapóstoles" lleven a cabo la misión cristiana. Para eso usa la imagen de Jesús como un Mesías humilde, defendiéndose de los predicadores ricos, poderosos y gloriosos, a cuya imagen querían fabricarse un Cristo:

Porque los judíos piden milagros, los griegos buscan sabiduría, mientras que nosotros anunciamos un Cristo crucificado, escándalo para los judíos, locura para los paganos; pero para los llamados, tanto judíos como griegos, un Cristo que es fuerza y sabiduría de Dios. Porque la locura de Dios es más sabia que la sabiduría de los hombres y la debilidad de Dios más fuerte que la fortaleza de los hombres (1 Cor 1,22-25 BNP).

Así que Pablo se presenta a sí mismo como una persona sencilla, con un mensaje concreto y sin mucha rimbombancia:

Cuando llegué a ustedes, hermanos, para anunciarles el misterio de Dios no me presenté con gran elocuencia y sabiduría; al contrario decidí no saber de otra cosa que de Jesucristo, y éste crucificado. Débil y temblando de miedo me presenté ante ustedes; mi mensaje y mi proclamación no se apoyaban en [palabras] sabias y persuasivas, sino en la demostración del poder del Espíritu, para que la fe de ustedes no se fundase en la sabiduría humana, sino en el poder divino. A los maduros en la fe les proponemos una sabiduría: no sabiduría de este mundo o de los jefes de este mundo, que van siendo derribados. Proponemos la sabiduría de Dios, misteriosa y secreta, la que Él preparó desde antiguo para nuestra gloria. Ningún príncipe de este mundo la conoció: porque de haberla conocido, no habrían crucificado al Señor de la gloria (1 Cor 2,1-8 BNP).

Otro problema pastoral que enfrenta el apóstol ante la comunidad de los corintios es el de las celebraciones comunitarias en un entorno helenista. En la eucaristía, existía el problema de la exclusión, donde "cada uno consumía lo que había traído, sin compartirlo con los demás" (Vidal, 2007, p. 154). Pablo argumenta que la comunidad es un cuerpo, y que hay que honrarlo, sin discriminar a quienes no traen nada para comer durante la eucaristía, porque son pobres: "¿No tienen sus casas para comer y beber? ¿O es que desprecian la asamblea de Dios y quieren avergonzar a los que nada poseen? ¿Qué puedo decirles?, ¿voy a alabarlos? En esto no puedo alabarlos" (1 Cor 11,22 BNP).

A esto se agrega la herencia de los cultos paganos y el uso de los carismas del Espíritu por parte de los Corintios, como si fueran cultos dionisiacos (1 Cor 12,1s). Pablo intenta orientar a la comunidad, señalando que el Espíritu es el Espíritu del Mesías (12,4-11), y que este es el criterio para las liturgias. Intenta ordenar el uso de los símbolos de profecía, y trata de instaurar algo similar al culto judío de las sinagogas, para apaciguar tanta efervescencia helenista.

La comunidad de Corinto era una comunidad profundamente urbana, con relaciones sociales complejas. De allí los pleitos en los juzgados (1 Cor 6,1-11), en los miembros ricos se estaban denunciando entre sí como un medio para luchar por poder y honor (Vidal, 2007). Estos ricos también estaban llevando a las personas pobres a tribunales donde éstas no tenían las posibilidades de defenderse (Foulkes, 2006). Pablo argumenta que los cristianos son un pueblo de justicia e igualdad (6,9-11), que serán los jueces del mundo (2-3), que tales conflictos provienen de una raíz de injusticia (7-8), y por lo tanto los problemas deben solucionarse de manera comunitaria, bajo los valores del evangelio (6,1-6).

Otra situación pastoral que presenta el texto la del manejo de la sexualidad y el matrimonio. Había prácticas de prostitución sagrada entre algunos miembros de la comunidad, probablemente entre los miembros ricos, cuando asistían a los banquetes (1 Cor 6,12-20). También había un caso de incesto, en el que un hombre estaba teniendo relaciones con la compañera de su padre (1 Cor 5,1-30). Mientras que otras personas afirmaban rotundamente que lo mejor era no casarse (1 Cor 7,1). Pablo trata de responder a todos estos conflictos, apelando a la imagen de pureza de la comunidad mesiánica, y por ello indica que hay que expulsar a los miembros que van conscientemente contra esta imagen (5,9-13). Señala que principio de pertenencia al Mesías es el criterio para compartir el cuerpo con otra persona o no hacerlo, para casarse o no hacerlo (7,22-23).

2 Corintios recoge varios textos de Pablo, donde muestra diferentes rostros pastorales. Esto se debe a que es una colección de escritos diversos a la misma comunidad, con la que tuvo que lidiar Pablo por medio de cartas para ayudarla a crecer en la fe. Pablo se interesa más por la colecta que está realizando para mostrar la solidaridad de las comunidades gentiles

con los cristianos de Jerusalén. También, tiene que enfrentar a un grupo de misioneros cristianos que se valen de la retórica del elogio para hacerse ver como súper-apóstoles y ganar prestigio y comodidades (2,5; 7,12). Pablo, aunque insiste en que él es un heraldo y no un orador profesional o un retórico despliega un escrito con bellos elementos retóricos, tales como la ironía y la reducción al absurdo de los argumentos de sus oponentes. Esta argumentación va de las lágrimas a la comedia, para demostrar que en la comunidad cristiana todas las personas son iguales, y que no es necesario que algunos predicadores se hagan ver como seres especiales con dones magníficos (11,4.5.7).

Humano, demasiado humano: autopresentación de Pablo a manera de parodia

A diferencia de la presentación que hacen los Hechos de los apóstoles y las cartas Déutero-paulinas de la imagen del apóstol, Pablo se presenta en su crudeza y realidad como un personaje muy humano, demasiado humano. Una imagen importante de recordar en nuestra época, donde se erigen vendedores de verdades, tratando de mostrar un evangelio de magnificencias y prestigio.

En 2 Corintios 11, en una discusión con sus detractores helenizantes, quienes pretendían vivir como los oradores itinerantes helenistas, Pablo presenta su vida como la "autoalabanza de un necio", una parodia al encomio clásico de autoalabanza, al que recurrían los misioneros los que enfrenta. Con un gran tono de humor e ironía, el apóstol usa la retórica de autoalabanza en forma inversa. Presenta lo que ha sido su vida apostólica, con persecuciones y peligros de muerte (23-25), viajes y sus peligros (26), condiciones vitales difíciles (27), preocupaciones por las comunidades (28-31), y conflictos con las autoridades religiosas y políticas (32-33).

Confieso avergonzado que fui blando con ustedes. Pues bien, de lo mismo que otros se glorían —lo digo como necio— yo también me gloriaré. ¿Que son hebreos? Yo también. ¿Que son israelitas? Yo también. ¿Que son descendientes de Abrahán? Yo también. ¿Que son ministros de Cristo? —hablo como demente—, yo lo soy más que ellos. Les gano en fatigas, les gano en prisiones, aún más en golpes, con frecuencia estuve al borde de la muerte. Cinco veces fui azotado por los judíos con los treinta y nueve golpes, tres veces me azotaron con varas, una vez me apedrearon; tres veces naufragué y pasé un día y una noche en alta mar. Cuántos viajes, con peligros de ríos, peligros de asaltantes, peligros de parte de mis compatriotas, peligros de parte de los extranjeros, peligros en ciudades, peligros en descampado, peligros en el mar, peligros por falsos hermanos. Con fatiga y angustia, sin dormir muchas noches, con hambre y con sed, en frecuentes ayunos, con frío y sin ropa. Y además de éstas y otras cosas, pesa sobre mí la carga cotidiana, la preocupación por todas las Iglesias.

¿Alguien enferma sin que yo enferme? ¿Alguien cae sin que a mí me dé fiebre? Si hay que gloriarse, me gloriaré de mi debilidad. El Dios Padre del Señor Jesús –sea bendito por siempre– sabe que no miento. En Damasco el gobernador del rey Aretas custodiaba la ciudad para prenderme. Por una ventana y en una canasta me descolgaron muralla abajo y así escapé de sus manos (2 Corintios 11,21-33 BNP).

Otros textos reflejan también esta autocomprensión humana de Pablo, lo que es llamado su *lista de calamidades*. Allí Pablo refleja la realidad de su vida, sus enfermedades y sufrimientos, las persecuciones y las lágrimas, en abierta oposición a quienes pretendían usar el evangelio para vivir de él, valiéndose de maravillas taumatúrgicas y discursos sensacionales. Pablo sigue defendiendo la "locura del evangelio", en contraposición de la cultura de honor y prestigio de la sociedad helenista (cf. 1 Cor 4,9-12; 2 Cor 4,8-9; 6,4-10; 11,23-33; 12,10).

5. Pablo escribe desde la cárcel: Filipenses y Filemón

Entre los años 56 y 57, Pablo profundiza en la forma de comunicarse con las comunidades lejanas, a través de correspondencia por carta. Cuando se encuentra en prisión, escribe dos cartas que dejan testimonio de su valentía y fe en medio de situaciones difíciles. La una es para una comunidad, y la otra es para un individuo que hace parte de una comunidad.

La carta a los Filipenses refleja pensamientos paulinos muy interesantes, gestados en su encarcelamiento (Brown, 2002, p. 637):

- Pablo no está desalentado a pesar de sus sufrimientos. Su prisión, e incluso el afán de sus rivales, consiguen que avance la predicación del evangelio (1,12-13.15).

- La situación de Pablo le genera una reflexión sobre la muerte. En 1 Tesalonicenses esperaba estar vivo para la segunda venida del Señor. Pero en Filipenses considera la posibilidad de morir, aceptando que la muerte es ganancia y no pérdida, que la muerte es parte de la vida (Fil 1,20-26).

Esta es una carta de agradecimiento por las muchas ayudas que le ha prestado la comunidad al apóstol. Y a la vez aprovecha para invitar a las comunidades a evitar las disensiones internas, siguiendo el ejemplo de la humildad de Jesús. Se apropia de un himno de la iglesia (Fil 2,5-11) y deja plasmada la experiencia de un canto popular, que exalta ante todo el despojo de Jesús para hacerse un ser humano, al igual que todos y todas, como invitación a seguir ese camino de identificación con las personas más excluidas.

¿Quién soy?
(Dietrich Bonhoeffer. Prisión de Tegel, 1944)

La experiencia de cárcel permite a algunas personas encontrarse consigo mismas, con lo más profundo de su identidad, de sus miedos y sus esperanzas. Al igual que Pablo, el pastor y teólogo alemán Dietrich Bonhoeffer escribe desde la celda, condenado a la cárcel y posteriormente a la horca por haberse opuesto activamente al régimen de Hittler en Alemania. Entre sus papeles y cartas fechadas el 9 de julio de 1944, está este poema, que refleja la experiencia propia de quien se encuentra con Dios en la soledad.

¿Quién soy? Me dicen a menudo
que salgo de mi celda
sereno, risueño y firme,
como un noble de su palacio.

¿Quién soy? Me dicen a menudo
que hablo con los carceleros
libre, amistosa y francamente,
como si mandase yo.

¿Soy realmente lo que otros dicen de mí?
¿O bien sólo soy lo que yo mismo sé de mí?
intranquilo, ansioso, enfermo, cual pajarillo enjaulado,
pugnando por poder respirar,
como si alguien me oprimiese la garganta,
sediento de buenas palabras y de proximidad humana,
temblando de cólera ante la arbitrariedad y el menor agravio,
agitado por la espera de grandes cosas,
impotente y temeroso por los amigos en la infinita lejanía,
cansado y vacío para orar, pensar y crear,
agotado y dispuesto a despedirme de todo.

¿Quién soy? ¿Este o aquel?
¿Seré hoy éste, mañana otro?
¿Seré los dos a la vez? ¿Ante los hombres un hipócrita,
y ante mí mismo un despreciable y quejumbroso débil?
¿O bien lo que aún queda en mí semeja el ejército batido
Que se retira desordenado ante la victoria que tenía segura?

¿Quién soy? Las preguntas solitarias se burlan de mí.
Sea quien sea, tú me conoces, tuyo soy, ¡oh Dios!

(Bonhoeffer, 2001).

También en prisión, por la misma época que Filipenses, Pablo escribe la carta a Filemón, la cual contrasta con el mensaje de aquella. Aquí, Pablo permite entrever un mensaje liberador, que a la vez se ubica dentro de las fronteras culturales de su época. Pablo invita al esclavo prófugo a que vuelva a su antiguo amo, ahora en calidad de cristiano (Flm 10); y al amo, a que trate al esclavo como a un hermano (16), o como al mismo Pablo (12).17, es decir con honor y respeto.

El tema que trata esta carta ha sido objeto de debate en los últimos tiempos: ¿es posible legitimar la esclavitud a partir de este texto? Para ello es importante destacar, por un lado, que la esclavitud era una práctica común en el mundo greco-romano. Aristóteles escribió que hay amos por naturaleza, y esclavos por naturaleza. Para el filósofo estagirita, la estructura del alma humana exige que haya gente que gobierne y gente que sea gobernada. Por lo tanto, Pablo está lidiando con un problema común a su época, tal como sería en la actualidad el tener damas dedicadas exclusivamente al servicio doméstico de una casa –algo aceptado, pero que también podría ser cuestionable-.

Este texto refleja una realidad social diferente a la nuestra, la cual hay que tratar con mucho cuidado. Guido Mahecha (2006) destaca dos aspectos a la hora de hacer una lectura sociológica de esta carta: (a) los textos bíblicos son producto de situaciones de conflicto que había que solucionar, y (b) cuando se utilizan soluciones bíblicas específicas para todas las situaciones de la vida y en todos los tiempos, se traiciona la verdad del evangelio y se convierte su mensaje en ideologías.

Filemón y Onésimo presentan dos grupos bastante importantes en el cristianismo del primer siglo:

- **Filemón representa a las personas cristianas con alta jerarquía social**. Tenía uno o más esclavos, probablemente un pedazo de tierra para producir alimentos, y un compromiso eclesiástico en el que ofrecía sus casas para la celebración litúrgica. Personas como Filemón empezaron a tomar parte activa en las iglesias; eran valoradas por su poder de acogida y por sus niveles de cultura. Para estas esta jerarquía, aceptar a un esclavo fugitivo dentro de la familia del dueño era vulnerar el sistema, el cual era comprendido por sus ciudadanos como un pequeño Cósmos que organizaba el Caos, como un sistema civilizado, ordenado, lógico, y con mucho éxito militar y económico. Para convencerlos, Pablo se acerca con cuidado y respeto, y a quienes no quiere contrariar sino ponerse de acuerdo con ellos.

- **Onésimo representa la contraparte del cristianismo pobre de los seguidores iniciales de Jesús**. Los pobres eran los principales destinatarios del movimiento de Jesús, y quienes formaron una gran parte del movimiento apostólico (Hch 2,45). Dentro del cristianismo primitivo, había una corriente que tomaba una opción radical por estas personas –basándose en la memoria de Jesús-, y de la que Pablo refleja en textos como Gálatas 3,28 (BJ): "Ya no hay judío ni griego; no hay esclavo ni libre; no hay hombre ni mujer, porque todos vosotros sois uno en Cristo Jesús".

Pablo ofrece una rápida solución al problema de la fuga del esclavo: que Onésimo vuelva a su amo, y que Filemón lo reciba de nuevo como hermano, sin que por ello deje necesariamente de ser esclavo. Así, Pablo re-semantiza el valor de la esclavitud, demostrando el buen trato que se debe dar a los esclavos: son hermanos, y mucho más si son cristianos. Pero no desafía abiertamente ésta institución, por lo que la historia de la interpretación de este texto se va a inclinar más hacia la legitimación de la esclavitud que a su abolición.

Con el paso del tiempo, esta ambigüedad en el mensaje de Pablo respecto a qué hacer con un esclavo va a ser usada en las iglesias post-paulinas, que buscaban ganarse el respeto frente a la ciudadanía romana, y así legitimar la estructura cultural de las jerarquías sociales. Las iglesias cristianas verán en la solución de Pablo una legitimación de la esclavitud, haciendo de la excepción una regla; y haciendo convirtiendo apresurada respuesta en un mensaje universal que traería consecuencias nefastas, tal como la esclavitud de las culturas africanas por parte de los cristianos europeos. De esta manera, para esclavo o la persona nacida en esclavitud, será difícil encontrar en el cristianismo un mensaje liberador ante esta institución, sino que más bien verá un sistema de domesticación que la mantenga como esclava.

Es importante anotar, como lo señala Cain Hope Felder (En: Deyoung, 2008), que el problema de la esclavitud no tiene nada qué ver con una cuestión de raza. Los esclavos en el imperio romano no eran en su mayoría negros. Onésimo era, al parecer, una persona blanca, que vivía en el territorio de Asia Menor.

Filemonas en América Latina:
Monumento a la Madre India
(Homero Carvalho Oliva)

En este irónico discurso, habla un hombre blanco, imagen del político rico boliviano, en la inauguración de un *Monumento a la Madre India*, hecho por blancos. Así se refiere a la mujer indígena:

…Creo amigos que se trata de un merecido homenaje a aquella mujer que con su honesto trabajo contribuye a la grandeza de nuestra patria. A esa indígena que nuestros ilustres antepasados ibéricos lograron, derramando su propia sangre, incorporar a la civilización e inculcaron la fe cristiana en sus bárbaros corazones. Díganme amigos, ¿quién de nosotros puede negar su valiosa contribución a nuestra sociedad? Les pregunto, damas y caballeros, ¿quién cuida de nuestros hijos y asea nuestros hogares? ¿Quiénes nos atienden día tras día y soportan, estoicamente, nuestro mal humor? ¿Quiénes cocinan nuestros platos favoritos y lavan y planchan las ropas que vestimos?

…Mujeres como ésta, que hoy inmortaliza el bronce, ya quedan muy pocas y es por esta razón que nuestra generosa sociedad ha decidido protegerlas, brindándoles su afecto como si ellas fueran de la casa, como si fueran familiares nuestros. Sí señores, por eso es que hoy en día las denominamos "domésticas", así familiarmente y ya no les gritamos ¡sirvientas! ¡cunumís! O esa palabra tan fea que trajeron los altiplánicos: ¡imilla! Esas horribles palabras que antes se usaban para ordenarles el trabajo bien hecho del hogar (un breve descanso en la oratoria).

Sin embargo, y debemos reconocerlo hidalgamente, así sea doloroso, por ahí andan algunas de estas indígenas, rebeldes y flojas, mendigando centavos, sucias, llenas de hijos, enfermas y hambrientas. Por ahí están arrastrándose por las calles y avenidas afeando la imagen de nuestra pulcra y bella urbe ciudadana. Pero no debe preocuparnos, de ninguna manera, tenemos la conciencia tranquila, pues sabemos que son ellas las que no quieren trabajar (murmullos de aprobación entre los asistentes, "indias flojas", "cholas miserables")…

(Homero Carvalho Oliva, En: Gaby Vallejo (comp.), 2009, p. 36-37).

6. Romanos

De los largos y acalorados debates que mantuvo Pablo frente a quienes querían institucionalizar el cristianismo, y volverlo una religión excluyente, surgió el pensamiento expuesto en la carta a los Romanos. De su esfuerzo por mantener el mensaje cristiano como el evangelio de la comunidad en torno a la mesa, emerge la propuesta paulina de la justificación por la fe: ya que Dios no excluye a las personas, la iglesia tampoco debe excluirlas. Por esto el evangelio es para salvación "del judío en primer lugar, pero también del griego" (Rom 1,16b BJ).

En el momento que escribe la carta a los Romanos, Pablo había concluido su misión en el Mediterráneo oriental, y estaba esperando comenzar una nueva misión en España (Brown, 2002, p. 733). Roma era un lugar estratégico para iniciar sus movimientos por el occidente del imperio, y necesitaba ganarse la confianza de los cristianos de Roma. A la vez que era una auto-recomendación, la carta funcionaba como proclamación del evangelio paulino. Aunque no representa toda la teología del autor, funciona como una presentación de su *ethos*.

La carta es la presentación de la justicia (δικαιοσύνη) de Dios revelada a través del evangelio. La salvación no es exclusión de los demás. La justificación no es legitimación del pecado, sino más bien una invitación a una justicia vertical a la vez que horizontal, un encuentro con Dios pero también con los seres humanos. Por ello, es importante reconocer que la carta ha dado respuestas importantes a la fe cristiana, en diferentes momentos de la historia, dependiendo del lugar de lectura desde el que se la aborde.

En el siglo XVI Martín Lutero (Ed. 1998) escribe un comentario *a la epístola a los Romanos*. En su lucha espiritual contra una religión de la culpa, Lutero encontró en esta carta un mensaje liberador: la gracia de Dios nos libera de toda culpa, y no tenemos qué angustiarnos por nuestra salvación, pues es un don divino. Por esto, el reformador alemán señala que el mensaje central de la carta está en los versos 1,16-17 (BJ): "No me avergüenzo del evangelio, que es fuerza de Dios para la salvación de todo el que cree, del judío en primer lugar, pero también del griego. Porque en él se revela la justicia de Dios, de fe en fe, como dice la Escritura: 'Mas el justo vivirá por la fe'".

En el siglo XX, y desde una perspectiva existencialista, el teólogo suizo Karl Barth (Ed. 2000), elabora un importante comentario a Romanos. Allí señala que el acto supremo de Dios es la *Gracia*, aquel hecho inconcebible de que Dios se complace en un ser humano y de que un ser humano puede alegrarse en Dios, a pesar de sus pecados. La gracia significa que Dios perdona al ser humano por sus pecados porque lo ama. La justificación, que Dios declara que las personas, las cuales eran sus enemigas, son ahora sus hijas amadas.

En América Latina, en medio de las luchas por una vida digna para todas las personas y por una sociedad justa, Elsa Tamez (1991) también ha realizado un importante estudio de esta carta. La teóloga mexicana destaca que el pecado (ἁμαρτία) debe ser comprendido en relación con la injusticia (ἀδικία). Tanto el pecado como la justificación tienen una dimensión existencial, pero también tienen una dimensión social. El pecado se encarna en las estructuras sociales, en los prepotentes discursos de la civilización magnificados en una ley económica que genera exclusión. La justificación divina consiste en una salvación personal para que el ser humano se convierta en agente creador y liberador, desafiante frente a la ley que subyuga la dignidad de las personas. No sólo el pecado tiene dimensiones sociales, sino también la salvación.

Pablo llega a la conclusión de que frente a la precariedad de la vida y la imposibilidad humana de sobreponerse a la injusticia de la que es víctima y responsable, la justicia de Dios capacita a los seres humanos para que sean hacedores de justicia verdadera. Jesús fue el primero y por él todos tienen el acceso a esa gracia, aun los agentes victimarios, si son capaces de creer al Dios que resucita a los muertos. Esta fe en lo imposible le fortalece en su existencia cotidiana, luchas y peligros (Tamez. En: *RIBLA*.20, 1995, p. 82).

Parábola Rabínica
(Abot de Rabí Natán. A, XVI)

Esta parábola judía es una reflexión sobre la realidad humana y la compasión divina. Utiliza una imagen agraria para reflexionar sobre el interior de la persona humana. Al final de cuentas, el corazón humano es un campo malo, y es la misericordia de Dios la que otorgará la salvación a las personas. Esto demuestra que no es que los judíos enfatizaran la salvación por las obras, al contrario de una salvación por la gracia. Antes bien, invitaban a una salvación confiada en la compasión divina. Y es de allí donde están las raíces de la reflexión de Pablo sobre la Gracia.

Rabí Simón Ben Yohai dijo: ¿De dónde sabemos que Israel nunca verá el interior de la gehena?

Se ha dicho una parábola: ¿Con qué puede compararse esto? Con un rey humano que tenía un campo de mala calidad. Vinieron unos hombres y se lo alquiló por diez koros de trigo al año. Lo abonaron, lo labraron, lo regaron y lo cosecharon, pero sólo sacaron un koro de trigo aquel año. El rey les dijo: ¿Cómo ha sido eso? Le respondieron: Señor rey, ya sabes que del campo que nos diste nunca habías sacado nada. Aun después de abonarlo, limpiarlo y regarlo, no hemos podido sacar más que un koro de trigo.

Así también los hijos de Israel dirán delante del Santo, bendito sea: Señor del mundo, ya sabes qué mala inclinación nos seduce, como está dicho: "porque él sabe de qué estamos formados" (Sal 103, 14) (En: Maisonneuve, 1985, p. 25).

7. Las comunidades paulinas: sociología de una nueva humanidad

Las comunidades cristianas del siglo I tienen sus propias características sociales y culturales. Es por ello que para la sociología de la religión y la antropología cultural, las iglesias de esta época han sido foco de estudio y reflexión. Como grupos germinales de lo que después sería una gran religión universal, permiten ver las semillas de sus estructuras de liderazgo, sus creencias, sus ritos y sus prácticas. A continuación, presentamos algunos resultados usando las categorías conceptuales y los términos que emplean estas disciplinas de estudio.

En su libro *Las comunidades paulinas*, Margaret Macdonald (1994) trata de establecer una relación entre el cristianismo paulino del siglo I y las estructuras y valores de la sociedad greco-romana. Sociológicamente hablando, define el prototipo de comunidad paulina como una "secta conversionista" –aunque el término pudiera sonar ofensivo en la actualidad, se trata de una palabra técnica para referirse a un grupo o "sector" dentro de una cultura más amplia-. Este tipo de grupo consiste en una unidad social, que intenta reforzar la conducta de sus creyentes, colocándolos aparte del resto de la sociedad, pero compartiendo con los miembros internos del grupo. Es conversionista, porque busca que los creyentes cambien sus vidas, y los capacita para que lleven un estilo de vida diferente ante el entorno. Este grupo trata de crear un significado para la vida, la cual es difícil y adversa muchas veces.

Si nos detenemos en las cartas paulinas, podemos comprender cómo funcionan estas categorías sociológicas y antropológicas aplicadas a las primeras iglesias. Como "secta conversionista", los creyentes tienen como significado para sus vidas la declaración de que han sido justificados por la fe en Cristo (Ro 3,23; 5,1), han sido salvados de este mundo malvado (2 Cor 6,1-2), y poseen una nueva vida en el Espíritu (Ro 5,6-11; 1 Cor 6,9-11). Participan de la fe y de las promesas del mundo venidero mediante la experiencia y la proclamación dentro de una comunidad (Rm 11,25-32). Y viven una vida nueva, la cual consideran como una revelación que les ha sido dada por Dios (1 Cor 2,6-10; 4,1; Ro 16,27-27).

Las cartas de Pablo son escritos fundacionales para la comunidad, y tienen la función de explicar el contenido de la fe y las prácticas cristianas. Los textos paulinos buscan justificar teóricamente las creencias y prácticas de la comunidad, con el fin de brindarles una clara identidad en medio del diverso mundo romano. Las cartas legitiman la existencia de una nueva comunidad que se empieza a diferenciar de su comunidad de origen, el judaísmo. Por ello, siempre tratan de aclarar hasta dónde son semejantes y hasta dónde son diferentes, la iglesia y la sinagoga, comprendiendo esta distinción como una diferencia entre la fe y la ley, lo antiguo y lo nuevo (Ga 2; Rom 9-11; 2 Cor 3,6-8).

Pablo intenta crear un vocabulario de pertenencia para los miembros de las comunidades cristianas. Ahora ellos tienen una nueva identidad. Los creyentes son santos (1 Cor 1,2), elegidos y llamados (Rm 8,30-33), hermanos y hermanas en el Señor (1 Ts 1,4; 2,8; 2 Cor 11,2-10), hijos de Dios (Rm 8,16; Fil 2,15), amados por la Divinidad (2 Cor 5,14; 13,11). A la vez, busca crear un vocabulario que marque una distinción de los cristianos con el resto de grupos religiosos, delimitando el margen de pertenencia de la comunidad cristiana. Por ello invita a los cristianos a distinguirse de los malvados de este mundo (Rom 1,18-32), a no acudir a los tribunales de afuera (1 Cor 6,1-6), a no actuar con los criterios de este mundo (1 Cor 3,3; 9,24-27); y a la vez, llama a vivir de manera activa dentro del mundo, para poder compartirle el mensaje de Jesucristo (1 Cor 5,10). El propósito de este grupo no es huir del mundo, sino evangelizarlo (Rm 1,18-15; 15,15-21).

> Los rituales producen un *ethos* y definen una visión del mundo... Lo que uno aprende en un rito mágico o en una comida convivial acerca del modelo esencial de vida influye en el funcionamiento social y psicológico, incluso en la misma sociedad (Clifford Geertz, citado por Macdonald, 1994, p. 103).

Las comunidades paulinas, comprendidas como una nueva humanidad, tienen unas prácticas rituales distintivas: el bautismo, la cena del Señor, y la reunión de la *Ekklesía*. En términos de la antropología cultural, estás prácticas son comprendidas como "actuación sagrada", la cual da sentido a la existencia de las personas que pertenecen al grupo. Estas prácticas se realizan en el marco de celebración comunitaria, y se consideran como un acto que permite el contacto con lo sagrado, el encuentro con Dios. La actuación sagrada es un drama donde la fe se realiza en medio de las acciones simbólicas, con toda la profundidad que éstas tienen.

El espacio sagrado para las comunidades paulinas es la reunión de la *Ekklesía* (1 Cor 5,4; 11,17-20; 14,23-26). No se trata tanto de un edificio, como en la actualidad. Los cristianos se reunían en casas donde vivían familias. Esto es muy valioso, pues ellos consideraban que Dios no estaba tanto en un templo, sino en la vida cotidiana, en el lugar donde la gente se reunía. En las casas se celebraban los ritos para recordar la historia del Mesías crucificado y resucitado. Mediante la santa cena, se anunciaba su muerte y se proclamaba su resurrección. Además, se participaba de la vida sagrada mediante las experiencias de lo Divino, tales como la profecía, la lectura de la Escritura, los himnos, el hablar en lenguas y las oraciones.

El bautismo funciona como rito purificador dentro de la comunidad. Es un baño de agua que simboliza el paso desde mundo de la muerte y la oscuridad hacia el mundo de la resurrección y la luz. Muerte y resurrección simbólicas, en plena identificación con el mito fundante del Mesías crucificado y resucitado.

Si el bautismo es el rito que proporciona al creyente la iniciación en la comunidad, la cena del Señor integra al converso una y otra vez dentro de la dinámica comunitaria. La cena es el rito memorial y escatológico: "en memoria de mí"... "hasta que él venga" (1 Cor 11,17-34). Es una manera de revivir la experiencia de lo sagrado que dio origen a la comunidad: la muerte y resurrección del Mesías. De esta manera, el rito se constituye en la acción reservada para el contacto con lo sagrado, el momento donde se revive la experiencia fundante.

La Escuela Déutero-Paulina:
Colosenses y Efesios

Dentro de los textos tardíos del NT, aparecen cartas que reclaman la herencia de Pablo. Colosenses y Efesios reflejan la columna vertebral de la escuela paulina, después de la muerte del apóstol. En estas cartas, es muy importante la visión de la iglesia como un cuerpo santo. En ambas, la iglesia es una entidad en crecimiento, amada por Cristo, y en su símbolo de cuerpo parece incluirse también a los ángeles.

Colosenses es de la época inmediatamente posterior a Pablo, fechada entre el 70 y el 80. Su intencionalidad es recordar y actualizar la memoria paulina después de su muerte, en un contexto de confrontación con una corriente filosófica que amenaza a la iglesia. Se presupone la muerte del apóstol, figurada literariamente como *ausencia*: "Lo digo para que nadie los engañe con argumentos seductores. Porque, si con el cuerpo estoy ausente, en espíritu estoy con ustedes, contento de verlos formados y firmes en su fe en Cristo" (2,4-5 BNP).

La investigación ha llegado a un cierto consenso –aunque algunas personas lo debaten- de que el de Colosenses autor no es Pablo. Entre los argumentos literarios, se destaca que la carta tiene 34 palabras que no aparecen en el resto del NT (palabras llamadas *Hapax Legómena*) y 28 palabras desconocidas en las cartas consideradas auténticas de Pablo. El estilo es muy distinto al paulino.

Pero son los argumentos teológicos los que dan razón de una autoría pseudonímica, como señala Dettwiller (En: Marguerat, 2008):

- La figura de Pablo es muy exaltada, distinta a la que el mismo Pablo presenta sobre sí mismo, más humilde: "Ahora me alegro de sufrir por ustedes, porque de esta manera voy completando en mi propio cuerpo, lo que falta a los sufrimientos de Cristo para bien de su cuerpo que es la Iglesia" (1,24 BNP).

- Pablo y su teología se vuelven parte inseparable del *Kerygma*. Él es el heraldo de la revelación: "sin abandonar la esperanza que conocieron por la Buena Noticia, proclamada a todas las criaturas que están bajo el cielo y de la cual, yo, Pablo, fui constituido ministro" (1,23 BNP).

- Cristología y eclesiología cosmológicas, diferente al concepto más terrenal, local y comunitario de Pablo: "Él es la cabeza del cuerpo, es decir, de la Iglesia. Él es el principio, el primogénito de los muertos, para ser en todo el primero" (1,18 BNP).

- Escatología centrada en el presente, y no tanto en el futuro: "Por tanto, si han resucitado con Cristo, busquen los bienes del cielo, donde Cristo está sentado a la derecha de Dios, piensen en las cosas del cielo, no en las de la tierra. Porque ustedes están muertos y su vida está escondida con Cristo en Dios" (3,1-3 BNP).

- Ética basada en los códigos domésticos greco-romanos, y no tanto en la actuación mesiánica contradictoria a los calores de la sociedad: "Esposas, hagan caso a sus maridos, como pide el Señor… Hijos, obedezcan a sus padres en todo… Esclavos, obedezcan en todo a sus amos de la tierra" (3,18.19.22 BNP).

Efesios es escrita entre los años 90 y100 d.C. Se vale de Colosenses para construir su teología. Esta otra carta es una reflexión sobre la naturaleza y la tarea de la iglesia, desde una perspectiva cósmica. Aquí, Dios y Jesucristo reinan sobre todas las cosas de la esfera celeste. Seguidamente, están los eones, los ángeles y las potencias demoníacas, quienes dominan en una esfera intermedia. El mundo de los hombres y de los muertos constituye la región inferior. La novedad del mensaje es que Cristo tiene todo bajo control, y con él la iglesia: "Todo lo ha sometido bajo sus pies, y lo ha nombrado, por encima de todo, cabeza de la Iglesia" (1,22 BNP).

La investigación erudita ha aceptado casi unánimemente el carácter déutero-paulino de Efesios. En su vocabulario, Efesios contiene 35 palabras que no aparecen en el resto del NT (*Hápax Legómena*), 25 palabras que sólo aparecen en Colosenses y Efesios, y 41 términos que no están en las cartas consideradas auténticas de Pablo. Efesios tiene una dependencia literaria de Colosenses, de donde copia muchas de las ideas que expone (comparar, por ejemplo, Ef 4,17-6,29 con Col 3,5-4,6).

Los argumentos teológicos de Efesios muestran un cambio en la teología paulina, y un avance en la escuela de los discípulos de Pablo, después de su muerte:

- **La figura de Pablo es central en la historia de la salvación:** "A mí, el último de los consagrados, me han concedido esta gracia: anunciar a los paganos la Buena Noticia, la riqueza inimaginable de Cristo y hacer luz sobre el secreto que Dios, creador del universo, se guardaba desde antiguo, para que las fuerzas y los poderes celestiales conocieran por medio de la Iglesia la sabiduría de Dios en todas sus formas" (3,8-10 BNP).

- **La justificación por la fe es comprendida como *predestinación cósmica* para los elegidos:** "Por él, antes de la creación del mundo, nos eligió para que por el amor fuéramos consagrados e irreprochables en su presencia. Él nos predestinó a ser sus hijos adoptivos por medio de Jesucristo conforme al beneplácito de su voluntad" (1,4-5 BNP).

- **La cristología y la eclesiología –como en Colosenses- son entendidas en términos cósmicos y celestiales:** "Todo lo ha sometido bajo sus pies, y lo ha nombrado, por encima de todo, cabeza de la Iglesia, que es su cuerpo y plenitud de aquel que llena completamente todas las cosas" (2,22-23 BNP).

- **El comportamiento ético es considerado como una batalla cósmica contra las potencias sobrenaturales del mundo de las tinieblas:** "Porque no estamos luchando contra seres de carne y hueso, sino contra las autoridades, contra las potestades, contra los soberanos de estas tinieblas, contra las fuerzas espirituales del mal" (6,12 BNP).

Ambas cartas reflejan un cambio de ambiente cultural y religioso con respecto a las cartas de Pablo y, por supuesto, a los evangelios. Evidencian una controversia con la gnosis naciente, y un encuentro con un avanzado judaísmo helenístico, que usa las categorías interpretativas de Filón, para acercarse a las Escrituras, considerando que el *Lógos* es la cabeza del cuerpo cósmico. Como señala Dettwiller, en Colosenses y Efesios, "la iglesia es percibida como un 'ser en Cristo', y no prioritariamente como una entidad empírica , institucional o sociológicamente identificable" (2008, p. 289).

1. La pseudoepigrafía: un procedimiento literario común desde la antigüedad

La pseudoepigrafía es un procedimiento de escritura corriente en la antigüedad, que pone en circulación una obra nueva bajo el nombre de una figura gloriosa del pasado; permitía confirmar la fidelidad del autor al apóstol y responder a la necesidad de actualizar el mensaje para una situación eclesial diferente (Dettwiller. En: Marguerat, 2008, p. 315).

La pseudoepigrafía era una práctica común en la antigüedad, y sigue siendo una práctica literaria contemporánea. Su intención no es mentir o engañar a la audiencia, sino realizar representaciones figurativas de lo que probablemente hubiera dicho tal o cual autor si estuviera vivo en determinado momento. Se trata de un procedimiento en el que las antiguas escuelas de pensamiento legitimaban un discurso que consideran apropiado para una nueva época, en nombre del maestro fundador o un personaje importante para la comunidad.

Escuelas contemporáneas al Nuevo Testamento como la platónica, la estoica y la epicúrea, realizaban obras pseudoepigráficas, rescatando lo que pudo haber dicho alguno de sus maestros fundadores en para una nueva situación. También los autores judíos del período intertestamentario y neotestamentario legitimaban sus escritos bajo el nombre algún personaje importante para el judaísmo, con el fin de dar autoridad a su documento. Obras como 1 de Henoc, Sabiduría de Salomón, 4 de Esdras, Testamento de los Doce Patriarcas y Apocalipsis de Abraham dan muestra de la común recurrencia a este tipo de técnica.

Un ejemplo posterior de pseudoepigrafía aparece en el evangelio del Pseudo-Mateo, datado entre los años 600 y 625 d.C.. El texto atribuye su al evangelista Mateo; y la traducción, a San Jerónimo. Lo que intenta es legitimar una narración popular sobre la infancia de María y de Jesús, usando la atribución de dos personajes importantes para la cristiandad latina en la Edad Media:

Jerónimo, siervo ruin de Cristo, a los santos y beatísimos obispos Cromacio y Heliodoro: Salud en el Señor...

En verdad es ardua la labor que me ha sido impuesta, si tenemos en cuenta que vuestra Beatitud me ha intimado la orden de traducir aquello que ni el mismo San Mateo, apóstol y evangelista, quiso dar a la publicidad en sus escritos. Porque a no haberse tratado de cosas de índole secreta, como éstas, a buen seguro las hubiera añadido al evangelio que él sacó a la luz. Mas quiso escribir el tal folleto sigilándolo con caracteres hebraicos y en ma-

nera alguna permitió que se divulgase, hasta tal punto que el autógrafo escrito de su puño y letra se encuentra a la sazón en poder de varones muy piadosos, quienes lo han ido recibiendo de sus antecesores como precioso legado (Evangelio del Pseudo-Mateo. Prólogo B, En: Santos Otero (Ed). Los evangelios apócrifos, 2003, p. 176).

No sólo en la Antigüedad y en la Edad Media, sino también en épocas posteriores se ha usado la pseudoepigrafía. Muchos autores y autoras se han apropiado del uso de las máscaras para contar historias o hacer poesía desde diferentes puntos de vista. Usan por ejemplo, la técnica de la pseudonimia, que consiste en usar un nombre diferente al del autor original para presentar el punto de vista de un maestro destacado o para ocultar el nombre de quien proviene la idea. O también usan la heteronimia, mediante la cual un mismo autor crea distintos personajes a través de los cuales escribe, con diversos puntos de vista, estilos y contenidos.

En el siglo XIX, el filósofo danés Sören Kierkegaard se valió de la heteronimia para crear una obra orgánica en la que intentaba proclamar el mensaje existencial del evangelio. Su estrategia consiste en construir personajes que escriben desde tres puntos de vista o formas de vida diferentes entre sí, y que algunas veces entran en polémica entre sí:

- *La existencia estética*, donde un joven esteta elabora una teoría del arte y de lo bello, mostrando el sentido del arte como forma de existencia, como una actitud vital.

- *La existencia ética*, donde un funcionario público presenta dos largas cartas dirigidas al joven esteta, en las cuales el funcionario se presenta como un representante de una concepción de vida superior a la del joven, la cual considera un autoengaño. El lector participa como un espectador, pero poco a poco advierte que su vida propia vida es igualmente engañosa.

- *La existencia religiosa*, donde el mismo Kierkegaard intenta demostrar que tanto la existencia estética como la ética son insufiencientes sin el encuentro con Dios, el fondo de la existencia, que se traduce en las obras del amor. Con ello ha llevado a su público a identificarse plenamente con cada uno de los personajes anteriores, y a demostrar que sin ese fondo existencial la vida es un absurdo, pura desesperación.

En el siglo XX, el poeta portugués Fernando Pessoa amplía y profundiza en la técnica de la pseudoepigrafía, utilizando la heteronimia. Pessoa se entiende a sí mismo como una sinfonía, como un *Drama en gente*. Crea personajes totalmente distintos unos de otros, que a su vez se identifican por la propuesta del sensacionismo, que consiste en la invitación a percibir el universo con todos los sentidos.

Dentro de la obra de Pessoa, se destacan tres personajes importantes. Alberto Caeiro es un hombre de campo, que invita a ver las cosas tal como se nos manifiestan, y no a generar ideas sobre ellas; un poeta de la percepción que nos enseña a sentir lo que vemos. Álvaro de Campos es un hombre de mundo, insaciable y humorístico, con una tendencia modernista en la que relucen las máquinas y las flotas navales. Ricardo Reis es un clasicista, monárquico, que rescata a los dioses griegos y a la poesía romana con su mensaje estoico de la aceptación de la vida tal como es. Estos heterónimos, entre otros, tienen a su vez sus propios heterónimos, y crean un universo literario en el que el espectador navega y se siente parte de esa multiplicidad del universo.

> Me siento múltiple. Soy como un cuarto con innumerables espejos fantásticos que dislocan reflejos falsos, una única anterior realidad que no está en ninguno y está en todos
> (Pessoa, 2009, p. 47).

> Sentirlo todo de todas las maneras.
> Vivirlo todo por todos los lados,
> Ser una misma cosa de todos los modos posibles y al tiempo,
> Realizar en mí toda la humanidad de todos los momentos
> En un solo momento difuso, profuso, completo y lejano
> (Pessoa, 2008, p. 131).

2. Texto bíblico: El Cristo cósmico, y la reconciliación de la comunidad (Col 1,15-20)

> *Él es imagen del Dios invisible,*
> *primogénito de toda la creación,*
> *porque por él fue creado todo,*
> *en el cielo y en la tierra:*
> *lo visible y lo invisible,*
> *majestades, señoríos, autoridades y potestades.*
> *Todo fue creado por él y para él,*
> *él es anterior a todo y todo se mantiene en él...*
> (Col 1,15-17 BNP)

En este himno poético que aparece en Colosenses, encontramos otra etapa del cristianismo del siglo I, donde se refleja un cambio de escenarios. Ahora no estamos en la Galilea rural de las parábolas de Jesús, ni en el ambiente judío de la circuncisión. Ahora hay un diálogo profundamente místico y filosófico, sobre el sentido del control del universo. Para el autor de Colosenses, es Cristo quien controla la vida y la muerte, y las potencias cósmicas están bajo sus pies.

La estrategia retórica del autor de la carta es muy interesante. Realiza una especie de reciclaje del lenguaje filosófico de sus adversarios. Emplea palabras fuertemente polémicas, dándoles un tono distinto, jalonando sus categorías hacia la tradición

El Salvador, Andrej Rublev, 1360

paulina, y encaminándolas a que la comunidad viva una reconciliación comunitaria, mediante el encuentro con un Cristo Universal.

La carta da indicaciones de que los colosenses habían sido paganos (1,21.27; 2,13; 3,5.7), y que escucharon el evangelio paulino por boca del cristiano Epafras (1,7; 4,12). El autor se presenta como Pablo, a quien la comunidad no conoce personalmente (2,1), y pretende invitarlos a que se mantengan firmes en la doctrina paulina, que les fue enseñada por otros.

El grupo rival es una corriente de gnosis judía que estaba influenciando fuertemente a la comunidad mediante "filosofías" (φιλοσοφίας 2,8). El sentido primordial que la palabra *filosofía* tenía en las comunidades cristianas antiguas era el equivalente a "religión". Josefo y Filón usan esta palabra para referirse a determinados tipos de religión o espiritualidad, con prácticas de reverencia y piedad, y no tanto con teorías abstractas o metodologías de la reflexión académica (Barth & Blanke, 1994, p. 31).

Estas *filosofías* descritas en la carta, al parecer, se refieren al ambiente gnóstico que se vivía en ciertas comunidades judeo-helenísticas del primer siglo. Se destacan aspectos como desprecio por la tierra creada, visión dualista del mundo, interés en los poderes del bien y el mal, y las interpretaciones de textos de la Escritura desde una perspectiva alegórica.

Para rebatir a este grupo rival, el autor inserta una poesía o un himno en medio de la argumentación (1,15-20). El texto funciona como bisagra para pasar de las palabras iniciales a la intención del orador, para que la audiencia se mantenga en la fe tal como la ha aprendido.

El himno (1,15-20) está compuesto por dos estrofas o momentos encabezados por la palabra "primogénito". Como señala la mayoría de los especialistas, se trata de un himno, con presupuestos formales evidentes: un cierto ritmo, una representación completa de Cristo que va más allá del contexto de la carta, el inicio habitual con el pronombre relativo, los paralelismos y hemistiquios.

En la estrofa A, se presenta a Jesús como Primogénito de la creación, y se explica esto mediante un "porque". Luego, se procede a indicar qué significa esto, y se destacan los ámbitos de su primogenitura. En la estrofa B se presenta a Jesús como primogénito de los muertos, y se explica mediante un "para que", con lo cual se indica su primogenitura sobre todo. Como voz paralela, se continúa la referencia a él.

La estructura del himno refleja una relación estrecha entre Cristo y todo el *Cósmos*, el cual ha sido creado por medio de él (incluso los demonios hacen parte de él). Y al final, todo será reconciliado en él (al parecer, incluso también los demonios). Como estrategia retórica, este himno es insertado en medio de la carta para mostrar a la iglesia está segura porque hace parte de Cristo, que todos los misterios han sido develados o serán develados en Cristo, y que en la doctrina de la escuela paulina hay una concepción filosófica superior a la de los predicadores rivales al autor.

En el himno, aparecen palabras muy valiosas, que permiten ver el diálogo con el entorno filosófico griego y con las corrientes gnósticas: τὰ πάντα (todas las cosas), πρωτότοκος (primogénito), πλήρωμα (plenitud), ἀποκαταλλάσσω (reconciliar).

El autor se preocupa por darle a Cristo la primacía en Todo (τὰ πάντα), y si hay una reconciliación del universo, sólo se puede dar en Cristo. Si bien el autor de la carta se interesa por la armonía del mundo realizada en Cristo, también enfatiza el sometimiento de todos los otros poderes, visibles e invisibles.

El himno tiene un lugar estratégico en la construcción retórica de la carta. Es la puerta de entrada para discutir el problema central. Este consiste en que el orador percibe que los colosenses se han apartado de la tradición paulina, y por ello los llama a volver de nuevo a esta fe (1,21-23).

Para el orador, las "majestades, señoríos, autoridades y potestades" (1,16b BNP) no se pueden constituir en quienes rigen el universo, sino que se debe mantener a Cristo como el Señor y dominador de todas las cosas, incluso de estos seres espirituales (2,8). La expresión "pero ahora" (νυνὶ δὲ 1,22) funciona como partícula adversativa para anteponer las creencias en los seres espirituales a la doctrina de la supremacía de Cristo sobre todas las cosas. Y se pasa por tanto al requerimiento: "que se mantengan firmes y bien fundamentados en la fe, sin abandonar la esperanza que conocieron por la Buena Noticia, proclamada a todas las criaturas que están bajo el cielo y de la cual, yo, Pablo, fui constituido ministro" (1,23b BNP).

Desde el punto de vista del auditorio, la carta a los Colosenses constituye un argumento complejo. Por un lado, es convincente, ya que enlaza la concepción de reconciliación greco-romana, psíquica, política y cósmica en el Uno-Todo con el Dios-Unificante. Va más allá de Pablo, en su concepción aún judía, de un Dios separado del mundo que reconcilia a un grupo de seres humanos que se han adherido mediante la fe. Para este orador, todas las cosas están reconciliadas en Cristo, y a la vez están vencidas ante sus pies. Esta es una imagen de las guerras antiguas, en las cuales los enemigos que eran vencidos por un rey, eran a la vez reconciliados con él, pues con la victoria se acababa la guerra. Lo que es reconciliado es nombrado como τὰ πάντα (todas las cosas), es decir, lo que está en la tierra (lo conocido) y en el cielo (los seres espirituales tanto buenos como malos, y los seres intermedios). Por ello, se puede decir que en Cristo reside toda la plenitud, y esto es un argumento muy atractivo para la audiencia, ya que el ingreso a esta plenitud se da a través de la gracia.

Sin embargo, no deja de ser escandaloso para una mente greco-romana el hecho de que todo esto se haya llevado a cabo mediante la obra de un ser humano, carpintero en Nazaret, y luego crucificado como un rebelde en Jerusalén. De allí que los estoicos y los epicúreos dijeran en tono irónico a Pablo en Hechos 17: "Ya te oiremos acerca de esto otra vez" (Hch 17,32 RV95).

Para el mundo filosófico greco-romano, el Uno-Unificante es principio del *Cósmos*, y no tiene más cuerpo que el universo entero. Reducir toda su plenitud a una persona resulta algo escandaloso para el mundo helenístico. Por ello, se puede decir que el orador intenta ir más allá del judaísmo paulino para encontrarse con la filosofía helenística, pero no deja de cargar el peso del monoteísmo radical que impregna la Biblia, ahora centrado en la mediación de Jesucristo.

3. La Gnosis y el Nuevo Testamento

La Gnosis era una atmósfera religiosa, un conjunto de saberes, que impregnaba a ciertos sectores del judaísmo y del cristianismo, y que consistía en el conocimiento de misterios divinos revelados a una élite para encontrar la salvación.

Si bien, la Gnosis se desarrolló a profundidad a partir del siglo II, algunas de sus incipientes ideas y su lenguaje empiezan a aparecer en la época del NT, ya sea para combatirlo, o para emplear sus conceptos en la interpretación de Jesucristo y la fe cristiana.

Según Piñero (2006), la Gnosis recoge diversos motivos religiosos, procedentes de distintos lugares, y se configuran en esa amalgama del mundo helenístico oriental. Tiene su cuna en el judaísmo helenístico, en su encuentro con la filosofía platónica popularizada, y hallará su caldo de cultivo en el cristianismo, particularmente a entre los siglos II al IV d.C.

Recientemente, fue descubierta una biblioteca que perteneció a diversas comunidades gnósticas, en Nag Hammadi, junto a la ribera del Nilo, en Egipto. Los textos estuvieron ocultos por más de 1.600 años, y fueron descubiertos en 1945 por dos beduinos. Se trata de alrededor de unos 50 textos, que recopilan diversos evangelios, tratados de sabiduría, y comentarios de algunas obras filosóficas. En ellos, se puede ver también la influencia que tuvo el cristianismo sobre este tipo de creencias. Y también permiten observar el empleo de ciertas palabras y términos que ya se aplicaban en el NT para discutir o dialogar con esta corriente de pensamiento.

Lo que busca la gnosis es suscitar y fortalecer una conciencia espiritual que trascienda los discursos de las religiones –especialmente judía y cristiana-, y ubique a sus creyentes dentro de una élite espiritual, conectados con Dios de una manera selecta.

La gnosis nace de la angustia inherente a la condición humana y pertenece al esfuerzo común y básico de muchos movimientos espirituales idealistas. Representa una sensibilidad metafísica esencial y es en el fondo un intento de comprensión de las relaciones hombre-divinidad. En general, el deseo de ese "conocimiento" es como una nostalgia de los orígenes y procede del anhelo humano por alcanzar la unidad del conocer y del ser, del deseo de fusión del hombre como el Ser por antonomasia, del que cree proceder. En este sentido, la gnosis sería un comportamiento religioso elemental que traduce la sensación profunda y dolorosa que sienten muchos hombres y mujeres de la separación de dos polos, el divino y el humano, que se desearía que estuvieran unidos. Hay que precisar, sin embargo, que la unión mística mediante el éxtasis o actos semejantes no es normalmente el objeto de la gnosis antigua; tal unión sólo puede darse en el ámbito de lo divino, en el más allá, fuera de lo material (Piñero, Biblioteca de Nag Hammadi I, 2000 p. 39)

Colosenses y Efesios, textos de orientación déutero-paulina, reflejan un fuerte combate con estas ideas, a la vez que se asumen sus conceptos para tratar de combatir tales creencias en su propio campo. Debe decirse que toda asimilación del lenguaje de los demás asume y adopta también sus categorías, aunque sean transformadas:

- **Visión negativa de este mundo:** "El nos libró del poder de las tinieblas y nos trasladó al Reino del Hijo de su amor" (Col 1,13 RV-95).

- **Cristo despoja a los principados y potestades espirituales (Arcontes) de su poder:** "y vosotros alcanzáis la plenitud (πεπληρωμένοι) en él, que es la Cabeza de todo Principado (ἀρχῆς) y de toda Potestad (ἐξουσίας) (Col 2,10.15 RV-95).

- **Cristo asciende al cielo a través de las esferas planetarias:** "por encima de todo Principado, Potestad, Virtud, Dominación y de todo cuanto tiene nombre no sólo en este mundo sino también en el venidero" (Ef 1,21 BNP). "porque por él fue creado todo, en el cielo y en la tierra: lo visible y lo invisible, majestades, señoríos, autoridades y potestades" (Col 1,16 BNP).

- **Cristo como principio del universo, imagen de Dios, superior a todas las potencias divinas:** "Y, una vez despojados los Principados y las Potestades, los exhibió públicamente, incorporándolos a su cortejo triunfal" (Col 2,15 RV-95).

- **El conocimiento de Dios (γνῶσις) es un misterio revelado al líder espiritual:** "Por disposición de Dios he sido nombrado ministro de ella al servicio de ustedes, para dar cumplimiento al proyecto de Dios: al misterio (μυστήριον) escondido por siglos y generaciones y ahora revelado a sus consagrados" (Col 1,25-26 BNP). "Cómo me fue comunicado por una revelación el conocimiento del Misterio, tal como brevemente acabo de exponeros" (Ef 3,3 BNP).

- **Se necesita la verdadera revelación y sabiduría para conocer perfectamente salvador:** "Que Dios les haga conocer plenamente su voluntad y les dé con abundancia sabiduría y el sentido de las cosas espirituales" (Col 1,9b BNP). "Para que el Dios de nuestro Señor Jesucristo, el Padre de la gloria, os conceda espíritu de sabiduría y de revelación para conocerle perfectamente" (Ef 1,17 RV-95).

- **El hombre primordial, proveniente de la sabiduría, desciende desde la esfera celeste y vuelve a ascender:** "Subiendo a la altura, llevó cautivos y dio dones a los hombres. ¿Qué quiere decir «subió» sino que también bajó a las regiones inferiores de la tierra? Este que bajó es el mismo que subió por encima de todos los cielos, para llenarlo todo" (Ef 4,8-10 RV-95). "Él es el principio, el primogénito de los muertos, para ser en todo el primero" (Col 1,18 RV-95)

- **Unidad místico-espiritual entre el hombre perfecto y sus seguidores:** "hasta que lleguemos todos a la unidad de la fe y del conocimiento pleno del Hijo de Dios, al estado de hombre perfecto, a la madurez de la plenitud de Cristo… Cristo es Cabeza de la Iglesia, el salvador del Cuerpo" (Ef 4,13; 5,23b BNP). "Él es la cabeza del cuerpo, es decir, de la Iglesia " (Col 1,18a BNP).

En este sentido, se puede comprender la importancia del himno dentro de toda la argumentación en la carta a los Colosenses. El orador se vale de un himno que conecta, por un lado, las creencias paulinas, y, por el otro, el ambiente gnóstico en que vive la comunidad. Como señala Eduard Schweizer: "Para el hombre del siglo I d.C., tanto judío como cristiano, la naturaleza es un ser animado y está regida por ángeles o poderes. No se contempla como un simple objeto, sino que aparece –en cierto paralelismo con concepciones modernas- como 'poder' que reta, oprime y domina al hombre" (1987, p. 77). Es por ello que, al dialogar y discutir con las ideas proto-gnósticas, también comparte su universo de sentido y las asimila al emplear sus categorías.

4. Biblia y teología: La reconciliación de todas las cosas

La pregunta por la salvación final de las personas y el universo ha acompañado a la humanidad desde los albores de su existencia. ¿Qué pasará después de la muerte? ¿Qué pasará si se acaba nuestro planeta? ¿Se salvará sólo un grupo de elegidos, o la misericordia de Dios alcanza para más? Estas preguntas están relacionadas con una palabra que aparece en Colosenses: la reconciliación.

Aunque no proviene directamente del verbo, la palabra técnica empleada para hablar de la "reconciliación", *apokathistémi*, mantiene una estrecha relación con el texto de Colosenses. Esto se da especialmente en la historia de la interpretación del texto, donde confluyen diferentes concepciones.

Atestiguada desde Jenofonte, la palabra *apokathistémi* significaba originalmente restablecer a alguien, después de haber sufrido una pérdida, en la situación primigenia, y se puede comprender como una restauración.

Derivado del verbo, se halla el sustantivo más reciente *apokatástasis* con el significado fundamental de volver a colocar a alguien o a algo en una situación anterior a su desgracia, para que tenga una mejor vida o situación (Aristóteles, *Magna Moralia* 1204b, 36).

El pensamiento estoico se representaba el curso del mundo como una sucesión ininterrumpida de períodos cósmicos cíclicos, y la *apokatástasis* caracteriza el estadio final de una época, y a la vez el punto de partida de una nueva era. Para el neoplatonismo, la *apokatástasis* significa el ingreso repetido del alma (inmortal) en la vida (mortal), a fin de purificarse de este modo de la materia, volviendo a alcanzar su estado original.

En la versión griega de la Biblia (LXX), la predicación profética anuncia que Yahvé volverá a llevar a Israel desde la dispersión a su país (Jer 16, 15; 23, 8: 24, 6). Ezequiel establece un paralelo entre la restauración de Israel al final de los tiempos y sus comienzos (Ex 16, 55). Malaquías 4,6 (3,24) anuncia a Elías redivivo, como anuncio escatológico del inicio de una nueva era. En el AT, *apokathístémi* es en un concepto que encierra las esperanzas escatológicas (y en parte también mesiánicas) de Israel en lo que se refiere a la restauración de su estado originario.

El autor de Colosenses conecta el uso bíblico de la palabra con las expectativas culturales greco-romanas. Se vale del empalme entre dos palabras de la misma raíz, y las usa con el fin de mostrar a Cristo no sólo desde la perspectiva judía de Pablo, sino también en conexión con el estoicismo y el neoplatonismo. Por ello, Cristo es el reconciliador de todo el universo, primogénito de los vivos y los muertos.

En la historia de la interpretación de este texto (*Wirkungsgeschichte*), este término tuvo una fuerte influencia en la teología de Orígenes de Alejandría (Gilson, 1958). Para el teólogo egipcio, el mundo es eternamente producido en el ser de la Omnipotencia Divina, eterno en su duración y limitado en el espacio. Toda la creación es una manifestación del *Lógos*.

Según Orígenes, los seres espirituales y libres, cayeron antes de la creación del mundo; y el mundo tiene una historia debido a esa caída. Los humanos son seres incapaces de buscar a Dios, de hallarlo en su ser, y necesitan la ayuda de Dios mismo. Dios se manifiesta, y se le puede ver a través del *Lógos*, y en él se puede contemplar la imagen del Dios invisible (Col 1:15).

Para volver al encuentro con Dios Padre, las personas necesitan encontrarse con el *Lógos*, mediante una experiencia mística y mistérica, recordando la imagen de Dios (*Imago Dei*) a través de la purificación, ayudados por la gracia de Cristo, y participando de su conocimiento con un corazón puro. El *Lógos* divino se hace humano, se encarna, y llama a los que son carne, para que lo sigan en la carne, y de esta manera llevarlos a la visión celestial de sí mismo. Esta es la manera cómo los seres humanos pueden llegar a conocer a Dios y cómo pueden ser salvados por él.

Según Orígenes, la redención del universo se dará cuando los seres espirituales, que se apartaron del *Lógos*, vuelvan al mundo superior. El *Lógos* hecho hombre es el intercesor para lograr el retorno a Dios, ángel para los ángeles, hombre para los hombres. La *Apocatástasis* será entonces una salvación universal: "vendrá tiempo en que el Lógos dominará sobre toda la naturaleza racional, y transformará todas las almas en su propia perfección" (Orígenes *Contra Celso*, VIII, 72). Los espíritus volverán otra vez a ser espíritus puros, y de nuevo habrá libre albedrío, y podrá volver a ocurrir sucesivamente lo mismo. Pero habrá un progreso de mundo en mundo, hasta que al final el mal será eliminado definitivamente. Así "Dios será todo en todo", se redimirán los malos espíritus (hombres, ángeles y demonios), y el mal desaparecerá totalmente.

Esta es una pregunta que también nos afecta en el siglo XXI. Para ello, es importante reflexionar en el significado de la muerte de Jesús: ¿Es ésta un sacrificio expiatorio? ¿Es el acto de un Dios justiciero que clama venganza, y que decide matar a su propio hijo para satisfacer su ira? La vida, muerte y resurrección de Jesús deben ser comprendidas como acciones de parte de Dios para aceptar a todas las personas y liberarlas de la culpa y de la injusticia. Se trata de la solidaridad de un Dios que muere y resucita con la humanidad, para vencer la muerte y guiar a la humanidad hacia una vida plena.

La interpretación de la muerte de Jesús como expiación (Rom 3, 25; Heb 2,17) quiere expresar que la muerte única de Jesús se ha transformado en el último y definitivo, es decir, escatológico «día de la expiación» (Lv 16), mediante el cual Dios, inclinándose gratuitamente hacia los hombres, ha otorgado de una vez por todas expiación por sus pecados. Por tanto, que la expiación se realiza por la muerte de Jesús quiere decir que Dios ha roto la conexión entre culpa y desgracia (cuya inexorabilidad habían descrito de modo impresionante Sófocles y Shakespeare en sus tragedias) y ha creado la posibilidad de superar la culpa por medio del perdón. Esto significa que el hombre culpable ya no ha de dejarse atenazar por sentimientos angustiosos y atormentadores de culpa, sino que debe saber que, por la muerte de Jesús, esta ha sido perdonada y él ha sido liberado. El que hace válido en sí mismo el sacrificio expiatorio de Jesús ya no necesita escoger otras cosas, el mundo, los hombres o a sí mismo, como «chivo expiatorio». Partiendo de este modo cristiano de entender las cosas, habría que someter a revisión la idea de expiación en todos los órdenes de la vida e incluso habría que llegar a afrontar críticamente la exigencia de la pena de muerte, que surge siempre después de un crimen alevoso (H.G. Link, en DTNT, p. 45).

La reconciliación tiene que ver con la acción libre de Dios, en su gratuidad, de acercarse no sólo al ser humano sino también a la Creación, y convertir a sus enemigos en sus amigos. Es una acción a la cual se responde con la misma actitud reconciliadora. Se trata de un acto de amor, y no de venganza, de un Dios que se manifiesta como el mover de la gracia en medio del universo.

> La Justicia (justificación) consiste en que Dios declara que Él toma partido por nosotros, y que nosotros le pertenecemos. Declara que nosotros, sus enemigos, somos sus hijos amados. Declara su propósito de hacer valer su derecho llevando a cabo la más amplia renovación del cielo y la tierra... La gracia es el hecho inconcebible de que Dios se complace en un hombre (o una mujer) y de que un hombre (y una mujer) pueden alegrarse en Dios a pesar de sus pecados. Significa que Dios perdona al hombre (y a la mujer) por sus pecados porque los ama (Barth, 2000).

Por otra parte, es importante pensar en la propuesta de Orígenes sobre reconciliación universal al fin de todas las cosas. Si bien es cierto que sus categorías son profundamente neoplatónicas, y muy diferentes a como pensamos en la actualidad, esta perspectiva no está excluida en el NT, y mucho menos en el AT. No podemos saber qué pasará al fin de los tiempos: "el día y la hora nadie los sabe" (Mt 24, 36). Sin embargo, lo que sí podemos hacer es vivir como una comunidad escatológica, que toma las esperanzas bíblicas en el futuro como un modelo para construir el presente. Podemos esforzarnos por el inicio de una reconciliación universal dentro de la praxis de la iglesia, las religiones y el mundo. No para unificarnos y convertirnos en una masa que porta una sola creencia, sino todo lo contrario, para aprender a convivir en este mundo diverso, y aprender a disfrutar de la pluralidad de las manifestaciones divinas en medio de la creación.

5. Los códigos domésticos

Las mujeres deben respetar a los maridos como al Señor; porque el marido es cabeza de la mujer como Cristo es cabeza y salvador de la Iglesia, que es su cuerpo... Hijos, obedezcan a sus padres [en atención al Señor], porque esto es lo justo... Esclavos, obedezcan a sus amos corporales, escrupulosa y sinceramente, como si sirvieran a Cristo...

(Ef 5,22-6,9 BNP)

En el mundo greco-romano del siglo I, la sociedad funcionaba en torno a la casa patriarcal. Se creía que la familia era la base de la sociedad, y por ello se hizo fácil para los gobiernos tomar el lugar del padre en sus funciones, y demandar fidelidad como la que hay entre padres e hijos. El gobierno imponía su voluntad que se convertía en ley para todas las personas. Los códigos familiares eran comprendidos como leyes con respaldo divino; eran justificaciones culturales para gobernar, y en muchos casos también para dominar y maltratar a ciertos grupos de personas en nombre de los dioses y de la Ciudad (*Polis* o *Civitas*). Esta práctica se perpetuó en el mundo romano "cristianizado", desde el siglo IV hasta la actualidad, donde se legitimaron instituciones como la esclavitud, se fomentó la cultura patriarcal, y se hizo de muchas iglesias un sistema que da continuidad a los valores del mundo greco-romano.

Los códigos familiares provienen del mundo greco-romano. Ya Aristóteles en su *Política* señala que las relaciones familiares son equivalentes de las relaciones estatales, y se dan entre quien gobierna y quien es gobernado: maridos-mujeres, padres-hijos, amos-esclavos. Este orden se debe mantener para que la sociedad funcione perfectamente. Desde allí viene la idea de que la familia es el núcleo de la sociedad, pues si el orden patriarcal se mantiene en casa, también se podrán controlar las relaciones a nivel macro.

Los autores posteriores a Pablo, en reclamo de autoridad, y con deseos de que las iglesias se vieran "bien" ante los ciudadanos del imperio, invitaron a su audiencia a obedecer los códigos domésticos. En la época, esto no era nada nuevo ni escandaloso, sino lo que se esperaría de todo ciudadano "respetable", que mostrara un comportamiento piadoso en cuanto a religión y ciudadanía.

Los textos bíblicos de Colosenses 3,18-4,1 y Ef 5,21-6,9 reflejan el deseo de las comunidades cristianas posteriores de adecuarse a la "Piedad" (*Eusebeia*) greco-romana, reflejando un comportamiento conforme a los valores de la cultura. Así, se presenta un giro significativo en las relaciones familiares y de género dentro de las comunidades cristianas, pasando de Jesús a Pablo, y posteriormente de Pablo a las cartas post-paulinas. Como señala Margaret MacDonald: "El hecho de que las exhortaciones tomen forma de afirmaciones normativas indica que la posición ética del movimiento paulino se ha hecho más conservador" (MacDonald, 1994, p. 160).

La mujer en Roma.
Entre diosa, ama y servidora.
Museo de Louvre

*Las partes de la administración doméstica co-
rresponden a aquellas de que consta a su vez
la casa, y la casa perfecta consta de esclavos
y libres. Ahora bien, como todo se debe exami-
nar por lo pronto en sus menores elementos, y
las partes primeras y mínimas de la casa son
el amo y el esclavo, el marido y la mujer, el padre y los hijos, habrá que considerar respecto
de estas tres relaciones qué es cómo debe ser
cada una, a saber, la heril, la conyugal, y la
procreadora* (Aristóteles. Política I, 3).

La Escuela Trito-Paulina: 1 y 2 Timoteo y Tito

Las tres cartas llamadas *pastorales* son también conocidas como *trito-paulinas*, ya que son producto de la tercera generación del *corpus paulino*, escritas después de la generación de Colosenses y Efesios. Son pastorales, porque dan instrucciones a los líderes o pastores de las comunidades, para orientar las iglesias en relación con su entorno. La característica central de estas cartas es el concepto de *iglesia* y de *enseñanza*, centradas en la doctrina y la iglesia como institución y baluarte de la verdad. Insisten bastante en la piedad (*Eusebeia*), y en las buenas relaciones con la sociedad romana.

El origen pseudoepigráfico, aunque mínimamente debatido, es muy probable. La lengua y el estilo mantienen cierta unidad entre las tres cartas, pero mucha diferencia con el resto del *corpus* paulino. La teología es diferente a la de Pablo, pues aquí se presenta a Cristo como epifanía de Dios (ἐπιφάνεια, 2 Ti 2,8) y salvador (σωτήρ, 1 Ti 4,10), términos que no están en Pablo, y reflejan un lenguaje helenista sobre los dioses. Pablo aparece presentado como "heraldo, apóstol y maestro" (2 Ti 1,11 BJ), reflejando un momento en que Pablo ya empieza a hacer parte de la predicación y no es simplemente un predicador.

Los destinatarios son también figuras literarias, como el *Lucilio* de Séneca, receptor de sus *Cartas*, construido literariamente para elaborar una serie de discursos sobre el sentido de la vida. Timoteo, que es presentado en las cartas de Pablo y en Hechos como un predicador itinerante (Hch 18,5), ahora aparece como un pastor local. Lo mismo sucede con Tito, el compañero griego de la misión de Pablo (Gal 2,3).

Las cartas pastorales fueron escritas entre el tiempo que transcurrió entre la carta de Clemente (96) y las de Ignacio (113). Era una época de crisis interna en las iglesias paulinas, había luchas por sucesión ante la muerte de líderes importantes, y los nuevos líderes trataban de definir lo que debía ser la "verdadera enseñanza", mientras que otros líderes pensaban de manera diferente.

1 Timoteo y Tito pertenecen al género literario de literatura de exhortación. Su objetivo es transmitir el saber-hacer, tal como lo hizo el ya mencionado Séneca en sus *Cartas a Lucilio*, y también Aristóteles en su *Ética a Nicómaco*. Se sirven de los clásicos códigos de virtudes y deberes, y de los catálogos de vicios, para invita reflexionar sobre lo conveniente o no conveniente en torno a la *piedad* (εὐσέβεια), es decir, en torno la manera común de ser religiosos dentro del ambiente greco-romano.

Cartas a Lucilio (Séneca)

Séneca (4 a.C.–65 d.C.) es un filósofo estoico, contemporáneo de Pablo. Inicialmente activo en la vida política romana, decidió autoexiliarse debido a los hostigamientos del emperador Nerón, y se dedicó a escribir importantes tratados filosóficos, como las Cartas a Lucilio.

Cosa excelente y muy útil para ti, si, como me escribes, perseveras en el camino de la virtud; y necio sería pedir lo que por ti mismo puedes obtener. No es necesario alzar las manos al cielo ni rogar al guardián que nos deje acercarnos al ídolo para hablarle al oído; Dios está cerca de ti, contigo, dentro de ti mismo. Sí, Lucilio, dentro de nosotros reside un espíritu sagrado, observador, y guardador del bien y del mal que hacemos y que nos trata según le hemos tratado. Sin Dios ningún varón es justo. ¿Puede alguien, sin el socorro de Dios, hacerse superior al poder de la fortuna? Da consejos saludables y levantados. Un Dios habita sin duda en cada persona, pero, ¿quién es este Dios? Nadie puede decirlo. (Epistulae ad Lucilium XLI, En: Leipoldt y Grundman, 1975, p. 336).

Ética a Nicómaco, Aristóteles

Dentro de la gran cantidad de obras que escribió, el filósofo estagirita Aristóteles (384-322 a.C.), discípulo de Platón y maestro de Alejandro Magno, dedicó mucha importancia a la filosofía práctica. En la Ética Nicomaquea hace una exhortación a vivir bien, para el bien propio y el de la polis.

La felicidad es un ejercicio del alma conforme a la virtud perfecta, entonces habremos de tratar de la virtud, porque de esta manera consideraremos mejor lo de la felicidad. Y el que de veras trata la disciplina y materia de la república, parece que se ha de ejercitar en esta consideración y disputa, porque pretende hacer a los ciudadanos buenos y obedientes a las leyes, en lo cual tenemos por ejemplo y muestra a los legisladores de los Candiotas o Cretenses y a los de los Lacedemonios, y si otros ha habido de la misma suerte. Y si esta consideración es ajena a disciplina de república, manifiesta cosa es que esta disputa es conforme al propósito que tomamos al principio. Y hemos de tratar de la virtud humana, pues buscamos el sumo bien humano y la felicidad humana. Y llamamos virtud humana, no a la del cuerpo, sino a la del alma, y decimos que la felicidad es ejercicio del alma (Aristóteles, Ética, XIII).

2 Timoteo está escrita a manera de testamento o discurso de despedida. Se usa en la literatura antigua para narrar o recoger la última voluntad de una persona que va a morir, particularmente una persona de gran importancia dentro de la comunidad. Esta persona, transmite a sus hijos o a sus discípulos, por escrito, la herencia que les deja en ejemplos y enseñanzas. El testador se presenta como un modelo a imitar, ante la amenaza de los malos ejemplos. Aparece, por ejemplo en el *Fedón* de Platón, en la última conversación que se mantiene con Sócrates, antes de que éste beba la cicuta.

Fedón, Platón

En su diálogo titulado Fedón, Platón usa al personaje de su maestro, Sócrates, hablando en forma de testamento, sobre el sentido de la vida, la muerte y el alma. Esto lo hace unas horas antes de morir, condenado por los jueces griegos a que beba la cicuta. Platón utilizando la figura de su maestro para exponer su propia doctrina sobre el tema.

Trataré de hacer mi apología ante vosotros más persuasivamente que ante los jueces. En efecto, yo, Simmias y Cebes, si no creyera que voy a presentarme, en primer lugar, ante otros dioses sabios y buenos, y, luego, ante personas ya fallecidas mejores que las de acá, cometería una injusticia no irritándome de mi muerte. Pero sabed bien ahora que espero llegar junto a hombres buenos, y eso no lo aseguraría del todo; pero que llegaré junto a los dioses, amos muy excelentes, sabed bien que yo lo afirmaría por encima de cualquier otra cosa. De modo que por eso no me irrito en tal manera, sino que estoy bien esperanzado de que hay algo para los muertos y que es, como se dice desde antiguo, mucho mejor para los buenos que para los malos...

...Ahora ya quiero daros a vosotros, mis jueces, la razón de por qué me resulta lógico que un hombre que de verdad ha dedicado su vida a la filosofía en trance de morir tenga valor y esté bien esperanzado de que allá va a obtener los mayores bienes, una vez que muera. Cómo, pues, es esto así, Simmias y Cebes, yo intentaré explicároslo. Porque corren el riesgo cuantos rectamente se dedican a la filosofía de que les pase inadvertido a los demás que ellos no se cuidan de ninguna otra cosa, sino de morir y de estar muertos. Así que, si eso es verdad, sin duda resultaría absurdo empeñarse durante toda la vida en nada más que eso, y, llegando el momento, que se irritaran de lo que desde mucho antes pretendían y se ocupaban.

(Platón, Fedón 63c . 64a)

1. Texto bíblico: Las pastorales y las luchas de poder dentro de las comunidades (1 Ti 2,9-15)

La mujer debe escuchar la instrucción en silencio con toda sumisión. No acepto que la mujer dé lecciones ni órdenes al varón. Quiero que permanezca callada, porque Adán fue creado primero y Eva después. Adán no fue engañado, la mujer fue seducida y cometió la trasgresión. Pero se salvará por la maternidad, si mantiene con modestia la fe, el amor y la santidad (1 Ti 2,11-14 BNP)

Este texto bíblico, es el reflejo de un momento en el siglo I, en el cual la iglesia acepta como parte de su ética los códigos domésticos grecoromanos. Se trata de un pasaje duro y contundente, con pocas vías para interpretarlo de una manera que haga justicia a la labor que realizan muchas mujeres en diversas iglesias, no mediante la maternidad y el silencio, sino en la participación activa en la enseñanza, discipulado, administración de la iglesia y el uso de dones sobrenaturales para comunicar el mensaje del evangelio. Es por ello, que este texto necesita una mirada detenida y cuidadosa.

En su obra *Luchas de Poder en los orígenes del cristianismo,* Elsa Tamez presenta un estudio socio-retórico de 1 Timoteo. Allí, la autora saca a relucir los problemas que se evidencian en el texto:

- La condición social de las mujeres mencionadas, las cuales son ricas, deducido por su vestimenta: "no con peinados rebuscados, con oro y perlas, con vestidos lujosos" (2,9b BNP)

- La condición de género femenino propiamente, al cual se atribuye cierto comportamiento sobre los códigos domésticos patriarcales de la época, como guardar silencio sumisamente y no situarse por encima del varón: "La mujer debe escuchar la instrucción en silencio con toda sumisión" (2,11 BNP).

- El elemento de la maternidad como carácter salvífico: "Pero se salvará por la maternidad" (2,15a BNP).

El mensaje del texto permite ver hasta dónde la cultura patriarcal del imperio romano se extendió hasta la iglesia, llegando a establecerse un sistema religioso conocido como "Patriarcalismo de amor" (Theissen, 1979). Era usual que en las comunidades cristianas una persona rica ofreciera su casa para las celebraciones de fe, por lo que se les consideraba a estas personas un patrón o una patrona; y probablemente esta persona esperaba ser recompensada por los demás miembros, particularmente con honor y respeto. Esto reñía con los principios del evangelio de igualdad, y de allí surgían muchos conflictos.

Según Tamez, el término "familia", en la antigüedad, abarca no sólo las relaciones de parentesco, sino también las de dependencia y subordinación, donde caben los esclavos y los siervos, y hasta las esposas y los hijos como propiedad del *Pater Familias*. Sin embargo, en la realidad había muchas mujeres, viudas o divorciadas, que gobernaban sus propias casas y mantenían la misma estructura de poder, pero con ellas al mando.

1 Timoteo ve a las mujeres ricas como algo amenazante, ya que es probable que pretendieran dominar por su posición acomodada, estatus y poder frente a los demás miembros y frente a los líderes oficiales de la iglesia. Así, el autor de la carta pone un límite a estas mujeres, de que no sean ostentosas, pero a su vez infunde la ideología patriarcal, callándolas y condenando a las mujeres posteriores a tal condición de silencio.

En algunos casos, la solución fue efectiva, pero en otros casos, el remedio fue más doloroso que la enfermedad:

- Al enfrentar la presencia de otras enseñanzas, el autor de 1 Timoteo entremezcla "las buenas obras" de la cultura greco-romana con el mandamiento del amor, y la formas de *piedad religiosa* del mundo pagano con la praxis liberadora de Jesús de Nazaret.

- Al enfrentar la presencia de personas ricas, la respuesta del autor de la carta es ambigua. Pues para rescatar el valor de la igualdad en la comunidad, se vale del valor de la desigualdad de la sociedad imperial greco-romana, y termina legitimando la autoridad del presbítero como si este fuera un *pater familias*. Se pone de parte del patriarcalismo romano y del autoritarismo jerárquico para que los ricos no le quiten el puesto al líder de la comunidad.

- Al enfrentar la participación de las mujeres, el autor de la carta pierde de vista la originalidad democrática del movimiento de Jesús y de las comunidades primitivas, en que no había diferencia entre hombres y mujeres, y ambos géneros podían participar de la comunidad libremente. De esta manera el autor entiende a la iglesia como *casa patriarcal* y con su mandato para callar a las mujeres ricas afecta a todas las mujeres en la historia del cristianismo posterior.

- Al enfrentar la opinión de la sociedad de greco-romana, el autor termina *legitimando* la esclavitud y los valores de tal sociedad, aplastando el mensaje original del evangelio de transformación y crítica profética a los sistemas de pecado.

En el NT hay diversidad de opciones e interpretaciones de lo que son Cristo y la iglesia. Por lo tanto, el texto de 1 Timoteo no es la única dirección para decidir la participación y actividad de las mujeres dentro de las comunidades. Pablo, por ejemplo, establece otro carácter dentro de sus cartas auténticas: "Ya no se distinguen judío y griego, esclavo y libre, hombre y mujer, porque todos ustedes son uno con Cristo Jesús" (Gal 3,28 BNP).

La carta de Santiago critica a los ricos de su época, valora la solidaridad con los pobres y no propone la casa patriarcal como modelo a seguir; opta por una justicia como verdadera adoración de Dios y una comunidad profética que se oponga a los valores del anti-reino. Marcos, Santiago y Apocalipsis presentan ejemplos de resistencia ante el mundo hasta el punto de no comprometerse en lo absoluto con él. Lucas-Hechos rescata el valor de la mujer y de los pequeñitos, en un contexto donde hay conflictos con los ricos de la comunidad. Todo esto se conserva dentro de la memoria del movimiento de Jesús, un movimiento rebelde y transformador que se opone a los valores del imperio romano.

2. Del Movimiento mesiánico de Jesús al "Patriarcalismo de amor"

Después de los años 30, ese movimiento rural, de carismáticos itinerantes, pescadores y campesinos palestinos comienza a extenderse por aldeas cada vez más grandes, y finalmente se radica en las urbes romanas. En las grandes ciudades, el cristianismo toma una forma diferente, y se establece un tipo de relación eclesial muy distinta a la que se vivió en el Movimiento mesiánico de Jesús en el norte Palestina, las aldeas del entorno, y la ciudad de Jerusalén.

En las cartas del NT se observa un auditorio de comunidades urbanas helenísticas, a las cuales corresponde la estructura de un "patriarcalismo de amor" (Theissen, 1979). Las posturas radicales y rebeldes del Movimiento de Jesús son matizadas, y las iglesias se comienzan a estructurar en torno a la casa patriarcal greco-romana. Ya no se practica la ética de los radicales itinerantes, y más bien se *domestican* un poco los dichos de Jesús. En la piedad cristiana del patriarcalismo de amor, el Cristo cósmico ocupa el lugar del revolucionario hijo del hombre.

Pero también el cristianismo evolucionó hacia otras expresiones, como se ha indicado. Entre ellas se cuenta la Gnosis, donde en vez de continuar un radicalismo de acción se convierte en un radicalismo de conocimiento. Ejemplo de ello es el Evangelio de Tomás, donde se retoma una colección de los dichos de Jesús, interpretados todos a la luz la experiencia intelectual, helenista y con pocas prácticas.

Al final del siglo I, las comunidades cristianas se van perfilando hacia lo que se llamará La Gran Iglesia, que será el germen del catolicismo de los primeros siglos, y culminarán en la unión relativamente ecuménica de los diferentes textos del NT, interpretándolos desde una postura armonizante entre sí. Otras comunidades tomarán caminos distintos, separándose de las voces oficiales, y viajando muy lejos, gracias también a la diversidad que proponen las teologías que hay dentro del NT. Estas comunidades entrarán en conflicto con La Gran Iglesia, y al final irán desapareciendo y generando otros movimientos a lo largo de la historia. La historia conoce a estos movimientos como las "grandes herejías", pero cabe preguntarse hasta dónde la Gran Iglesia, de la cual somos herederos, no ha transformado el mensaje radical de Jesús para acomodarse a las ventajas sociales y políticas que le fue ofreciendo el mundo romano.

3. Documento: estatutos del Colegio de los hijos de Baco

Un documento del 178 d.C. refleja las normas de una comunidad mistérica en Atenas, que está pasando de experiencias extáticas y pneumáticas a una organización que pretende legitimarse en una tradición. Un movimiento que inicialmente tenía que ver con la celebración mistérica de la embriaguez y la sexualidad, ahora se ve regulado por una serie de normas económicas y jerárquicas que lo acercan a los valores patriarcales del imperio romano.

Esto refleja que los *Collegia* de la antigüedad estaban regidos por sus propias normas éticas, y que sus propios procesos internos iban evolucionando, unas veces para acercarse más a la sociedad civil, y otras veces para alejarse de ella, como también sucede con diferentes comunidades en el NT, y se hace evidente en las Cartas Pastorales (recuadro en pág. siguiente):

Que nadie pueda ser *iobakchos* (hijo de Baco) si no ha sido inscrito primero en el registro ordinario ante el sacerdote y no ha sido sometido a la aprobación por voto de los *iobakchoi*, para ver si se muestra merecedor y apto para el servicio de Baco. La cuota de entrada será, para quien no procede de padre ya miembro, de 50 denarios y una libación. Igualmente, los hijos de padre miembro serán inscritos con 25 denarios, es decir, la mitad de la cuota, hasta que estén en edad de casarse. Los *iobakchoi*, se reunirán el día noveno de cada mes, así como los aniversarios de la fundación y durante las fiestas de Baco, o en cualquier otra festividad ocasional del dios. Cada uno, tanto si habla como si hace algo o desempeña alguna función honorífica, lo hará pagando la cuota mensual fijada para el vino...

A nadie le estará permitido durante la asamblea ni cantar, ni alborotar, ni aplaudir, sino que habrá de decir y hacer la parte que le corresponda con el orden y el comedimiento debido, según se lo indique el sacerdote o el *archibaco*. A ningún *iobakchos* que no haya aportado su cuota le será permitido entrar los días novenos y las fiestas de aniversario en la asamblea hasta que decidan en su respecto los sacerdotes si ha de pagar su cuota o entrar en las reuniones. O si alguien comienza una pelea, o se le sorprende alterando el orden o penetrando en la cabaña de otro, agraviando o insultando a alguien, el insultado o agraviado habrá de presentar dos testigos bajo juramento de ente los *iobakchoi* que oyeron el agravio o el insulto. Y quien cometió el agravio o el insulto pagará a la comunidad 25 dracmas de plata; asimismo, quien fuera el causante de la pelea deberá pagar las mismas 25 dracmas, so pena de no reunirse con los *iobakchoi* hasta que las entregue. Y si alguno llegare hasta los golpes, el golpeado habrá de inscribirse ante el sacerdote o el sustituto del sacerdote; este convocará necesariamente una asamblea y los *iobakchoi* decidirán por votación bajo la presidencia del sacerdote... (Estatutos de los *iobakchoi* atenienses. (En: Leipoldt y Grundmann, 1973, p. 92).

Hebreos y cartas católicas

Todos los grupos sociales establecen su identidad con respecto a dos aspectos: (a) la identidad interna (¿Quiénes somos?) y (b) la identidad externa (¿Cómo nos ven los de fuera? ¿Cómo vemos a los de fuera? ¿En qué nos diferenciamos de ellos?).

Los judíos tenían clara esta identidad: creían en un Dios único, practicaban sus propias fiestas, guardaban el sábado, los varones se circuncidaban, tenían reglamentaciones alimentarias, y en general buscaban obedecer la Torah. Para muchos cristianos que venían del judaísmo, esta identidad permanecía, sólo que ahora aceptaban que Jesús era el Mesías de Israel. Pero, ¿qué hacer con aquellos que venían del mundo gentil, y ahora eran cristianos? ¿Cuál era su identidad respecto al grupo cristiano en el que ahora se movían, y respecto al mundo exterior no-cristiano?

Christus Rex, siglo XV (Moscú)

Estos grupos, algunos con tendencias judías y otros con tendencias helenistas, debían mostrar cómo su religión estaba enraizada en una historia ancestral, la historia de Israel. Y, a la vez, debían demostrar en qué se diferenciaban de los demás judíos. Frente a la pregunta ¿Quiénes somos? Se elevaron diferentes respuestas, como hemos visto en Mateo o en Lucas-Hechos. Las cartas católicas presentan otras opciones de establecer esa identidad.

Al hablarse de *cartas católicas* puede haber confusión para el lector o la lectora, al equiparar el concepto de "católicas" al desarrollo que fue tomando la Gran Iglesia a lo largo del siglo II hasta culminar en la Iglesia Católica Romana a lo largo del imperio a partir del siglo IV. El término católicas señala la universalidad de las cartas (*kath-holon*= "según el todo"). Al dárseles este nombre, se pensaba que las cartas estaban dirigidas no solamente a comunidades locales, sino que eran textos abiertos para ser leídos en cualquier iglesia y tiempo.

Sin embargo, la investigación actual ha demostrado que estas *cartas católicas* no son tan generales, ni tan universales, estrictamente hablando. 1-2-3 de Juan están escritas dentro de una comunidad específica, para resolver problemas específicos. Lo mismo puede decirse de 1-2 Pedro, Hebreos, Santiago y Judas, que enfrentan problemas contextuales a los cuales buscan dar respuesta. Sin embargo, pueden ser cartas que se roten entre unas iglesias y otras, como ya estaba sucediendo con las cartas de Pablo a finales del siglo I.

1. Hebreos

La ley es sombra de los bienes futuros,
no su presencia verdadera. (Heb 10,1 BNP)

La carta a los hebreos ha sido elaborada como un sermón o una homilía. Fue compuesta para ser escuchada, como la mayoría de escritos en la antigüedad. Se trata de un argumentación en secuencias temáticas, con una primera parte doctrinal, soteriológica y cristológica (1,5-10.,18); y una segunda parte parenética (10,19-13,21).La autoría, la fecha y los destinatarios son discutibles entre los especialistas.

Se ubica entre las cartas católicas, por no tener destinatarios concretos mencionados explícitamente, pero en la Edad Media se catalogaba entre las cartas paulinas. La carta fue incluida en el Canon, porque se pensaba que era de la autoría de Pablo; pero ya en el siglo II Orígenes de Alejandría dudaba de que fuera del apóstol, por su estilo poco paulino. A esto se suma la ausencia de los grandes temas de Pablo y su escuela, como la cruz, la justicia, la gracia y la libertad. La liturgia es ajena a la teología de Pablo, pues aquí se presenta a Jesús como sacerdote y se hace mucho énfasis en su muerte sacrificial, mencionando incluso a Melquisedec como prototipo de la obra de Cristo. La forma de usar e interpretar el AT no tiene paralelo en todo el NT.

A lo largo de la historia se han propuesto diferentes personas para su autoría. Tertuliano de Cartago propuso que se trataba de Bernabé. Lutero dijo que probablemente era Apolo. El historiador Adolf von Harnack señaló a Priscila como productora de la obra. Y también se han propuesto para su autoría a Silvano, Timoteo, y María la madre de Jesús. Esta diversidad de propuestas señala lo difícil de dar con la pluma de origen. Entre los especialistas se ha llegado al consenso de que se trata de un autor anónimo, fuertemente influenciado por la exégesis alegórica alejandrina, perteneciente a un grupo intelectual judeo-helenístico (Vouga, en: Marguerat, p. 334).

Los destinatarios también son difíciles de determinar. Pues se puede pensar en judeocristianos llamados a no volver al judaísmo, o en pagano-cristianos exhortados por un judeocristiano helenista para que no se conviertan a la religión israelita. Lo que queda claro es el llamado a no volver atrás (6,4-6; 10,26). Y también se hace evidente que los destinatarios no son cristianos que pertenecieran a la primera generación, a la de los apóstoles, como señala 2,3-4 (BNP): "¿Cómo nos libraremos nosotros si rechazamos semejante salvación? Fue anunciada primero por el Señor, nos lo confirmaron los que la habían escuchado y Dios añadió su testimonio con señales y portentos, con toda clase de milagros y dones del Espíritu repartidos según su voluntad" (cf. 10,32)

La fecha de composición también es discutida. Algunos piensan que la carta es anterior a la destrucción de Jerusalén (año 70), pues el autor parece insinuar que el culto judío todavía se desarrolla en el Templo (10,1-3). Otros apuntan a una fecha posterior, cuyo tope sería el año 95, año en que la carta es citada por Clemente. El margen de datación oscila entre 60-80 d.C., con un fuerte presupuesto en la muerte de los apóstoles.

Moisés, Rembrandt 1659

El tema central de la obra es la superioridad del cristianismo respecto al judaísmo, ya que éste es la sombra de aquel. Tal superioridad se manifiesta en la supremacía del Jesucristo como personaje arquetípico fundante del ser cristiano, por encima de Moisés, del sacerdocio, y del templo, es decir, de la institucionalidad judía. Como señala Ehrman (p. 355), la superioridad del cristianismo frente al judaísmo se manifiesta de esta manera:

- Cristo es superior a los profetas hebreos (1,1-3)
- Cristo es superior a los ángeles (1,4-11)
- Cristo es superior a Moisés (3,1-6)
- Cristo es superior a Josué (4,1-11)
- Cristo es superior al sacerdocio judío (4,14-5,10; 7,1-29)

- Cristo es superior al pacto mismo israelita (8,1-13)
- Cristo es superior al tabernáculo hebreo (9,1-28)
- Cristo hizo un sacrificio superior a los sacrificios israelitas (10,1-18)

2. Biblia y hermenéutica: Hebreos y la exégesis helenística

> *Tenemos un sumo sacerdote que tomó asiento en el cielo a la derecha del trono de Dios. Él es el ministro del santuario y de la verdadera morada, construida por el Señor y no por hombres... el culto que ellos ofician es una figura y sombra de las realidades celestiales, como dice el oráculo que recibió Moisés para fabricar la tienda: Atención, haz todo según el modelo que te mostraron en el monte* (Heb 8,1b-2.5 BJ).

Aunque se discute la ubicación del autor de la carta a los Hebreos en su momento de redacción, la influencia la exégesis alejandrina es indiscutible. Varios especialistas hacen ver éste influjo, particularmente en la manera en que Hebreos interpreta la Biblia. Esto da pie para identificar a la comunidad destinataria como un grupo judeo-cristiano helenístico. La exégesis alegórica que desarrolla es herencia de la interpretación filosófica de los mitos homéricos, por un lado, y del judaísmo helenístico que aplica a la Biblia este mismo procedimiento.

Ejemplo este influjo es la presentación de Jesús como sumo sacerdote. En ningún otro texto del NT se interpreta a Jesús bajo esta categoría. Para el autor, no importa que Jesús no haya pertenecido históricamente a la casta sacerdotal, y que en ninguno de sus dichos ni en los evangelios se haya identificado con este grupo. La influencia para esta interpretación proviene probablemente de Filón de Alejandría, para quien "el sumo sacerdote no es un hombre, sino el Lógos divino, engendrado por Dios y por la sabiduría" (Filón, *De fuga et inventione*, en: Marguerat, 2008, p. 108).

De la misma manera, Hebreos piensa que el templo de Jerusalén es una sombra del templo celestial, el verdadero, donde está el sacerdote celestial. Así, se conjuga la herencia platónica, en la que la realidad terrena es sombra de la realidad celeste -mas verdadera-, y la interpretación judeo-helenística alejandrina, donde las instituciones de la historia de Israel tienen una correspondencia con las realidades celestiales -más verdaderas-.

La ciudad de Alejandría fue un gran centro cultural y religioso en la época antigua (especialmente en los años 185-251 d.C.). Fue fundada en el 332 a.C. por el general macedonio Ptolomeo I Sóter en honor a Alejandro Magno, para ser la mejor ciudad portuaria del mundo antiguo y el gran centro cultural de la antigüedad.

La descripción física, religiosa y etnográfica de la ciudad dice mucho de ella. Entre sus templos se hallaba el *Serapeion*, dedicado a la deidad egipcia Serapis; el *Soma*, o mausoleo de Alejandro y la dinastía Ptolemaica; el *Poseidonium*, templo dedicado a Poseidón; el museo; el gran teatro y el *Emporium* o lonja. En el barrio nororiental habitaban los judíos, que en Alejandría tomaron contacto con las enseñanzas griegas, con legación de la gran herencia bíblica llamada la *Septuaginta* (LXX).

La comunidad cristiana en Alejandría se caracteriza por un diálogo fuerte y fructífero con el mundo filosófico griego. Etienne Gilson (1958) menciona la influencia de Filón incluso en la interpretación cristiana de la Biblia. También se refiere a la escuela de Panteno (+200 d.C.), un estoico converso al cristianismo, que aportó ideas filosóficas y teológicas en la obra de creyentes como Clemente y Orígenes. Fue en Alejandría donde el pensamiento griego influyó más profundamente sobre la mentalidad hebrea.

La escuela cristiana alejandrina se caracteriza por "la defensa de la fe con las armas de la razón" (Quasten, 1961). Su agenda, siguiendo al judío Filón y la carta a los Hebreos, fue defender la divinidad del *Lógos*. Estos teólogos prepararon el camino al estudio científico de la Biblia, y fue Orígenes quien emprendió la primera labor de crítica textual comparada de las Escrituras. La escuela de Alejandría era en la antigüedad el centro más antiguo de ciencias sagradas en la historia del cristianismo. Se desarrolló en un medio ambiente de investigación metafísica, filosofía platónica (especialmente en su vertiente neoplatónica), teología judía e interpretación alegórica de las Escrituras.

La alegoría va a ser el sello característico de la escuela alejandrina para la cristiandad. Esta interpretación tiene una múltiple e interdependiente procedencia. Tomada por Platón, Jenófanes, Pitágoras, Antístenes y los estoicos para interpretar los relatos míticos de Homero y Hesiodo. El judío Aristóbulo la usó para interpretar la Biblia. Y Filón decía encontrar la verdad auténtica de la Revelación divina en el sentido Alegórico.

La carta a los Hebreos le da un fundamento escriturístico a esta manera de proceder, viendo tipos, sombras y anunciaciones de las figuras celestes. Clemente usó esta hermenéutica, pero fue Orígenes quien la convirtió en sistema, y permitió llegar a las Escrituras desde múltiples perspectivas para dialogar con el mundo y para mantener firme la fe cristiana.

La interpretación alegórica, que en el cristianismo tiene su fundamento neotestamentario en la carta a los Hebreos, permitió a la escuela alejandrina adelantos inmensos para la exégesis y la teología. Puso la base para el diálogo con la filosofía griega y la cultura circundante. Y ayudó a enfrentar el problema teológico de cómo comprender el AT, levantado especialmente por los gnósticos y Marción, quienes aseguraban una incompatibilidad e inconsistencia del AT con el Nuevo, de Yahvé con el Dios-Padre de Jesucristo.

3. Santiago

> *Hermanos míos, ¿de qué le sirve a uno decir que tiene fe si no tiene obras? ¿Podrá salvarlo la fe? Supongan que un hermano o hermana andan medio desnudos, o sin el alimento necesario, y uno de ustedes le dice: vayan en paz, abríguense y coman todo lo que quieran; pero no les da lo que sus cuerpos necesitan, ¿de qué sirve? Lo mismo pasa con la fe que no va acompañada de obras, está muerta del todo* (Stg 2,14-17 BNP).

Los conflictos para las comunidades cristianas no sólo se dieron frente al mundo pagano y sus influencias religiosas o acusaciones políticas; ni meramente frente a la sinagoga y sus diferencias teológicas. También hubo conflictos entre varias comunidades cristianas, incluso en las luchas internas dentro de las iglesias.

No todos los cristianos del siglo I d.C. estaban de acuerdo en lo que los definía como cristianos: ¿la fe sin obras, o las obras de la fe? ¿La salvación por la gracia, o por las obras de misericordia? ¿La oración por las autoridades, o la llamada a huir de Babilonia-Roma? Pablo, por ejemplo, invirtió bastante tinta en combatir líneas teológicas que lo desacreditaban dentro de las iglesias, tales como los cristianos que apoyaban la circuncisión de los gentiles en Galacia, o los apóstoles que fundamentaban su predicación en palabras elocuentes en Corinto. Incluso, las comunidades que produjeron el Cuarto Evangelio alcanzaron su desaparición debido a luchas internas entre diferentes formas de interpretar el evangelio.

La carta de Santiago presenta una manera distinta de comprender el cristianismo. Por esto ha sido dejada de lado por grandes voces de la teología lo largo de la historia, como Lutero. Esto se debe, a que la carta señala una confrontación directa con la interpretación que algunos grupos hacían de la doctrina paulina de la justificación por la fe. Y, por lo tanto, parece opuesta a la propuesta paulina de la justificación por gracia. Una mirada detenida, permite observar que lo que hace Santiago es aclarar que la gracia no tiene ningún sentido sin las obras que muestren un compromiso consecuente con el mensaje del evangelio. Dentro de su comunidad, algunas personas ricas se escudaban en la mera gracia para no ayudar a las personas pobres ni involucrarse a cambiar su situación socioeconómica (Stg 2,24).

Esta carta es una ventana para dar una mirada a la vida económica y social que rodea al cristianismo primitivo. Es una propuesta de ética social. En medio de la movilidad social y las exclusiones dentro del imperio, Santiago toma la voz de los profetas y de Jesús para oponerse a la ideología dominante. Para este autor no existe la ortodoxia sino la ortopraxis. Y, en esta línea, retoma una triple tradición para ponerse de parte de los pobres como elegidos de Dios y dignos de todo el cuidado y la ayuda por parte de la comunidad para un cambio en su estilo de vida (Vouga, En: Marguerat, 2008, p. 417):

- Los pobres del AT, son los preferidos y elegidos de Dios.
- Los pobres del estoicismo, son libres de las estructuras sociales que oprimen al mundo.
- Los pobres de Jesús, son bienaventurados y destinatarios especiales del reinado de Dios.

El género literario es el de la encíclica, una carta dirigida a una comunidad, que posteriormente circula por otras iglesias. Conserva el mismo estilo de la predicación moral de los filósofos helenísticos, mezclada con la tradición sapiencial del libro bíblico de Sabiduría. Su razonamiento no es argumentativo, sino que se fundamenta en dichos sapienciales. Como señala François Vouga (En: Marguerat, 2008, p. 410), su lenguaje es uno de los más ricos y finos del NT, debido a:

- Sus profundos conocimientos literarios y filosóficos.
- Las referencias y la interpretación que hace de la versión griega de los LXX.
- Las alusiones al pensamiento estoico de Epicteto y Séneca.
- El conocimiento de la literatura de Hipócrates y de Sófocles.
- El delicado uso de la retórica.

Estas características llevan a pensar en la identidad del autor, debatida por los eruditos. De lo que hay seguridad y consenso, es que no se trata de Santiago el hijo de Zebedeo y hermano de Juan, pues aquel había muerto temprano en la vida de la iglesia (Hch 12,2), y la carta es posterior. Tampoco puede ser el hermano de Jesús, de quien testificó Flavio Josefo que era un judío radical, desconocedor del mundo helenista. Pues este autor no se interesa por la circuncisión, como lo hizo el grupo de Santiago en el debate con Pablo (Gal 2,1s). Además, tiene un tono de la literatura sapiencial intertestamentaria y de la filosofía helenista, lejano a la formación que pudo haber tenido el hermano del Señor.

También debe notarse que la carta no argumenta a partir de tradiciones relativas a la vida, muerte y resurrección de Jesús. Pero está muy bien fundamentada en las enseñanzas del galileo, y anclada al mensaje radical de la tradición del movimiento que cambió las vidas de muchas personas marginadas en Palestina en los años 30 del siglo I. Ejemplo de ello es el paralelismo que hay entre las bienaventuranzas y los ayes de Lucas 6,10s con el capítulo 5 de Santiago.

Hay un fuerte debate para dar una fecha concreta a la obra, pero la inclinación entre los eruditos es a ubicarla entre el 90-100 d.C. Una de las razones es que el texto entra en debate con las interpretaciones que

Como decía, para nosotros la Biblia es un arma principal que nos ha enseñado a caminar mucho. Y, quizá, para todos los que se llaman cristianos, pero los cristianos de teoría no entienden por qué nosotros le damos otro sentido, precisamente porque no han vivido nuestra realidad. En segundo lugar, porque quizá no saben analizar. Yo les aseguro que cualquier gente de mi comunidad, analfabeta, que la mandaran analizar un párrafo de la Biblia, aunque sólo lo lean o lo traduzcan en su lengua, sabrá sacar grandes conclusiones porque no le costará entender lo que es la realidad y lo que es la distinción entre el paraíso afuera, arriba o en el cielo, y la realidad que está viviendo el pueblo. Precisamente nosotros hacemos esto, porque nos sentimos cristianos y el deber de un cristiano es pensar cómo hacer que exista el Reino de Dios en la tierra, con nuestros

Rigoberta Menchú
(Guayasamín)

hermanos. Sólo existirá el reino cuando todos tengamos qué comer. Cuando nuestros hijos, nuestros hermanos, nuestros papás no se tengan que morir de hambre y de desnutrición. Eso sería la gloria, un reino para nosotros porque nunca lo hemos tenido (Rigoberta Menchú, 1983, ed. 2000, pp. 159-160).

se están haciendo de la fe y la gracia paulinas (2,14s; cf. Rom 3,1-4,25), algo que ocurrió después de la muerte de Pablo. Otra razón, es que tiene mucho parentesco literario con los padres apostólicos. Es un autor que conoce la gran urbe y sus relaciones sociales, el mundo del mar (1,5-8), los viajes de los hombres de negocios (4,13-17), las relaciones de propiedad (5,1-6), y el sistema relacional patronazgo (2,1-13). Por esto se podría estar hablando de la ubicación en una de las grandes ciudades como Antioquía, Alejandría o Cesarea.

4. Texto bíblico: El sinsentido de la fe sin obras (Santiago 2,14-26)

> *Hermanos míos, ¿de qué le sirve a uno decir que tiene fe si no tiene obras? ¿Podrá salvarlo la fe? Supongan que un hermano o hermana andan medio desnudos, o sin el alimento necesario, y uno de ustedes le dice: vayan en paz, abríguense y coman todo lo que quieran; pero no les da lo que sus cuerpos necesitan, ¿de qué sirve? Lo mismo pasa con la fe que no va acompañada de obras, está muerta del todo* (Stg 2,17ss BNP)

Este pasaje presenta una continuidad con el inicio del capítulo, donde se llama explícitamente a no discriminar a las personas pobres (2,2-4). Se hace notable la presencia de personas ricas y de personas pobres dentro de la comunidad, en conflicto desigual unas con las otras: "Ustedes, en cambio, desprecian al pobre. ¿Acaso no son los ricos los que los oprimen y arrastran a los tribunales?" (2,6 BNP).

Es en esta vía, que el orador escribe para su comunidad, con una retórica limpia, cargada de actores anónimos, a quienes dirige el mensaje, y con preguntas retóricas que se contestan por sí mismas:

- ¿De qué le sirve a uno decir que tiene fe si no tiene obras? ¿Podrá salvarlo la fe? (2,14 BNP).

- ¿De qué sirve? (2,15 BNP)

- ¿Tú crees que existe Dios? ¡Muy bien! También los demonios creen y tiemblan de miedo (2,19 BNP).

- ¿Quieres comprender, hombre necio, que la fe sin obras es estéril? (2,20 BNP)

- Nuestro padre Abrahán, ¿no fue reconocido justo por las obras, ofreciendo sobre el altar a su hijo Isaac? (2,21 BNP).

- Lo mismo pasó con Rajab, la prostituta, ¿no hizo méritos con las obras, alojando a los mensajeros y haciéndolos salir por otro camino? (2,25 BNP).

El uso de los pronombres personales también es muy interesante, ya que refleja un público diverso dentro de la comunidad, que se debate entre sí sobre la fe o las obras. El orador distingue entre la comunidad en general, que es jueza en el debate, los ricos que hablan sólo de una fe sin obras y los pobres que son víctimas de abusos:

- **Público en general:** Hermanos míos (2,14a)

- **Un *alguien*, mencionado en tercera persona:** "*¿De qué sirve* que *alguien* diga: "tengo fe"…? ¿Podrá salvarle la fe? (2,14 BJ)

- *Otra persona* **de la comunidad, que es pobre, mencionada en tercera persona, y reflejando su género, probablemente por la alta presencia de mujeres pobres:** "supongan que *un hermano o hermana* andan medio desnudos, o sin el alimento necesario" (2,15),

- **Vuelve al público directo, en *segunda persona*, interpelándolos:** "y *uno de ustedes* le dice: vayan en paz… ¿de qué sirve?" (2,16)

- **Se dirige a un sector de la audiencia, los ricos que tiene una postura centrada en la sola fe:** "Y al contrario, *alguno* podría decir: 'Tienes tú fe'" (2,18 BJ).

Después de presentar el argumento a la audiencia general, los "hermanos" (2,14), el orador enfatiza que hay un sector dentro de la comunidad al que quiere enfrentar, evidenciado en la tercera persona que se presenta en el verso 18a, y que se convertirá en un "tú", objeto de confrontación directa, a partir de 18b. Habiendo dos sectores dentro de la comunidad que están en oposición, ricos y pobres, el orador se pone de parte de los pobres, e interpela directamente a los ricos, reclamando la acción de los ricos para con sus hermanos y hermanas. Las argumentaciones son las siguientes:

- **El orador responde a la objeción de la sola fe, mostrando una visión que considera más completa de la fe:** "Pues yo tengo obras. Muéstrame tu fe sin obras, y yo te mostraré por las obras mi fe" (2,18b BJ)

- **El orador continúa cuestionando al grupo opositor, reduciendo al absurdo la creencia de la sola fe:** "¿*Tú* crees que existe Dios? ¡Muy bien! También los demonios creen y tiemblan de miedo" (2,19 BNP).

- **El orador categoriza la sola fe con un término fuerte, y a sus rivales con un término también fuerte, ambos de tradición sapiencial:** "¿Quieres comprender, *hombre necio*, que la fe sin obras es *estéril*? (2,20 BNP).

- **El orador presenta dos ejemplos de lo que significa la fe, en los cuales ambos van acompañado de obras:** "Nuestro padre Abrahán…" (2,21a), "Lo mismo pasó con Rajab, la prostituta" (2,25a).

- **Después de cada ejemplo, el orador continúa con la confrontación en segunda persona:** "Estás viendo que la fe se demostró con hechos, y por esos hechos la fe llegó a su perfección" (2,22 BNP). "Como el cuerpo sin el aliento está muerto, así está muerta la fe sin obras" (2,26 BNP).

- **De nuevo retoma al público en general, en segunda persona plural, para evidenciar el argumento y llevar a su conclusión:** "Como ven el hombre no es justificado sólo por la fe sino también por las obras" (2,24 BNP).

Los ricos de la comunidad habitan un mundo de negocios, alardeando de su honor cuando muestran sus ganancias (5,3.5). Ni siquiera atienden al salario de sus obreros, y por ello se reclama esta falta de pago como un clamor del cielo (5,4). Estos ricos evidentemente son miembros de la comunidad. Los pobres también, y probablemente son sus obreros. Estos últimos no tienen siquiera el sustento diario ni las vestimentas que los cubran del frío (2,15).

Víctimas de la
Guerra de Vietnam

Los ricos se creen sabios y maestros (3,1.13a). El autor los confronta y les enseña que la sabiduría sólo se manifiesta a través de la buena conducta, "con las obras inspiradas en la humildad que da la sabiduría" (3,13b). La fe que no toma una opción por las personas pobres es estéril (2,20). La sabiduría que no atiende a los marginados es demoníaca (3,15). La verdadera sabiduría está cargada de misericordia (3,17). La verdadera fe es plena en obras de justicia (2,26).

5. Intertextualidad

El escritor de la carta de Santiago acude a una rica intertextualidad judeo-helenística. El lenguaje del que se vale es el retórico, heredado del universo griego, que también han adoptado los rabinos. Está construido sobre la diatriba, aludiendo a diferentes personajes dentro del público, para enfrentar una situación social que se está dando en la comunidad. Utiliza a la audiencia como jueza, y confronta a los ricos de la comunidad, arrinconándolos contra la pared.

Recurre constantemente a motivos sapienciales, y a su vez apela a las enseñanzas de Jesús, recogidas en el sermón de la montaña (Mt 5-7). Evidentemente, un escritor que proviene de una tradición judeo-cristiana, y que a la vez domina la concepción helenística de la retórica deliberativa. La riqueza del idioma griego y los juegos de lenguaje de esta carta son impresionantes.

Por otra parte, el orador recurre a la tradición de la sabiduría hebrea para demostrar que la verdadera sabiduría es una práctica de justicia y cumplimiento, y no una teoría intelectual sobre conocimientos doctrinales.

> Santiago no es sólo una carta haláquica, sapiencial y profética. Desde el inicio, contiene un mensaje a los que sufren y son despreciados o pobres. Lo sapiencial es usado por primera vez en el libro de la Sabiduría para tratar el tema del sufrimiento de los justos en una forma totalmente diversa a la del libro de Job. Si se puede demostrar, y creemos haberlo hecho, que el enfoque sapiencial de la carta de Santiago es el más relevante, y el que conduce la lectura del texto (por encima del haláquico), queda la conclusión de que Santiago es el escrito *sapiencial* representativo, y único, en el Nuevo Testamento (Croatto, 1998, p. 41)

En algunos círculos teológicos, se ha señalado que Santiago es una carta secundaria en el NT; que su mensaje es irrelevante para creyentes que confían en una fe salvadora; y que su mensaje no tiene nada que ver con Jesús. Esto se debe a dos razones: (a) que está en aparente contradicción con el mensaje de Pablo, y (b) que no habla de la muerte y resurrección de Jesús como un hecho central. Sin embargo, ambas razones pueden ser vistas de otra manera, si se lee con lupa el contenido de la carta.

6. Relación con la fe paulina

Décadas antes, Pablo había relacionado el tema de la justificación por la fe con el tema de las obras. Usó los mismos textos del AT que usará Santiago para reforzar su argumentación, pero su interpretación es totalmente distinta. Un cuadro de ambas argumentaciones permite ver las diferencias:

Temática	Pablo: Romanos 3,21ss	Santiago 2,14ss
Relación entre la fe y las obras	**Fe sin obras:** Afirmamos que el hombre es justificado por la fe, independientemente de las obras de la ley (3,20	**Fe con obras**: ¿de qué le sirve a uno decir que tiene fe si no tiene obras? ¿Podrá salvarlo la fe? (2,14)
Ejemplo de Abrahán	**El reconocimiento como justo no es por obras:** Si Abrahán fue justificado por las obras, podía estar orgulloso; pero no delante de Dios (4,2)	**Reconocido justo por sus obras:** Nuestro padre Abrahán, ¿no fue reconocido justo por las obras, ofreciendo sobre el altar a su hijo Isaac? (2,21)
Intención social y pastoral	**Incluir a los paganos:** No hay más que un solo Dios que justifica por medio de la fe a los judíos circuncisos y a los paganos incircuncisos (3,31)	**Incluir a los pobres:** Supongan que un hermano o hermana andan medio desnudos, o sin el alimento necesario (2,15)

Este cuadro permite observar diferencias teológicas e interpretativas entre las dos escuelas. Ambas usan el mismo ejemplo de Abrahán, y lo interpretan de manera contraria. La escuela paulina piensa que la persona es justificada por la fe, sin las obras; mientras que la escuela de Santiago piensa que la persona es justificada por las obras, además de la fe.

Lo que enfrenta Santiago no es directamente a Pablo. Se trata más bien de una confrontación con un sector que hace una mala interpretación de la teología paulina. Los grupos ricos adoptaban una postura de "sola fe" para negarse a comprometerse con las personas pobres y marginadas de la sociedad, argumentando que hacer obras es caer en "legalismo". El escritor de la carta de Santiago se ve en la obligación de corregir tal desviación, pues no niega el hecho fundante de la fe, sino que lo refuerza con las obras que muestran una fe consecuente.

En realidad, hay más continuidad entre Pablo y el escritor de la carta de Santiago de lo que parece. Ambos están abogando por la inclusión de las personas excluidas, y se valen de la misma temática y el mismo ejemplo del AT para optar por las personas menospreciadas. Pablo estaba interesado en la inclusión de los gentiles dentro de la comunidad mesiánica, y por esto argumentaba que los gentiles no tienen necesidad de obras rituales (como la circuncisión) para ser parte de la familia de Dios. El autor de la carta de Santiago está interesado en la inclusión de las personas pobres dentro de de la comunidad mesiánica, y por esto dice que los ricos sí tienen necesidad de obras de misericordia: dar cobijo, vestimenta, alimentación y salarios justos a los pobres.

Algo muy interesante que sale a la luz es que el NT permite la diversidad de interpretaciones de los textos bíblicos, valiéndose de la polisemia de sentido de los textos escritos. Pero a su vez invita a una unidad en la praxis. La opción por las personas pobres y marginadas no es una posibilidad entre muchas, sino lo que define el ser cristiano.

a. **Relación con las enseñanzas de Jesús**

Aunque la carta habla poco de la muerte y resurrección de Jesucristo, es la que más está en sintonía con las enseñanzas del Maestro. Un estudio comparativo entre el sermón de la montaña y la carta de Santiago muestran las consonancias (Becket, 1999, p. 62):

Enseñanza	Jesús (Mt 5-7)	Santiago
Ser perfectos	Sean perfectos como es perfecto el Padre (5,48)	Que la paciencia los lleve a la perfección (1,4)
Pedir para recibir	Pidan y se les dará, busquen y encontrarán, llamen y se les abrirá (7,7)	Si a alguno de ustedes le falta sabiduría, pídala a Dios, y la recibirá, porque él da a todos generosamente y sin reproches (1,5)
Dichoso/feliz la persona creyente y comprometida	Bienaventurados los pobres... (5,3-11)	Dichoso el hombre que soporta la prueba (1,12)
Las cosas buenas provienen de Dios	¡cuánto más dará el Padre del cielo cosas buenas a los que se las pidan! (7,11)	Todo lo que es bueno y perfecto baja del cielo, del Padre de los astros (1,17)
Oír y no hacer es un sinsentido	Quien escucha estas palabras mías y no las pone en práctica se parece a un hombre tonto que construyó su casa sobre arena (7,26)	Pero no basta con oír el mensaje hay que ponerlo en práctica, de lo contrario se estarían engañando a ustedes mismos (1,22)
La ley es perfecta y digna de cumplirse	No piensen que he venido a abolir la ley o los profetas...sino para cumplir (5,17)	El que se fija atentamente en la ley perfecta, que es la que nos hace libres... ése será dichoso en su actividad (1,25)
Dios y los creyentes toman opción por los pobres, y estos últimos son los herederos del reino	Felices los pobres de corazón, porque el reino de los cielos les pertenece (5,3; cf. Lc 6,20)	¿Acaso no escogió Dios a los pobres de este mundo para hacerlos ricos en la fe y herederos del reino que prometió a los que lo aman? (2,5)
La verdadera ley es el amor	Traten a los demás como quieren que los demás los traten. En esto consiste la ley y los profetas (7,12)	Si ustedes cumplen la ley del reino, según lo escrito: *amarás a tu prójimo como a ti mismo, procederán bien* (2,8)
La práctica de la misericordia como garantía escatológica	Felices los misericordiosos, porque serán tratados con misericordia (5,7)	Será despiadado el juicio del que no tuvo misericordia, pero los misericordiosos no tienen por qué temer al juicio (2,13)

☞

La fe sin obras no tiene ningún sentido ante Dios	No todo el que me diga: ¡Señor, Señor!, entrará en el reino de los cielos, sino el que haga la voluntad de mi Padre del cielo (7,21)	¿De qué le sirve a uno decir que tiene fe si no tiene obras? ¿Podrá salvarlo la fe? (2,14)
La verdadera fe y la sabiduría dan buenos frutos	Un árbol sano da frutos buenos, un árbol enfermo da frutos malos (7,17)	¿Puede, hermanos míos, dar aceitunas la higuera e higos la vid? ¿O una fuente salada dar agua dulce? (3,12). La sabiduría da buenos frutos (3,17)
El odio, el asesinato y el adulterio son pecados igual de contaminantes	Todo el que se enoje contra su hermano responderá ante el tribunal… (5,22) Quien mira a una mujer deseándola ya ha cometido adulterio con ella en su corazón (5,28).	El que dijo: *no cometerás adulterio,* dijo también: *no matarás.* Si tú no cometes adulterio, pero matas, has quebrantado la ley (2,11)
No juzgar	No juzguen y no serán juzgados (7,1)	Quien habla mal o juzga al hermano, habla mal y juzga a la ley (4,11)
No angustiarse por el mañana	No se angustien pensando: ¿qué comeremos?, ¿qué beberemos?, ¿con qué nos vestiremos?... Pues el Padre del cielo sabe que ustedes tienen necesidad de todo aquello (6,31-32)	¿Qué saben del mañana?, ¿qué es su vida? … Más bien tendrían que decir: si el Señor quiere, viviremos y haremos esto o aquello (4,14-15)
No acumular tesoros en la tierra	No acumulen tesoros en la tierra, donde la polilla y la herrumbre las destruyen, donde los ladrones perforan paredes y roban (6,19)	Su plata y su oro herrumbrado; y su herrumbre atestigua contra ustedes, y consumirá sus cuerpos como fuego (5,3)
No jurar	No juren en absoluto… Que la palabra de ustedes sea sí, sí; no, no. Lo que se añada luego procede del Maligno. (5,34-37)	No juren: ni por el cielo ni por la tierra ni por ninguna otra cosa. Que el sí sea un sí, y el no sea un no, y así no serán condenados (5,12)

Como se observa, la carta es una fuente de riqueza y cantera para la reflexión bíblica, especialmente en contextos de pobreza e injusticia. Su intertextualidad es amplia, y se nutre de las tradiciones del AT para apelar a la sensibilidad que tiene Dios por el extranjero, la viuda y el huérfano, tipificaciones de las personas pobres en Antiguo Oriente.

7. 1 Pedro

1 Pedro es una carta circular escrita en nombre del apóstol Pedro "a los elegidos que residen fuera de su patria" (1,1 BNP). El autor identifica a los destinatarios como "exiliados" (1,1) y "extranjeros" (2,11), y se refiere al sufrimiento de ellos por dar testimonio de Jesucristo.

Según Jacques Schlosser (En: Marguerat, 2008), la obra se puede fechar entre el 70-90 d.C. La alusión al sufrimiento no se refiere específicamente a persecuciones sistemáticas, ya que éstas se dieron a partir del 249 d.C. Nerón, en el 64 d.C., causó represión y muerte a los cristianos, pero después de su suicidio la situación de persecución menguó y se convirtió más bien en un ambiente de hostigamiento hacia los creyentes por parte de la sociedad. Cuando la carta habla de Roma como "Babilonia", hace una referencia a la destrucción del templo de Jerusalén, pues Roma ha tomado el papel del imperio oriental en el imaginario judío al atentar contra este el símbolo nacional israelita. Se habla de los líderes de la iglesia como "presbíteros" (πρεσβύτερος 5,1-5), institución posterior a la eclesiología carismática de Pablo.

Del autor no se puede deducir que sea Pedro. El renombrado discípulo de Jesús había muerto bajo la persecución de Nerón entre el 64 y el 65 d.C. Además, el autor tiene un lenguaje griego de óptima calidad, algo difícil para un pescador de Galilea, calificado de iletrado. El escritor se vale de la versión griega de los LXX, a la manera de un exegeta profesional. Lo que hace es presentar a Pedro como una autoridad pastoral de la comunidad, en cuya tradición va a basar su argumentación.

John Elliot (1995), investigador versado en el estudio sociológico de esta carta, señala que la comunidad se hallaba en una relación jurídica y social de alienación y extranjería con respecto al medio ambiente en que vivía (1,17; 3,13; 4,1). Esta situación de extranjería se enfatiza en la carta mediante el término πάροικος (extranjeros), que implica diversidad geográfica y cultural, inferioridad social, privaciones económicas, y autoaislamiento debido al exclusivismo religioso del cristianismo como una "nueva secta".

Frente a esta situación de marginación frente al mundo pagano, 1 Pedro es una respuesta que afirma la identidad de sus destinatarios: "1 Pedro representa un intento calculado por su autor (o autores) para reforzar la conciencia de grupo, la cohesión y el compromiso de la secta cristiana en Asia Menor" (Elliot, 1995, p. 158). En este sentido, retoma la herencia veterotestamentaria de la identidad de Israel y se la aplica a la comunidad marginal, convirtiendo su marginación en una fortaleza en cuanto a identidad especial. Estas son las características de la comunidad, según 2,9-10 (BNP):

- Son raza elegida
- Sacerdocio real
- Nación santa
- Pueblo adquirido
- Para que proclame las maravillas del que los llamó de las tinieblas a su maravillosa luz
- Los que antes no eran pueblo, ahora son pueblo de Dios
- Los que antes no habían alcanzado misericordia ahora la han alcanzado

La sensación de que en este universo somos tratados como extranjeros, el anhelo por ser reconocidos, por encontrarnos con alguna respuesta, por tender un puente sobre algún abismo abierto entre nosotros y la realidad, es parte de nuestro inconsolable secreto. Y seguramente, desde este punto de vista, la promesa de gloria, en el sentido que es descrita, viene a ser altamente relevante para nuestro anhelo tan profundo (C.S. Lewis, 1980, p. 15).

El autor se vale de un conflicto social con los de afuera para reforzar las fronteras entre el grupo cristiano y sus oponentes. Con ello, se esclarecen las identidades para los individuos de la comunidad, de modo que no vivan "como los de fuera" (2,12), y se estimula a resistir la tentación de acomodarse a las formas de conducta de los gentiles. Los antagonistas se convierten en un grupo negativo al que hay que despreciar –invirtiendo la situación-, ya que sólo pueden ser enemigos de Dios (3,9; 4,2s). La propuesta social entonces no será retirar se de la sociedad, sino interactar contradictoriamente con ella:

Estén siempre dispuestos a defenderse si alguien les pide explicaciones de su esperanza, pero háganlo con modestia y respeto, con buena conciencia; de modo que los que hablan mal de su buena conducta cristiana queden avergonzados de sus propias palabras. (3,15b-16 BNP).

8. 2 Pedro

2 Pedro es una carta testamentaria, escrita en forma pseudónima para tratar de mostrar la última voluntad que tuvo un gran maestro para con sus seguidores y seguidoras:

Porque sé que pronto dejaré esta morada, como me ha informado el Señor nuestro Jesucristo. Y me esforzaré para que, después de mi partida, ustedes se acuerden siempre de estas cosas. (2 Pe 1,14-15 BNP).

El autor es un judeo-cristiano helenístico que escribe en una fecha muy tardía (125-130 d.C), probablemente desde Roma. La autoría original de Pedro es muy poco probable, pues el autor se no se incluye a sí mismo en la generación apostólica (3,4), se distingue de los apóstoles (3,2), y discute el retraso de la *parousía* (3,8), cosa que sería impensable para los carismáticos itinerantes. Además, manifiesta una lengua, estilo y vocabulario mucho más cercanos a la cultura urbana helenística que a la galilea rural (2,21-22). Como señala el comentario de La Biblia de Nuestro Pueblo: "Si el autor no es Pedro, sí nos dice cómo imaginaba al apóstol un cristiano de la segunda generación" (BNP, p. 1960).

El interés de 2 Pedro es enfrentar el problema del retraso de la *parousía*. Los cristianos de la primera generación estaban esperando que Cristo viniera mientras ellos estuvieran vivos (Mc 13,24-27). Pero fueron muriendo uno a uno, y Cristo no había regresado. Las generaciones pasaron, y se fueron enfriando los ánimos de los creyentes, que comenzaban a dudar de la interpretación de esta doctrina. La gente de afuera se burlaba de ellos: "Qué ha sido de su venida prometida? Desde que murieron nuestros padres, todo sigue igual que desde el principio del mundo" (3,4 BNP).

El escritor de la carta responde pensando en la paciencia de Dios, quien retrasa el retorno de Jesús, con el propósito de que todas las personas se salven: "El Señor no se retrasa en cumplir su promesa, como algunos piensan, sino que tiene paciencia con ustedes, porque no quiere que se pierda nadie, sino que todos se arrepientan" (3,9 BNP). Además, 2 Pedro cambia el concepto a su audiencia acerca de la temporalidad de Dios, mostrando que las personas pueden impacientarse, pero para Dios no ha pasado el tiempo: "para el Señor un día es como mil años y mil años como un día" (3,8b).

2 Pedro presenta una semejanza excepcional con la carta de Judas. Por lo parece que hay un patrón de dependencia literaria de 2 Pedro respecto a Judas, ya que Judas se escribió antes. Como señala Johann Michl (1977, p. 523):

- De los 25 versos de Judas, 19 tienen su correspondencia con 2 Pedro.

- La dedicatoria de las dos cartas se dirige en general a los cristianos.

- Ambas terminan con una doxología a manera de predicación.

- Ambas quieren recordar cosas que los fieles ya saben (Jds 5,1; 2 Pe 1,12; 3,1s).

- Ambas hacen una larga advertencia para poner en guardia contra los opositores, y los califican retóricamente como seductores y desenfrenados morales (3,3).

- En el ejemplo de los castigos divinos, 2 Pe 2,4-7 revela una reelaboración de Jds 5-7.

- Igual que Judas, 2 Pedro también se sirve de leyendas judías (2,4.11.17).

Al igual que en la carta de Judas, 2 Pedro construye un perfil retórico de sus enemigos, llevando al extremo sus prácticas, de manera que se muestra el absurdo de sus creencias, y a lo que éstas pueden conducir. Por ello dice: "En el pueblo de Israel hubo también falsos profetas, como habrá entre ustedes falsos maestros, que introducirán sectas perniciosas, y, renegando del Señor que los redimió, se acarrearán una rápida destrucción. Muchos los seguirán en su vida viciosa y por su culpa será desprestigiado el camino de la verdad. Y por amor al dinero abusarán de ustedes con discursos engañosos. Pero la condenación los espera a ellos sin remedio, ya que desde hace mucho están condenados" (2 PE 2,1-3 BNP).

Crucifixión, Andrej Rublev (Museum, siglo XV, Moscú)

Tal como suceden en otros textos, como las pastorales y las cartas juánicas, es importante pensar que los grupos que están siendo cuestionados decían lo mismo de los autores de las cartas canónicas. Tales datos no funcionan como una realidad histórica sobre la realidad de estas comunidades, sino como la polarización retórica, en la que se demoniza al otro, con el fin de reivindicar las creencias propias. Sería muy interesante tener los textos de las comunidades opositoras a las cartas juánicas, las pastorales, 2 Pedro y Judas, para darnos una imagen más amplia de la pluralidad de cristianismos que había en la época del NT.

9. Cartas de Juan

Las tres cartas juánicas fueron escritas alrededor del año 100 en la tradición del Discípulo Amado, en conexión con el Cuarto Evangelio. Las cartas reflejan serios conflictos dentro de la comunidad, y se vislumbra en ellas el ocaso de una iglesia tienen. Por ello, están escritas con el propósito de invitar a los creyentes a permanecer en la comunidad, dentro de las tradiciones cristianas a las que está adscrito el autor.

¿Cuál es la causa de este conflicto? El Cuarto Evangelio generó en la comunidad juánica dos interpretaciones diferentes. La una, defendida por el escritor de las cartas. La otra, defendida por los adversarios a los que aluden estos textos. Ya que el evangelio de Juan es un texto profundamente simbólico, es susceptible a múltiples interpretaciones, pues todo texto simbólico es polisémico. Según Raymond Brown, "Es precisamente el mensaje que se encuentra encerrado en el evangelio lo que condujo a la escisión de la comunidad, porque había dos grupos que lo interpretaban de manera distintas" (Brown, 1983, p. 94).

Estos dos grupos porque debaten acerca de la interpretación y aplicación práctica del evangelio de Juan. Las áreas conflictivas son la cristología, en la que los separatistas prefieren enfatizar divinidad de Jesús, y se olvidan de su humanidad. Este grupo cree que la existencia terrena de Jesús no fue importante para la salvación (1 Jn 4,2-3). Es cierto que el evangelio de Juan ofrece una imagen divinizada de Jesús, relativiza su humanidad, y da poca importancia salvífica a su ministerio público (cf. Jn 1,14b; 2,11; 10,17-18.30; 12,27-28; 17,3.8). Esta es la razón para que se preste a interpretaciones espiritualizantes.

El escritor de las cartas tiene que dar una respuesta a los separatistas, y lo hace empleando los mismos textos del evangelio y los mismos presupuestos teológicos y prácticos. A lo largo de las tres cartas, intenta demostrar que las conclusiones éticas, cristológicas, pneumatológicas y escatológicas de los adversarios son erróneas (1 Jn 1,7; 2,2; 4,10, 2 Jn7).

En el aspecto ético, los separatistas profundizaban el discurso de la "intimidad" con Dios, hasta el punto de considerarse perfectos o sin pecado, y no atender al mandamiento del amor fraterno (1 Jn 1,6.8.10; 2,3-4). Esto se debe a que el evangelio de Juan invita a la intimidad por medio del conocimiento, y el único pecado es no creer (3,18; 8,31.34; 17,26). Los separatistas llevan estas conclusiones hasta el extremo. Al autor de las cartas no le queda más que acusarlos de no cumplir el mandamiento amarse los unos a los otros, que también está en el evangelio (1 Jn 2,9-11; 3,11-18; 4,20). Pero como afirma Brown (1983, p. 124), los secesionistas ya no amaban al grupo del escritor de las cartas; y probablemente el escritor y su grupo tampoco amaban a los secesionistas –por lo que podían ser acusados del mismo pecado-.

Un tercer asunto de conflicto es la escatología. Para el Cuarto Evangelio, la escatología es comprendida como un proceso que se realiza con la encarnación del Lógos (1,14.18). Con su venida, ha comenzado la era de la plenitud. La muerte de los creyentes simplemente dará paso a la unión con Cristo, pero no hay un énfasis apocalíptico en el fin del mundo (Jn 11,26; 17,14; 14,2-3). Los separatistas enfatizaban una escatología en la que no hay lugar para una escatología futura, tal como la nueva Jerusalén o el juicio final. El autor de las cartas defiende también la escatología realizada (1 Jn 2,13-14), pero reafirma que hay cosas que no son completas todavía (1 Jn 2,5.10; 3,2).

El último asunto es la pneumatología. El evangelio de Juan habla del Espíritu Santo como un ayudador, un Paráclito que es maestro de cosas nuevas y desconocidas para los creyentes (Jn 14,16.26; 16,7.13). Los separatistas piensan que ellos reciben revelaciones especiales, y se designan a sí mismos como maestros y profetas iluminados por el Espíritu. El escritor de las cartas intenta rebatir sus ideas, señalando que los creyentes que tienen al Espíritu, no necesitan de grandes maestros, así que no se deben dejar engañar (1 Jn 2,27).

En medio de su debate acalorado, el escritor de las cartas rescata un aspecto muy valioso de la fe cristiana: el amor. Hace notar que es imposible reconocer a Dios como Padre si no se reconoce a Cristo como su Hijo; y que es imposible amar a Dios si no se ama al prójimo. Confesar a Jesús

---

Marcelino: Dios es amor. Así que ese espíritu de Dios es el espíritu del amor. El demonio es el contrario de Dios, y por lo tanto es el contrario del amor: es el egoísmo. Son como dos gobiernos, el de Dios y el del demonio. Y si se echan fuera los demonios, quiere decir que ya está el reino de Dios triunfando sobre el otro.

… Ahora, sabemos que Dios es amor. ¿Qué es lo que procede de Dios que también es Dios? Tiene que ser el amor. Pero si procede es para llegar a alguna parte. ¿Adónde? A nosotros. Entonces ése es el Espíritu del amor que nos llega a nosotros. ¿Para qué? ¿Para quedarse allí? No; para proceder también de allí y llegar a nuestro prójimo. El Espíritu Santo es pues lo mismo que quiere decir el Espíritu de unión y amor entre nosotros. Uno, aunque rechace a Cristo, si ama a sus hermanos se salva. Pero si rechaza el amor a los hermanos, no se salva ni en este mundo ni en el otro (*El Evangelio en Solentiname* I, pp. 152-154).

como Hijo de Dios es entrar en comunión con él, pero esto es incompleto si no se comparte el amor incondicional con todos: "porque el amor viene de Dios; todo el que ama es hijo de Dios y conoce a Dios... ya que Dios es amor... ha demostrado el amor que nos tiene enviando al mundo a su Hijo único para que vivamos gracias a él" (4,7-9 BNP).

Este conflicto, sin embargo, no fue resuelto de manera conciliadora entre los dos grupos en discusión. Como hace notar Brown, parece que el escritor de las cartas no aplicó el criterio del amor hacia los separatistas, sino todo lo contrario. Los especialistas en la literatura juánica señalan que, en el siglo II, ambos grupos en hicieron desaparecer a la comunidad del Discípulo Amado. Estos grupos, después de dividirse irremediablemente fueron absorbidos o por la "Gran Iglesia" o por los movimientos heterodoxos. (Brown, *Comunidad*, p.140). La comunidad del autor de las cartas se mezcló con la Gran Iglesia, y aportó a esta la alta cristología que ahora comparten la mayoría de los cristianos, pero que no era una creencia general en el siglo I. Los secesionistas avanzaron en su cristología de un Jesús divinizado, y cada vez menos humano, hacia las creencias docetistas, en las que Jesús es prácticamente fantasmal, y alimentaron mediante sus ideas a movimientos como el montanismo y el gnosticismo.

10. Judas

> *Porque se han infiltrado entre ustedes unos individuos, cuya condenación estaba preanunciada desde hace mucho tiempo. Son hombres sin religión, que hacen de la gracia de nuestro Dios un pretexto para su desenfreno y reniegan de nuestro único dueño y Señor Jesucristo* (Judas 4 BNP).

Esta carta es efectivamente una epístola, pues tiene la intención de ser universal. El autor se apoya en la práctica común de la pseudonimia para atribuir su obra a Judas, el hermano de Santiago (1,1), y, en sentido indirecto, como hermano de Jesús. Evidentemente, el personaje referido ya estaba muerto para la época en que se compuso la carta.

El texto muestra influencias de elementos del comentario bíblico midrásico. Cita un Midrash rabínico: "Por ganar dinero se han desviado como Balaán, y como Córaj mueren por su rebeldía" (11b BNP). Cree en las leyendas apócrifas hebreas de la lucha entre seres celestiales por el cuerpo de Moisés: "Cuando el arcángel Miguel se disputaba con el Diablo el cuerpo de Moisés, no se atrevió a condenarlo con insultos, sino que dijo: El Señor te reprima" (v. 9 BNP). Y considera Escritura Sagrada a los textos apócrifos judíos, como 1 Henoc, al cual cita: "De ellos profetizó Enoc, el séptimo descendiente de Adán: Miren que llega el Señor con sus millares de santos" (v. 14 BNP). Conoce las técnicas judías de interpretación de las Escrituras, la Biblia Hebrea y el arameo. Además, tiene un vocabulario rico y amplio, y su gramática es precisa.

Fechada entre los años 80-100 d.C., la pequeña obra busca combatir algunas ideas foráneas que influenciaban a sus comunidades, con fundamentos provenientes del cristianismo de talante judío. Es difícil identificar en qué consistía precisamente la predicación de los falsos maestros aquí mencionados. La carta no brinda la suficiente información para esto. Al parecer, se trata de proclamadores doctrinas que separaban radicalmente lo espiritual de lo material. Y por esto el autor los acusa de considerarse gente espiritual mientras que llevan una vida de desenfreno moral.

El escritor recurre al estereotipo retórico de acusar de inmoralidad a sus adversarios, para que la audiencia tome partido por la opción religiosa que como contrapropuesta les está presentando. Es por ello que se burla de sus pretendidas revelaciones, y declara que están "perdidos en sus sueños" (v. 8 BNP). Y los relaciona con Sodoma y Gomorra, relacionando las ideas a las que se opone con metáforas y prácticas sexuales: "De modo semejante Sodoma y Gomorra y las ciudades limítrofes: se entregaron a inmoralidades sexuales, se dejaron llevar por vicios contra la naturaleza y ahora sufren la pena de un fuego eterno para escarmiento de otros" (v. 7 BNP). Por esto mismo, es difícil determinar hasta dónde la descripción de los adversarios hace justicia a la realidad, o simplemente es una técnica escriturística para advertir a la comunidad sobre los peligros a los que puede llevar tal doctrina.

La perspectiva teológica del escritor se concentra en escatología dura y terrible, anunciando un castigo a los opositores de sus ideas: "Miren que llega el Señor con sus millares de santos, para juzgar a todos: para probar la culpa de todos los impíos, por todas las impiedades que han cometido, por todas las insolencias que han pronunciado contra él los impíos pecadores" (vv. 14b-15 BNP).

11. Biblia y Literatura: Judíos y cristianos desde los ojos de un emperador romano (Marguerite Yourcenar, *Memorias de Adriano*)

Se dice que la historia está escrita por los vencedores. Con el cristianismo, ocurre algo diferente, por lo menos hasta el siglo IV d.C. El NT es la memoria de comunidades que seguían a un profeta crucificado por el imperio romano, y cuya fe se fundamenta en el mensaje de inclusión a las capas sociales más bajas de la época. Por ello, la visión de la historia que presenta la mayoría de los textos del NT es una visión no-oficial y marginal.

Por esta misma razón, los textos neotestamentario ven al mundo romano en términos generalmente sospechosos y negativos. Con ello, logra salvarse de la política colonialista de las conquistas militares y de los valores aristócratas de las intrigas y la traición. Pero también debe decirse que el cristianismo, al polarizar la relación con la cultura en términos del bien y el mal, se pierde de una gran riqueza cultural que se despliega con el mundo romano, a la vez que algunas comunidades se abren a los valores de dominación de la sociedad patriarcal.

Afrodita. Venus de Milo. 130-100 a.C. Museo de Louvre.

Una mirada a la historia, desde la ventana de la literatura, permite ver que el mundo romano también tenía una cantidad de aspectos positivos, que hubieran podido ser un aporte para el mensaje liberador del evangelio. Roma no fue solamente un imperio de represión militar, sino también una fuente de la que emanó cultura y pensamiento, los cuales perviven hasta nuestros días y afectan nuestras maneras de relacionarnos.

La preeminencia de la arquitectura que permanece hasta hoy en las ciudades y villas, la producción detallista de la escultura; los frescos llenos de jardines con pájaros y flores de las moradas de Pompeya y los alrededores de Roma; la práctica de los deportes y la coronación de los vencedores; la idea política de un senado para debatir los asuntos de una inmensa ciudad que ya era imposible de gobernar por todos, como había ocurrido en Atenas; la profunda filosofía estoica de Séneca y del propio emperador Marco Aurelio, además del epicureísmo y la retórica; los valores de la justicia y la valentía, y el deseo de ordenar en torno a un universo humano la posibilidad de coexistencia de cientos de creencias; en fin, este legado, del que aún hacemos parte, hace de Roma una civilización memorable para la humanidad.

La nueva novela histórica es el intento de reconstruir los fragmentos de la historia a partir de la ficcionalización literaria. En este camino, la escritora belga Marguerite Yourcenar (1903-1987) se pone la máscara de Adriano, y trata de narrar de manera autobiográfica la carrera de este emperador que gobernó entre el 117-138 d.C., como también sus derrotas personales y sus reflexiones filosóficas sobre la vida.

La voz de Adriano habla cuando ya está pronto a la muerte, dejando un escrito como legado a su nieto adoptivo y futuro emperador, Marco Aurelio. Como pequeña ventana a la historia, y valiéndose de los recursos de la investigación del siglo XX, además de una fruitiva imaginación, Yourcenar describe el mundo del imperio del siglo II d.C., a partir de la voz y los intereses oficiales. Para nuestro estudio del NT, es un aporte valioso, ya que permite ver otra interpretación totalmente diferente acerca del judaísmo y el cristianismo, a partir de la élite romana, pagana y defensora de ideales diferentes, en los cuales el imperio es una gran victoria cultural para la humanidad. Si bien, tal visión es sesgada y arrogante, permite comprender por qué fue tan difícil para el judaísmo y el cristianismo relacionarse con el mundo romano, y también cuáles eran las trampas en las que podían caer estos dos grupos religiosos, cerrándose a ver la inmensa riqueza cultural que ofrecía el mundo romano.

a. Sobre el judaísmo

En este apartado, la voz de Adriano narra el conflicto entre los judíos de Jerusalén y el ejército romano. Es una batalla de símbolos. Los judíos, en su radicalismo monoteísta y político, no aceptan ningún símbolo romano, pues todo lo que no pertenezca a su religión lo ven como idolatría. Los romanos, en su deseo de civilizar a esta cultura, que consideran bárbara, no dudan en usar las armas para imponer sus deseos culturales.

La voz de Adriano también brinda su interpretación acerca de la religión judía. El imperio romano la aceptaba como una religión más dentro de la gama de colores del mundo romano. Sin embargo, para Israel esto no es suficiente. Los judíos ostentan ser el único pueblo y tener al único Dios, lo que los vuelve profundamente problemáticos en medio de una cultura diversa. Este es un llamado de atención para la manera en que comprendemos y proclamamos el cristianismo contemporáneo, muchas veces con la pretensión de aplastar y maltratar las otras religiones, con desprecio y arrogancia ante las otras posibilidades del encuentro con lo Divino en lo que sobrepasa nuestra cultura.

Los asuntos judíos iban de mal en peor. Los trabajos llegaban a su fin en Jerusalén, a pesar de la violenta oposición de los grupos zelotes. Habíase cometido cierto número de errores, reparables en si mismos pero que los autores de agitación superior aprovechar de inmediato. La Décima Legión Expedicionaria tiene por emblema un jabalí. La insignia fue colocada en las puertas de la ciudad, como es costumbre hacerlo. El populacho, poco habituado a las imágenes pintadas o esculpidas, de las cuales la priva desde hace siglos una superstición harto desfavorable para el progreso de las artes, tomó la imagen por la de un cerdo y vio en aquel hecho insignificante un insulto a las costumbres de Israel. Las fiestas del año nuevo judío, celebradas con gran algarabía de trompetas y cuernos, daban lugar cada vez a riñas sangrientas.

Nuestras autoridades prohibieron la lectura pública de cierto relato legendario consagrado a las hazañas de una heroína judía, que valiéndose de un falso nombre llegó a ser la concubina de un rey de Persia e hizo matar salvajemente a los enemigos del pueblo despreciado y perseguido del que era oriunda. Los rabinos se las ingeniaron para leer de noche lo que el gobernador Tineo Rufo les prohibía leer de día; aquella feroz historia, donde los persas y los judíos rivalizaban en atrocidad, excitaba hasta la locura el nacionalismo de los zelotes.

Finalmente el mismo Tineo Rufo, hombre muy sensato y que no dejaba de sentir interés por las fábulas y tradiciones de Israel, decidió hacer extensivas a la práctica judía de la circuncisión las severas penalidades que yo había promulgado poco antes contra la castración, que se referían sobre todo a las sevicias perpetradas en jóvenes esclavos con fines de lucro o de libertinaje. Confiaba así en suprimir uno de los signos por los cuales Israel pretende distinguirse del resto del género humano. Por mi parte no alcancé a darme cuenta del peligro de aquella medida, máxime cuando me había enterado de que muchos judíos ilustrados y ricos que viven en Alejandría y Roma no someten ya a sus hijos a una práctica que los vuelve ridículos en los baños públicos y en los gimnasios, y que llegan incluso a disimular las marcas de su propio cuerpo. Ignoraba hasta qué punto aquellos banqueros coleccionistas de vasos mirrinos diferían de la verdadera Israel (Yourcenar, 2010, pp. 208-209).

Ya lo he dicho: nada de todo eso era irreparable, pero si lo eran el odio, el desprecio reciproco, el rencor. En principio el judaísmo ocupa su lugar entre las religiones del imperio; de hecho, Israel se niega desde hace siglos a no ser sino un pueblo entre los pueblos, poseedor de un dios entre los dioses. Los más salvajes dacios no ignoran que su Zalmoxis se llama Júpiter en Roma; el Baal púnico del monte Casio ha sido identificado sin trabajo con el Padre que sostiene en su mano a la Victoria, y del cual ha nacido la Sabiduría; los egipcios, tan orgullosos sin embargo de sus fábulas diez veces seculares, consienten ver en Osiris a un Baco cargado de atributos fúnebres; el áspero Mitra se sabe hermano de Apolo. Ningún pueblo, salvo Israel, tiene la arrogancia de encerrar toda la verdad en los estrechos límites de una sola concepción divina, insultando así la multiplicidad del Dios que todo lo contiene; ningún otro dios ha inspirado a sus adoradores el desprecio y el odio hacia los que ruegan en altares diferentes. Por eso, más que nunca, quería hacer de Jerusalén una ciudad como las demás, donde diversas razas y diversos cultos pudieran existir pacíficamente; olvidaba que en todo combate entre el fanatismo y el sentido común, pocas veces logra este último imponerse.

La apertura de las escuelas donde se enseñaban las letras griegas escandalizó al clero de la antigua ciudad. El rabino Josuá, hombre agradable e instruido con quien había yo hablado muchas veces en Atenas, pero que buscaba hacerse perdonar su cultura extranjera y sus relaciones con nosotros, ordenó a sus discípulos que sólo se consagraran a aquellos estudios profanos si encontraban una hora que no correspondiera ni al día ni a la noche, puesto que la Ley judía debía ser estudiada noche y día. Ismael, miembro conspicuo del Sanedrín, y que pasaba por aliado de la causa romana, dejó morir a su sobrino Ben-Dama antes que aceptar los servicios del cirujano griego que le había enviado Tineo Rufo. Mientras en Tíbur buscábamos aún los medios de conciliar las voluntades sin dar la impresión de ceder a las exigencias de los fanáticos, en Oriente ocurrió lo peor; una asonada de los zelotes tuvo éxito en Jerusalén (Yourcenar, 2010, pp. 209-210).

b. Sobre el cristianismo

La reflexión que hace la voz de Adriano sobre el cristianismo rescata un elemento importante dentro de la cultura romana: la tolerancia. Si bien es cierto que el imperio militarmente era intolerante, en el aspecto cultural era muy abierto a los colores, los sabores y los olores de todas las culturas. El cristianismo, por su parte, proveniente de un comprensible nacionalismo palestino, tempranamente inicia un proceso dialéctico de acomodación a los valores religiosos y desacomodación frente a la tolerancia religiosa. Heredero del judaísmo, considera que su Dios es único y que su religión es la verdadera. Por ello, no se hace esperar su reacción violenta contra otras formas de creencias que no sean las suyas. Un aspecto también digno de mencionar en nuestra época, cuando se hace necesario el respeto por las demás culturas para aprender a convivir entre todos y todas bajo una misma casa planetaria.

> Por aquel entonces Cuadrato, obispo de los cristianos, me envió una apología de su fe. Había yo tenido por principio mantener frente a esa secta la línea de conducta estrictamente equitativa que siguiera Trajano en sus mejores días; acababa de recordar a los gobernadores de provincia que la protección de las leyes se extiende a todos los ciudadanos, y que los difamadores de los cristianos serían castigados en caso de que los acusaran sin pruebas. Pero toda tolerancia acordada a los fanáticos los mueve inmediatamente a creer que su causa merece simpatía. Me cuesta creer que Cuadrato confiara en convertirme en cristiano; sea como fuese, se obstinó en probarme la excelencia de su doctrina, y sobre todo su inocuidad para el Estado. Leí su obra; mi curiosidad llegó al punto de pedir a Flegón que reuniera noticias sobre la vida del joven profeta Jesús, fundador de la secta, que murió víctima de la intolerancia judía hace unos cien años. Aquel joven sabio parece haber dejado preceptos muy parecidos a los de Orfeo, con quien suelen compararlo sus discípulos.
>
> A través de la monocorde prosa de Cuadrato, no dejaba de saborear el encanto enternecedor de esas virtudes de gente sencilla, su dulzura, su ingenuidad, la forma en que se aman los unos a los otros; todo eso se parecía mucho a las hermandades que los esclavos o los pobres fundan por doquiera para honrar a nuestros dioses en los barrios populosos de las ciudades. En el seno de un mundo que, pese a todos nuestros esfuerzos, sigue mostrándose duro e indiferente a las penas y a las esperanzas de los hombres, esas pequeñas sociedades de ayuda mutua ofrecen a los desventurados un punto de apoyo y una confrontación. Pero no dejaba por ello de advertir ciertos peligros.

La glorificación de las virtudes de los niños y los esclavos se cumplía a expensas de cualidades más viriles y más lúcidas. Bajo esta inocencia recatada y desvaída adivinaba la feroz intransigencia del sectario frente a formas de vida y de pensamiento que no son las suyas, el insolente orgullo que lo mueve a preferirse al resto de los hombres y su visión voluntariamente deformada.

No tardé en cansarme de los argumentos capciosos de Cuadrato y de esos retazos de filosofía torpemente extraídos de los escritos de nuestros sabios. Chabrias, siempre preocupado por el culto que debe ofrecerse a los dioses, se inquietaba ante los progresos de esa clase de sectas en el populacho de las grandes ciudades; temía por nuestras antiguas religiones, que no imponen al hombre el yugo de ningún dogma, se prestan a interpretaciones tan variadas como la naturaleza misma y dejan que los corazones austeros inventen si así les parece una moral más elevada, sin someter a las masas a preceptos demasiado estrictos que en seguida engendran la sujeción y la hipocresía. Arriano compartía estos puntos de vista; pasamos toda una noche discutiendo el mandamiento que exige amar al prójimo como a uno mismo; yo lo encontraba demasiado opuesto a la naturaleza humana como para que fuese obedecido por el vulgo, que nunca amará a otro que a sí mismo, y tampoco se aplicaba al sabio, que está lejos de amarse a sí mismo (Yourcenar, 2010, pp. 197-199).

Apocalipsis

A pocalipsis es una obra literaria cargada de metáforas que apelan a la imaginación y a la emoción, y que requieren de un lector activo que vaya reconstruyendo los universos simbólicos que presenta. La literatura apocalíptica está estructurada a partir de imágenes. En ellas, hasta la trama de la historia se pierde, y los símbolos cargados de sentido evidencian la esperanza en medio de situaciones desesperantes. No es una literatura para decodificar alegóricamente, sino para experimentar narrativa e imaginativamente.

Apocalipsis es una obra de fe provocadora, que permite re-abrir la imaginación e invitar a la acción. Intenta formar una identidad en la comunidad receptora, la cual se siente amenazada por fuerzas externas e internas a finales del siglo I d.C. Propone una utopía futura, subversiva, presentando una versión diferente de la realidad a la luz de un futuro re-construido mendiante la belleza de la imaginación fantástica. Hace frente al conformismo presente, y al suspiro nostálgico por épocas doradas pasadas de moral y de orden. De esta forma, presenta nuevas posibilidades de mundo, de relaciones y de vida, transformando lo conocido. Así, permite mantener en los lectores una distancia crítica frente a un mundo injusto, para anunciar un reino de justicia.

Apocalipsis es un libro escrito al final del reinado de Domiciano, cerca del año 96 d.C. Aquí, Roma es llamada Babilonia (14,8; 16,19; 17,5; 18,2.10.21), con un ferviente deseo de que sea destruida. Las siete cabezas de la bestia sobre las que ella se sienta son explicitadas como siete colinas (18,9). Roma, era conocida en los escritos clásicos como *la ciudad de las siete colinas* (Yarbro-Collins, En: ABD, 1997). El escritor aplica este símbolo a Roma, no sólo para representar su poder, riquezas, arrogancia y decadencia, sino también para aludir a los eventos del 70 d.C., cuando el Imperio devastó a Jerusalén, tal como lo había hecho el reino babilónico de Nabucodonosor en el 586 a.C.

Del autor, poco se sabe, excepto que se llama Juan (1,4; 1,9). Pero no deja claro en ningún lugar que sea el hijo de Zebedeo, o el anónimo discípulo amado del Cuarto Evangelio. El nombre Juan (gr. *Iohannes*; Heb. *Yohanan*) era uno de los nombres más comunes entre los judíos desde el exilio, y entre los primeros cristianos de raíces judías. Este Juan nunca se refiere a sí mismo como un apóstol, ni se incluye a sí mismo en la lista de los doce discípulos del Señor (21,14). Por ello, es muy poco probable que sea alguno de los ya mencionados.

La Literatura apocalíptica

La literatura apocalíptica surge en situaciones de sufrimiento y humillación nacional, donde la cultura es aplastada por grandes imperios, tales como los persas, los babilonios, los griegos y los romanos. Los profetas comienzan a crear una identidad para Israel mediante símbolos y mitos nuevos que hagan posible el restablecimiento de su pueblo. Los movimientos que dan lugar a la apocalíptica aparecen cuando el concepto del mundo ordenado y racional se resquebraja, y se necesita una simbólica que transforme el orden social herido y amenazado.

Tal literatura se asemeja a lo que vivieron las diversas civilizaciones y culturas indígenas al ser conquistadas y devastadas por los españoles a partir de 1492. Con sus dioses "derrotados", y sus riquezas ultrajadas, los indígenas tuvieron que re-crear sus concepciones del universo y de sus dioses mediante un sincretismo que les permitiera seguir valorando su identidad y su conciencia, con miras a una esperanza futura como aliciente para poder mantener la resistencia.

La literatura apocalíptica es un género en el que se enmarcan diversas obras judías con características similares, tales como Daniel 7-12, 4 Esdras, 1 Henoc y el Libro de los Jubileos. En el canon se conservan dos libros de este tipo de literatura, Daniel y Apocalipsis, los cuales son los extremos visibles de la época de literatura apocalíptica. Estos dos textos, tienen fuerte relación con la mentalidad del Período Intertestamentario y del NT, donde aparecen otros fragmentos apocalípticos en los evangelios y en las cartas. Estos textos se caracterizan porque se han escrito en un período relativamente corto, entre el 300 a.C. y el 200 d.C. (Murphy, 1996).

Guernica, de Picasso, 1937. Una obra que entrecruza diferentes imágenes de la guerra. Ha sido susceptible de diversas interpretaciones. El ángulo por donde se le mire, permite observar nuevos acontecimientos.

Todos los libros apocalípticos son narrativos. Describen la revelación de secretos a un vidente humano, por parte de un ser celestial. Estas revelaciones son dadas a través de visiones; por lo tanto son enigmáticas, y necesitan ser interpretadas y explicadas por un ser celestial o por un ángel.

Las características de la apocalíptica pueden sintetizarse de esta manera:

- **Características literarias:** pseudonimia, visiones y sueños, metáforas, símbolos y mitos. Intenta contar la historia presente como si fuera el futuro (*Vaticinia ex eventum*). Separar el mundo en dos bandos irreconciliables: los buenos y los malos.

- **Características teológicas**: esperanza del triunfo divino para superar el mundo devorado por el caos. Anuncio de un fin escatológico, que es comprendido como una renovación de todas las cosas. Creencia en ángeles, demonios, animales simbólicos, numerología, predicción del futuro e influencias astrales. Afirmación de la soberanía de Dios sobre todos los seres espirituales, materiales, sociales y políticos.

- **Características sociales y políticas**: nace en época de opresión y colonialismo. Por lo tanto, se opone a los símbolos de la cultura adversaria, tal como la helenística o la romana. Lleva un mensaje alternativo, mediante la construcción o el rescate de nuevos símbolos y mitos. Manifiesta la esperanza en un Mesías guerrero y victorioso, que restaure el estado anterior de los oprimidos o construya un mundo mejor. Este Mesías puede ser un personaje, o varios, o el pueblo entero. Es un compromiso para movilizar a diferentes tipos de resistencia, especialmente simbólica, cuando ya no se puede combatir con las armas.

1. Una estructura abierta: Apocalipsis y Rayuela

Apocalipsis es un libro de visiones. Estas visiones están estructuradas una dentro de otra. Cada visión contiene en sí misma otras visiones, como si estuviera preñada de ellas. Esto es lo que se llama engaste, y puede verse esta manera:

- En la visión del trono y el cordero aparece el libro de los sellos. El cordero tiene el libro de los siete sellos en su mano. Cuando comienza a abrir los sellos, empieza otro episodio: "Vi al Cordero que abría el primero de los siete sellos y oí a uno de los cuatro vivientes que decía con voz de trueno: Ven" (6,1 BNP).

- El cordero va destapando los siete sellos, con los cuales se desata la historia humana. Cuando llega al último sello, éste último contiene dentro de sí las siete trompetas: "Cuando abrió el séptimo sello… Vi a los siete ángeles que estaban delante de Dios: les entregaron siete trompetas" (8,1.2 BNP).

- Entonces inicia la narrativa de las trompetas. El cordero las va destapando una a una, en medio de acontecimientos cósmicos. Cuando llega a la séptima trompeta, ésta desata las siete copas, y se desata la destrucción final: "El séptimo ángel dio un toque de trompeta: voces potentes resonaron en el cielo: Ha llegado el reinado en el mundo de nuestro Señor y de su Mesías y reinará por los siglos de los siglos" (11,15 BNP).

- La séptima copa de la ira de Dios narra la destrucción de Babilonia, y se da por finalizado su destino: "La Gran Ciudad se partió en tres y se derrumbaron las ciudades de las naciones. Dios se acordó de Babilonia la Grande y le hizo beber la copa de la ira de su cólera" (16,19 BNP). Pero en el capítulo siguiente, se narra con lujo de detalles la destrucción de Babilonia: "Uno de los siete ángeles que tenían las siete copas se acercó a mí y me dirigió la palabra: Ven que te muestre el castigo de la gran prostituta" (17,1 BNP).

En este sentido, Apocalipsis se puede abordar de atrás para adelante, y de adelante para atrás. Se puede iniciar donde sea, sabiendo que una visión está contenida en la otra, y que el orden no es el orden de la historia. Lo que importa al fin y al cabo es que el Cordero es el Alfa y la Omega, el principio y el fin de la historia (1,8).

En cuanto a su estructura, se asemeja a *Rayuela*, novela de Julio Cortázar, donde un capítulo remite a uno anterior o posterior. La manera de leer

Rayuela, y el orden en que se haga, determinará su principio y su final. Como señala Cortázar en el *Tablero de dirección*.

Rayuela es una novela con elementos estilísticos del *collage*, que explora el surrealismo, y va de lo externo a lo interno, de París a Buenos Aires, de Horacio a Morelli. Mantiene un intercambio activo con el lector y la lectora, y sabe que necesita de ellos para que se complete la obra literaria. Para el escritor latinoamericano, el texto es un diálogo abierto entre autor y lector. Como afirma en su nota morelliana en Rayuela:

> Tomar de la literatura eso que es puente vivo de hombre a hombre, y que el tratado o ensayo sólo permite entre especialistas. Una narrativa que no sea pretexto para la transformación de un "mensaje" (no hay mensaje, hay mensajeros y eso es el mensaje, así como el amor es el que ama); una narrativa que actúe como coagulante de vivencias, como catalizadora de nociones confusas y mal entendidas, y que incida en primer término en el que la escribe, para lo cual hay que escribirla como antinovela porque todo orden cerrado dejará sistemáticamente afuera esos anuncios que pueden volvernos mensajeros, acercarnos a nuestros propios límites de los que tan lejos estamos cara a cara (Cortázar, 1963, p. 516).

Similares cosas pueden decirse de Apocalipsis. Es una obra que pareciera dialogar con el surrealismo. Una visión está contenida de otra. Se necesita del lector y la lectora activos para el encuentro con el texto: "El que tenga oídos, que oiga lo que el Espíritu dice a las igesias" (2,7a BJ). Y ninguna interpretación puede agotar su sentido. El mensaje es el mensajero, y el mensajero es el Cordero inmolado, Palabra de Dios, Alfa y Omega. En Apocalipsis, la revelación no es la revelación del futuro de la historia, sino la *revelación de Jesucristo* (Ἀποκάλυψις Ἰησοῦ Χριστοῦ 1,1).

A su manera este libro es muchos libros, pero sobre todo es dos libros. El primero se deja leer en la forma corriente, y termina en el capítulo 56, al pie del cual hay tres vistosas estrellitas que equivalen a la palabra Fin. Por consiguiente, el lector prescindirá sin remordimientos de lo que sigue. El segundo se deja leer empezando por el capítulo 73 y siguiendo luego en el orden que se indica al pie de cada capítulo. En caso de confusión u olvido, bastará consultar la lista siguiente: 73 - 1 - 2 - 116 - 3 - 84 - 4 -71... (Cortázar, Rayuela, 1963).

El Apocalipsis de Juan no trata tanto de revelar el futuro o el fin de los tiempos, en cuanto realidad objetivable, como de proclamar la llegada de este fin de los tiempos en el acontecimiento de Jesucristo, con la crítica del mundo presente que esto implica... El eje central de Apocalipsis de Juan no es, por lo tanto el retorno de Cristo, sino su encarnación ya acontecida. Este acontecimiento cambia radicalmente el curso de la historia y da sentido al presente y al futuro (Cuvillier, En: Marguerat, 2008 p. 398)

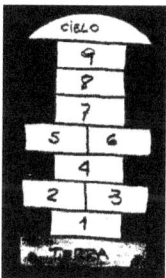

2. Texto bíblico: Símbolos narrativos y zoología fantástica en Apocalipsis 4-5

Eres digno de recibir el rollo y romper sus sellos,
        porque fuiste degollado
y con tu sangre compraste para Dios
        hombres de toda raza, lengua, pueblo y nación;
hiciste de ellos el reino de nuestro Dios
        y sus sacerdotes, y reinarán en la tierra
(Ap 5,9-10 BNP).

Los capítulos 4 y 5 de Apocalipsis tratan de un relato en el que un narrador entra por una puerta y lleva a la audiencia de su mano. Como lectores sabemos, igual que el escritor, poco o nada de la situación; y asistimos junto a él como espectadores a través de su voz. El relato despliega una gama de personajes que se suceden unos a otros dentro de un escenario único: el trono celestial. Cada personaje está descrito con imágenes minerales y animales, de manera fantástica, cuando en el clímax narrativo aparece de repente el más insignificante, que es el que dará sentido a la historia.

La trama del relato puede desglosarse así:

- **Situación inicial (4,1-11):** presentación del escenario y de los personajes. El narrador se detiene cuidadosamente a describirlos.

- **Nudo (5,1-4):** aparece un rollo, sellado con siete sellos. La apertura del rollo significa la apertura de lo que vendrá después, como muestra el capítulo 6 con el desatarse de los sellos. No hay nadie que pueda abrir el rollo ni romper sus sellos en todo el *Cósmos* (tierra, cielo, debajo de la tierra). El narrador llora, porque si no se abre el rollo no se puede abrir lo que vendrá después.

- **Acción transformadora (5,5):** un anciano revela al narrador que el león de Judá puede abrir el rollo.

- **Desenlace (5,6-11):** inmediatamente aparece el león, que es un cordero, y toma el rollo, y ante él se postran los ancianos y los vivientes y cantan que es digno de llevar a cabo esta acción.

- **Situación final (5,12-14):** se unen millones de ángeles a esta alabanza, y luego se suman todas las criaturas del cielo, la tierra, debajo de la tierra y el mar, y alaban al sentado en el trono y al cordero.

El centro de la narración está en 5,5, con la revelación de uno de los ancianos. Se refiere al león de la tribu de Judá como el personaje que puede abrir el rollo, y de esta manera puede abrir la historia. Entre el nudo y el desenlace hay armonía, pues en el nudo nadie puede tomar el rollo y romper sus sellos, y en el desenlace el cordero toma el rollo. Como es un capítulo inicial para la narración de los sellos (6,1ss), la apertura de los sellos es parte de la trama central del macro-relato.

En el éxtasis celestial, se apoderan de la narración las figuras de la naturaleza, que se entremezclan las figuras de la tierra y las del cielo. Animales fantásticos, humanos eternizados y dioses humanizados poblan el escenario. La descripción que hay detrás de esta simbólica es la historia de Jesús de Nazaret, identificado con el cordero. El narrador cuenta la historia de la vida de nuestro Señor desde un drama cósmico. Alude a la tradición escriturística para identificarlo como el león de Judá, raíz de David (5,5), y cuenta la historia de su muerte y resurrección desde una perspectiva universal y trascendente (5,9-10).

Las imágenes simbólicas de Apocalipsis son polivalentes y multiformes. Esta posibilidad interpretativa no sólo se da para los lectores y lectoras actuales, sino que es parte de la naturaleza de este texto como literatura. En la liturgia divina del capítulo 5, se entremezcla la fe con la poesía. Algunas de las imágenes que despliega el texto son importantes de reflexionar desde la perspectiva del símbolo.

> La terapia es la búsqueda de ese nombre olvidado. Y cuando reaparece y es pronunciado con toda la pasión del cuerpo y del alma, a ese acto se le da el nombre de poesía. También se le puede llamar oración... La oración y los poemas son la misma cosa: palabras que se pronuncian a partir del silencio, pidiendo que el silencio nos hable (Rubem Alves, 2008, pp. 282.284)

a. **El rollo**

El libro como tal, contiene los eventos escatológicos que se comienzan a desarrollar inmediatamente se desatan sus sellos (6,1). Para la audiencia, tanto original como de todos los tiempos, evoca una pluralidad de imágenes, como señala Boring (1989, p. 104):

- *Los rollos de la Ley,* que contienen la voluntad de Dios y los juicios contra quienes la violan. Los judíos y los judeocristianos venían cotidianamente en la sinagoga, donde cada sábado se abren los rollos.

- Los profetas del AT dejaron escritas narraciones en las que recibían libros que *contenían promesas y juicios futuros* para Israel. Estos libros sólo podían ser abiertos en el futuro (Is 8,16; 29,11; Dan 12,4).

- Ezequiel recibe un *rollo profético*, escrito por ambos lados (Ez 2,10).

- En Babilonia, se consideraba que las *tablas celestiales del destino* contenían las decisiones de los dioses acerca del futuro. La apocalíptica judía adoptó este motivo (1 Hen 81,1-3).

- En la tradición bíblica, se considera que los redimidos están inscritos en un rollo, llamado el *libro de la vida* (Sal 69,28; 139,16; Dan 12,1; 1 Hen 104,1; Lc 10,20; Fil 4,3; Heb 12,23).

- En la antigüedad, los *testamentos y la última voluntad de alguien que moría* eran normalmente sellados con *siete sellos*. Los sellos representan el sello personal de una persona, el respaldo de su voluntad. El rollo de Apocalipsis evoca la imagen de una voluntad que debe ser ejecutada inmediatamente se abran los sellos.

b. El mar cristalizado

Esta es una imagen proveniente de la mitología de Antiguo Oriente. Se trata de la victoria del Dios sobre los monstruos del caos, representados en el mar (Boring, 1989, p. 105). Al igual que en Génesis, el Creador ofrece una tierra sólida para vencer al mar caótico (Gen 1,1-10). El caos es la fuerza que intenta levantarse constantemente contra la Creación, personificada en Leviatán, o representada en el Mar Rojo. Pero Dios defiende no sólo a su pueblo, sino a la creación entera, abriendo el mar, jugando con Leviatán, o cristalizando éste símbolo de miedo y terror. Ahora, el soberano divino tiene simbólicamente al enemigo caótico al estrado de sus pies.

c. El arco iris

La imagen del arco iris recuerda el pacto de Yahvé hecho con todos los seres vivos y proclamado a Noé. Es el símbolo del poder Dios sobre el caos: "aparecerá en las nubes el arco, y recordaré mi alianza con ustedes y con todos los animales, y el diluvio no volverá a destruir los vivientes... Alianza de Dios con todos los seres vivos, con todo lo que vive en la tierra" (9,14b-16 BNP).

Este trasfondo influye en el texto de Apocalipsis, pues en 4,6 cantan los seres vivos, representación simbólica de todos los seres vivos del universo. Y en 5,13, todas las criaturas participan de la salvación y la gloria del cordero. La obra del cordero es entendida como una salvación para todas las criaturas, y no solamente para el ser humano, el cual está representado en la narración como un simple espectador, y objeto de la salvación divina. Esto ubica al ser humano en perspectiva, él no es el centro del universo. El centro del universo es el trono divino, y alrededor de él, el ser humano es una criatura más, que comparte junto con las otras criaturas el beneficio, el cuidado y el rescate divinos.

d. Creación

A veces, la gente antepone los términos "creación" y "apocalipsis". Sin embargo, el libro de Apocalipsis recoge el concepto de creación como presupuesto fundamental para la revelación. No hay contradicción, sino complementariedad. Los términos referentes a la *creación* aparecen en los himnos y cantos celebrados en este libro (4,11). *Todas las criaturas (5,13)* se suman a la alabanza de los seres celestiales personajes del cielo y en la tierra, bajo tierra y en el mar. La creación celebra la obra divina, que consta de la creación del cosmos, su redención y su consumación escatológica (5,13), que más que destrucción es *nueva creación* (22,1s).

Apocalipsis no aboga por una destrucción de la tierra sino más bien una nueva vida para ella, por una re-creación. Este libro no cuenta la historia del fin del mundo, sino del comienzo de los Nuevos Cielos y la Nueva Tierra. Las imágenes finales que presenta están en armonía con la dignidad que tienen todas las criaturas y de la creación entera, tal como aparece en los capítulos 4 y 5, a saber:

- Vi un cielo nuevo y una tierra nueva (21,1 BNP)

- Me trasladó en éxtasis a una montaña grande y elevada y me mostró la Ciudad Santa, Jerusalén, que bajaba del cielo, de Dios (21,10 BNP)

- Describe la ciudad en términos minerales: muralla de jaspe, ciudad de oro puro, límpido como cristal. Los cimientos de la muralla adornados con piedras preciosas... Las doce puertas son doce perlas. Las calles de la ciudad pavimentadas de oro puro, límpido como cristal (21,18-21 BNP)

- Me mostró un río de agua viva, brillante como cristal, que brotaba del trono de Dios y del Cordero (22,1 BNP)

> En el Oriente antiguo, el cuerno es signo de poder y se encuentra vinculado al sol (sus rayos son como cuernos), al altar (sus cuatro salientes son símbolos de fuerza), a los animales poderosos (toro) y a los hombres capaces de expandir su dominio" (Pikaza, 2001, p. 288).

- En medio de la plaza y en los márgenes del río crece el árbol de la vida, que da fruto doce veces: cada mes una cosecha, y sus hojas son medicinales para las naciones (22,2 BNP)

- No habrá noche (símbolo de miedo) No les hará falta luz de lámpara ni luz del sol (peligro y amenaza en clima desértico), porque los ilumina el Señor Dios, y reinarán por los siglos de los siglos (22,5 BNP).

e. Ángeles y animales sagrados (ἄγγελος)

Los cuatro vivientes (4,6-9) son llamados en griego ζῷα (vivientes, sing. ζῷον),), lo cual puede traducirse perfectamente como *animales*. En términos de Borges, como "animales fantásticos". El primero es descrito con figura de león; el segundo, con figura de toro o novillo; el tercero tiene rostro humano; el cuarto tiene figura de águila volando. Cada uno tiene seis alas, cubiertas de ojos por dentro y por fuera. Su labor es la alabanza diaria al que está sentado en el trono.

En el AT, los ángeles son seres celestiales que pertenecen a la corte de Yahvé (Job 1,6), constantemente le sirven y alaban (Is 6,2s). Desde el punto de vista de la historia de las religiones, la representación de los ángeles procede del entorno cananeo. A esta corte divina, pertenecen también figuras como los santos, los fuertes, los hijos de Dios.

Los cuatro vivientes están en medio del trono y alrededor del trono, es decir, están en contacto inmediato con Dios. Una imagen tomada de Ezequiel 1,10ss, con la intención expresa de mostrar la estrecha inter-relación entre Dios, los animales y la tierra, los cuales también gimen por un juicio y una liberación ante la destrucción del universo.

f. El cordero (ἀρνίον)

Dentro de los animales sagrados del relato, se puede clasificar también al Cordero. No sólo es Cordero, sino que también es león. Además, tiene características fantásticas, divinas, como los ojos y los cuernos con los que es descrito (5,6). Es el animal más frágil de la narración, pero irá apareciendo como el más fuerte. El narrador juega con las expectativas de su audiencia. Anuncia al león de la tribu de Judá, retoño de David. La gente espera a un guerrero, con todas las capacidades para matar y vencer. Pero aparece un cordero sacrificado, que ha muerto, como corrobora 5,9.

El cordero no habla, sino que se habla de él. La celebración que se le hace remite a acontecimientos pasados, que dan sentido al presente y al futuro de la narración: "fuiste degollado y con tu sangre compraste para Dios hombres de toda raza, lengua, pueblo y nación; hiciste de ellos el reino de nuestro Dios y sus sacerdotes, y reinarán en la tierra" (5,9-10 BNP). Según Luis D'Aragon , las tres doxologías (vv. 9s.12.13) corresponden a las aclamaciones que usualmente acompañaban la entronización de un rey (D'Aragon. "Apocalipsis". En: *CBSJ IV*, 1972, p. 552).

A lo largo de la narración de Apocalipsis, la imagen del cordero va creciendo. Al inició se le presenta como degollado, que a la vez es signo de victoria (5,9). Es quien va desatando los sellos del juicio contra la maldad. Por ello, los poderosos del mundo le temen (6,6), pero los fieles cantan su gloria (7,10). Este Cordero se vuelve Pastor de humanos (7,17), y luego guerrero victorioso que destruye a las bestias (17,14). Al final, es esposo, y como gran cuento fantástico, sus bodas son el culmen del drama narrativo (19,7.9; 21,9). Es quien construye la nueva ciudad y provee la nueva tierra (21,14.22), y se constituye como la fuente de agua viva (22,1.3), templo y luz, presencia misma de Dios para los salvados, a quienes libera de la muerte (21,14.27.22.23).

La intención teológica de Apocalipsis es combativa, pero el combate no se realiza mediante el león devorador, sino mediante la lenta ira del cordero. El cordero ha sido sacrificado, ahora, como animal sagrado, le corresponde desatar los signos de la historia y traer el juicio divino contra las personas y políticas injustas. Qué interesante que sea un animalito sacrificial el que traiga el comienzo de la venganza divina a causa del derramamiento de sangre.

La venganza de Gaia
(Mägo de Oz)

Aparecieron en su mansión
Un ciervo anciano y un halcón,
Un bosque quemado y un sauce llorón.
Esto es un juicio y este el tribunal
Que ha de condenar tu usura.
El ozono es el fiscal y una ballena el juez.
Un río contaminado en pie
Hace pasar al jurado,
Formado por la justicia, el amor,
Y algún pez.
Todo mal que me hagas, a ti te lo harás
Pues la Tierra es tu hogar
Y al igual que amar, también se castigar
La venganza de Gaia tendrás

g. Un mensaje político

Las imágenes del relato son polivalentes y apocalípticas. Pero también son políticas, tales como: "trono"/"tronos" (θρόνος), "coronas, (στέφανος), "postrarse" (προσκυνέω), "gloria" (δόξα), "honor" (τιμή), "poder" (δύναμις), "tribu" (φυλή), "lengua" (γλῶσσα), "pueblo" (λαός), "nación" (ἔθνος), "reino" (βασιλεία), "reinar en la tierra" (βασιλεύσουσιν ἐπὶ τῆς γῆς).

Estas referencias constantes al "trono" recuerdan que el narrador y su audiencia viven cerca de donde Satán tiene su trono (2,13), particularmente en un contexto donde se está rindiendo culto al César. De allí, que la imagen de apocalipsis sea también una imagen polémica, confrontando a la audiencia a pensar en quién gobierna realmente el universo.

La aclamación "Señor y Dios Todopoderoso" (κύριος ὁ θεὸς ὁ παντοκράτωρ - vulg. *Dominus Deus omnipotens* 4,8) contrasta con el culto creciente de Domiciano, que al final se hizo llamar con el mismo título: *Dominus et Deus noster*. La imagen de los veinticuatro ancianos postrándose ante el trono y entregando sus coronas invita a pensar en el reporte de Tácito, donde el rey parto Tirídates ofreció su corona delante de la imagen de Nerón para rendirle homenaje como emperador de todo el orbe (Boring, 1989, p. 103). Esto refleja las intenciones políticas de la adoración divina narrada en el texto de Apocalipsis. Quien gobierna el cosmos es el cordero degollado, y no el César.

3. Biblia y Literatura: ángeles en el Nuevo Testamento... y en América Latina

Para el NT es importante la presencia de los ángeles y los seres celestiales. En los textos narrativos, son quienes anuncian el nacimiento de Jesús (Mt 1-2; Lc 1-2), lo acompañan y lo asisten durante la tentación en el desierto (Mt 1,13), lo fortalecen en el huerto de Getsemaní (Lc 22,43), y anuncian el milagro de la tumba vacía (Jn 20,12). También son descritos como ayudadores de los apóstoles en situaciones difíciles (Hch 5,19). Son puestos como ejemplo muchas veces por Pablo (1 Cor 4,9), y motivo de discusión entre los sabios de la época (Mt 22,30). En el libro de Apocalipsis, tienen un lugar especial, ya que aparecen prácticamente en todos los capítulos, y son los desencadenadores de la narración.

En el mundo judío y cristiano del NT, la creencia en los ángeles (ἄγγελος) se había extendido considerablemente. La mayoría de las personas creían en ellos, a excepción de una minoría saducea. Se aceptaban las creencias vetero e intertestamentarias sobre los ángeles, y llegaron a ser pieza fundamental de las creencias cristianas (cf. Mt 1,20; 2 Tes 1,7s; Heb 1,4s). Los ángeles son comprendidos como representaciones del mundo celestial y mensajeros de Dios.

Desde el AT, los ángeles son seres celestiales que pertenecen a la corte de Yahvé (Job 1,6), a quien constantemente sirven y alaban (Is 6,2s). Desde el punto de vista de la historia de las religiones, la representación de los ángeles procede del entorno cananeo (Bietenhard, En: *DTNT*, 1990, p. 130). Una clase peculiar de ángeles son los querubines, seres híbridos de hombre y animal (Gen 3,24; Ez 1,10; Sal 18,11), y los serafines, que tienen seis alas (Is 6,2).

La influencia del exilio intensifica más la importancia de los ángeles, pues Yahvé se convierte en un Dios trascendente, y sólo se puede relacionar con los seres humanos a través de mediadores como los ángeles (Job 5,1; Zac 14,5).

En el judaísmo tardío, la creencia en los ángeles se convierte en creencia popular. Representan la omnisciencia y omnipresencia de Yahvé, forman su cortejo y su séquito, son sus mensajeros. Están en conexión con los astros, los elementos y las manifestaciones y fuerzas de la naturaleza, a los que rigen por mandato de Dios. (Dn 10,13.21; 1Hen 6-16). Filón de Alejandría entiende al ángel de Yahvé como el *Lógos* divino, y a los demás ángeles como manifestaciones y fuerzas del universo.

En la actualidad, la discusión intelectual sobre los ángeles ha cesado, pero la presencia de estas figuras se ha intensificado en la literatura y el arte. La idea bíblica del Dios personal se ha transformado en la experiencia de un Dios trascendente, que no necesita mediadores, que está presente en todas las cosas, y actúa a través de la naturaleza. Los ángeles en la actualidad serían -como pensaba Filón- manifestaciones divinas en el Cósmos.

La literatura latinoamericana ha heredado el concepto cristiano de los ángeles, y los ha interpretado desde su propia experiencia y contexto. Ahora los ángeles toman formas humanas, no son potencias divinas ni los pequeños niños desnudos del renacimiento. Reflejan la experiencia terrenal en realidades concretas, como la enfermedad, la pobreza, la vejez y el olvido. Los ángeles son el reflejo del "yo" y el "nosotros", en un tercero que nos acompaña. Dan testimonio de esto narraciones de autores latinoamericanos como Amado Nervo ("El ángel caído") y García Márquez ("Un señor muy viejo con unas alas enormes").

En la actual literatura latinoamericana, los ángeles son reflejo del ser humano latinoamericano. Caen, se golpean, y difícilmente son ayudados a levantarse. Son seres incomprendidos, que necesitan de personas con buen corazón, de buenos samaritanos -generalmente niños y niñas- que comprendan su mensaje y se compadezcan. Este *topos* literario es el topos donde el ser humano se encuentra a sí mismo.

En el NT, el ángel es la voz de la esperanza, portador de Buenas Noticias (Mt 1,18s), desencadenador de venganzas divinas (Ap. 6,1s), revelador de misterios (1 Cor 13,1). Como señala Eugen Drewermann (2000), el ángel es la conciencia del existir del *Ser*, la imagen personificada dentro del ser humano en la que Dios se ha formado una morada, a través de la que Dios se revela. El ángel se da a conocer sólo en las profundidades del alma, nunca en el estado de vigilia; pues es sólo en los sueños del inconsciente cuando la conciencia no alcanza a pensar, que el ser humano tiene su encuentro con la voz divina que ha decidido habitar en su ser, para advertir, para prevenir, para protestar o para proteger.

Amado Nervo presenta a un personaje hermoso. Pero cae, y está magullado. Como "mensajero" no trae ningún mensaje, sino que ha tenido un accidente. Está en contacto con los niños, y son ellos quienes se convierten en seres milagrosos para él.

Érase un ángel que, por retozar más de la cuenta sobre una nube crepuscular teñida de violetas, perdió pie y cayó lastimosamente a la tierra.

Su mala suerte quiso que, en vez de dar sobre el fresco césped, diese contra bronca piedra, de modo y manera que el cuitado se estropeó un ala, el ala derecha, por más señas.

Allí quedó despatarrado, sangrando, y aunque daba voces de socorro, como no es usual que en la tierra se comprenda el idioma de los ángeles, nadie acudía en su auxilio.

En esto acertó a pasar no lejos un niño que volvía de la escuela, y aquí empezó la buena suerte del caído, porque como los niños sí suelen comprender la lengua angélica (en el siglo XX mucho menos, pero en fin), el chico allegóse al mísero y sorprendido primero y compadecido después, tendióle la mano y le ayudó a levantarse...

El ángel, al sentir que le hurgaban la herida, dejó oír un lamento armonioso. Como nunca había conocido el dolor, era más sensible a él que los mortales, forjados para la pena.

Pronto la caritativa dama le vendó el ala, a decir verdad, con trabajo, porque era tan grande que no bastaban los trapos; y más aliviado y lejos ya de las piedras del camino, el ángel pudo ponerse en pie y enderezar su esbelta estatura.

Era maravilloso de belleza. Su piel translúcida parecía iluminada por suave luz interior y sus ojos, de un hondo azul de incomparable diafanidad, miraban de manera que cada mirada producía un éxtasis. (Nervo, "El ángel caído". En: Hahn, 1998, p. 93-95)

Gabriel García Márquez presenta a un ángel feo, que ni siquiera puede comunicarse. Reflejo de la percepción de un mundo celeste que no da respuestas directas a los interrogantes humanos, y del acostumbramiento de la sociedad contemporánea a vivir sin ellos y sin las variables celestes (Rodero, 2009).

Ambos observaron el cuerpo caído con un callado estupor. Estaba vestido como un trapero. Le quedaban apenas unas hilachas descoloridas en el cráneo pelado y muy pocos dientes en la boca, y su lastimosa condición de bisabuelo ensopado lo había desprovisto de toda grandeza. Sus alas de gallinazo grande, sucias y medio desplumadas, estaban encalladas para siempre en el lodazal....

El tiempo se le iba buscando acomodo en su nido prestado, aturdido por el calor de infierno de las lámparas de aceite y las velas de sacrificio que le arrimaban a las alambradas. Al principio trataron de que comiera cristales de alcanfor, que, de acuerdo con la sabiduría de la vecina sabia, era el alimento específico de los ángeles. Pero él los despreciaba, como despreció sin probarlos los almuerzos papales que le llevaban los penitentes, y nunca se supo si fue por ángel o por viejo que terminó comiendo nada más que papillas de berenjena. Su única virtud sobrenatural parecía ser la paciencia. Sobre todo en los primeros tiempos, cuando le picoteaban las gallinas en busca de los parásitos estelares que proliferaban en sus alas, y los baldados le arrancaban plumas para tocarse con ellas sus defectos, y hasta los más piadosos le tiraban piedras tratando de que se levantara para verlo de cuerpo entero. La única vez que consiguieron alterarlo fue cuando le abrasaron el costado con un hierro de marcar novillos, porque llevaba tantas horas de estar inmóvil que lo creyeron muerto. Despertó sobresaltado, despotricando en lengua hermética y con los ojos en lágrimas, y dio un par de aletazos que provocaron un remolino de estiércol de gallinero y polvo lunar, y un ventarrón de pánico que no parecía de este mundo. Aunque muchos creyeron que su reacción no había sido de rabia sino de dolor, desde entonces se cuidaron de no molestarlo, porque la mayoría entendió que su pasividad no era la de un héroe en uso de buen retiro sino la de un cataclismo en reposo (García Márquez. "Un señor muy viejo con unas alas enormes". En: Hahn, 1998, p. 366)

4. Biblia y culturas: Perspectiva simbólica de Apocalipsis

El punto de partida para la lectura de Apocalipsis es comprender que es un libro cargado de mitos y símbolos. El mito y el símbolo son características literarias y culturales, que hacen parte de los textos orales y escritos, y que forman identidad, esperanza, utopías y críticas frente al mundo imperante. Puede servir para legitimar el orden social existente, o para oponerse a él.

Al hablar de *mito*, no estamos hablando de mentiras, sino de una categoría literaria que relata los orígenes o el fin de un pueblo, o incluso del universo entero. El mito, en las culturas antiguas, pretende dar una comprensión de la realidad humana en su totalidad, al resaltar cómo comenzaron las cosas y cómo terminarán. Lo que busca es dar orientación y sentido para la vida de las personas, mediante la ubicación del ser humano dentro de un universo con principio, final y cierto orden que regula la manera de vivir.

Apocalipsis alude a las experiencias humanas de la esperanza y de la justicia, y las convierte en un entramado narrativo de símbolos emparentados con el éxodo, la extranjería, la guerra, el sueño, la liturgia, la poesía y la historia futura para dar sentido a las situaciones que viven las comunidades de Asia Menor.

El mito no es una falsa explicación por medio de imágenes y de fábulas, sino un relato tradicional referido a acontecimientos ocurridos en el origen "y en el fin" de los tiempos y destinado a fundar la acción ritual de los hombres de hoy y, de modo general, a instaurar todas las formas de acción y de pensamiento mediante las cuales el hombre se comprende a sí mismo dentro de su mundo (Ricoeur, 2004, p. 170-171).

Según Severino Croatto (2002), el símbolo es la clave de todo lenguaje de la experiencia religiosa. El símbolo no esconde ninguna enseñanza oculta que bastaría con desenmascarar y que tornaría caduco el revestimiento de la imagen —como sucede en la alegoría-. Más bien, el símbolo propone una interpretación creadora de sentido, ya que está cargado de un *plus* de sentido donde la imagen sensible se encuentra vinculada a un sentido encerrando un contenido que la trasciende.

En el símbolo, el recurso a lo arcaico, a lo nocturno, a lo onírico, invita a una interpretación más allá de lo racional; es llamado a la memoria y a la esperanza. *El símbolo da que pensar*, porque parte de la donación de sentido, y a su vez nos invita a pensarlo sin agotarlo. Por ello siempre se debe interpretar a dos niveles: respetando el enigma de los símbolos, y promoviendo la lectura creadora de sentido.

El lenguaje apocalíptico es un lenguaje simbólico. Es un símbolo narrado, y por lo tanto es un mito, y está cargado de esperanza. En el lenguaje apocalíptico, aparecen las tres dimensiones del símbolo de las que habla Paul Ricoeur (2002). A saber,

a. Dimensión cósmica del símbolo

El ser humano ve lo sagrado en el mundo y en el tiempo. Las realidades naturales, como las aguas, el sol, la luna y los cerros, son símbolos y lugar de lo divino. El pasado sagrado, el presente litúrgico, o el futuro transformador, son otra forma de comprender a Dios actuando en nuestra historia.

Estos símbolos están muy presentes en las religiones indígenas en Abya-Yala, y también en la literatura apocalíptica, donde las estrellas caen (Ap. 8,10), Dios es descrito en figuras cósmicas (Ap. 4 y 5) y la tierra entera se conmueve. También lo sagrado es descrito en términos de tiempo, esperando que el futuro irrumpa en nuestro presente, para transformar nuestra realidad.

> Los indígenas han conservado la visión comunitaria y sagrada de la naturaleza. Tienen para ellos alto significado los montes, los lagos, las piedras y los árboles. Tanto los accidentes geográficos como los fenómenos naturales son personificados y alrededor de ellos existen narraciones orales y escritas (Nidia Arrobo Rodas. En: Estermann I, 2002, p. 47)

b. Dimensión onírica del símbolo

En los sueños no sólo aparecen las dimensiones infantiles o instintivas humanas, sino también las dimensiones evolutivas y maduras, lo que corresponde a la dimensión utópica. Los símbolos también nos sirven para soñar, para crear mundos alternativos, y para planear transformaciones del orden social y político. Esta dimensión está muy presente en las religiones afroamericanas, por ejemplo en el Rastafari, celebrado en la música de Bob Marley y otros artistas. En ésta, se promueve un éxodo desde la discriminación y alienación de los pueblos negros hacia la humanización y la transformación de las relaciones sociales, simbolizada en Sion o la Nueva Jerusalén, una tierra donde las relaciones sociales sean diferentes.

c. Dimensión imaginativa y poética del símbolo

En la poesía, el símbolo es lugar donde nace el lenguaje. La poesía concentra la imagen del mundo de los sueños y las utopías, al extraer nuestro pasado y proyectarlo en una profecía hacia nuestro porvenir. Bebe también de la dimensión cósmica del símbolo, al hacer manifiesto lo sagrado en el cielo y en las aguas, la vegetación y las piedras. Se apodera de la nostalgia de un pasado diferente, o de un futuro liberador.

Éxodo: ¡Movimiento del pueblo de Jah!
Antes de que dudes de mí,
déjame decirte esto:
Hombres y pueblo lucharán para descender
(dime por qué)

Cuando ves la luz de Jah
Déjame decirte si no estás equivocado (¿entonces, qué?)
Todo está bien
Así que vamos a caminar (¡está bien!) por los caminos de la Creación
Nosotros, la generación (dime por qué).
Aplastada con grandes tribulaciones.
Éxodo: ¡Movimiento del pueblo de Jah!
Éxodo: ¡Movimiento del pueblo de Jah!

Abre tus ojos y mira dentro de ti
Estás satisfecho con la vida que vives?

Nosotros sabemos a dónde vamos.
Sabemos de dónde venimos.
Estamos dejando Babilonia.
Estamos yendo a la tierra de nuestros Padres.

Éxodo: ¡Movimiento del pueblo de Jah!
Envíanos a otro hermano Moisés (¡Movimiento del pueblo de Jah!)
Para cruzar el mar rojo (¡Movimiento del pueblo de Jah!)
Envíanos a otro hermano Moisés (¡Movimiento del pueblo de Jah!)
Para cruzar el mar rojo (¡Movimiento del pueblo de Jah!)
(¡Movimiento del pueblo de Jah!)

Jah viene a romper con la opresión,
A regir con igualdad,
A echar fuera la transgresión,
A liberar a los cautivos.

Éxodo: ¡Movimiento del pueblo de Jah!
¡Movimiento del pueblo de Jah!
¡Movimiento del pueblo de Jah!
¡Movimiento del pueblo de Jah!

(Bob Marley &
The Wailers. "Exodus".
En: Álbum *Exodus*. 1977).

Gran parte de la poesía se acerca a la experiencia de la verdad desde una perspectiva religiosa, mística. Mezcla el pasado con el futuro, los sueños con la historia, y construye un universo de sentido, un horizonte en el que los seres humanos pueden caminar y construir un mundo mejor. Como recoge Ernesto Cardenal en su poema titulado *Netzahualcóyotl*, donde proyecta en la imagen del rey la esperanza de un futuro de los pueblos, a la luz de la historia tolteca en México, tiempo antes de la conquista.

> Un día dijo:
> "Compren todo lo que está en el mercado
> sin regatear los precios, y repártanlo gratis.
> Pronto, antes que yo coma"
> Yo soy macehual decía Netzahualcóyotl
> Se iba disfrazado a los mercados
> para oír las quejas contra el gobierno, para saber
> lo que pensaba el pueblo.
> Como en el tiempo de las guerrillas disfrazado…
> Dictó una estricta ley forestal
> para la conservación de bosques
> pero vio a un niño pepenando leñita sin entrar al bosque
> y suavizó la ley.
> Perdonó la vida a un reo por unos versos que hizo.
> Ordenó que se abrieran las puertas del palacio
> a los pobres, los del mercado, los macehuales.
> No le agradaba el olor de los sacerdotes
> Vestidos con la piel de los desollados.
> "Plántese maíz, ayote, frijol
> a la orilla de las carreteras
> para los viajeros, para los pobres,
> no será robo, no han de morir por ello".
> Ningún juicio pase de 80 días con todas sus instancias y apelaciones
> Miren que no se aumenten los impuestos
> Que se mantenga el tamaño de los tamales.
> Los macehuales no sean oprimidos por los ricos.
> Educación universal obligatoria.
> Las 2 materias de la enseñanza universitaria:
> Ixtlamachiliztli ("dar sabiduría a los rostros")
> Yolmelahualiztli ("enderezar los corazones")
> pena de muerte a los historiadores
> que falsearan en sus pinturas (a sabiendas)
> la verdad de los hechos.
> Los jueces trabajaban mañana y tarde
> (salvo días de fiesta)
> con Lunch en el palacio. El ministerio de Poesía
> abierto todo el día. El de Guerra
> casi siempre cerrado.
> (Cardenal, 2007, pp. 347-348)

5. Apocalipsis: la construcción simbólica de una resistencia

Apocalipsis es un libro que corresponde una situación de colonialismo y resistencia. Es un texto escrito en un período de lucha nacional judía contra la ocupación extranjera, período que termina con la dispersión final del pueblo judío, en la época del nacimiento del cristianismo. Presenta una perspectiva de esperanza en una inversión total, donde comenzará el reinando de Dios.

El texto de Apocalipsis refleja una crisis. Palabras como "los que habían vencido a la fiera" (15,2 BNP) "los que llevaban la marca de la fiera" (16,22 BNP), "derramaron la sangre de santos y profetas" (16,5 BP), "no se arrepintieron de sus acciones (16,9.10 BNP), "Dios se acordó de Babilonia la Grande y le hizo beber la copa de la ira de su cólera" (16,19 BNP) indican un conflicto percibido, generado por elementos de crisis que han de dar cuerpo a este texto –uno de los más duros y vengativos del Nuevo Testamento – y que funcionarán como catarsis en medio de la crisis y como la construcción de una resistencia.

Con respecto a la crisis, hubo varios elementos que desencadenaron esta situación:

- **Conflicto con los judíos:** Las diferencias teológicas con los judíos crearon una crisis de identidad en la comunidad judeo-cristiana de Juan de Patmos, especialmente entre los miembros que venían de raíz judía. De allí que la actitud del escritor hacia los judíos y el judaísmo sea compleja y ambigua: "sé que te injurian los que se dicen judíos y son más bien la sinagoga de Satanás" . Lo que sucedía es que los seguidores de Jesús, quienes a su vez eran judíos, fueron expulsados de la sinagoga. Al parecer, había presión por parte de algunos representantes judíos sobre las autoridades de Asia Menor para que tomaran acción contra los cristianos (Yarbro-Collins, 1984)

- **Antipatía mutua con los vecinos gentiles:** Lo que estaba detrás de la antipatía de los gentiles hacia los cristianos, y de los cristianos hacia los gentiles, era el mantenimiento de relaciones con las asociaciones y gremios económicos y obreros de la época, en los que se participaba de banquetes sacrificados a los dioses locales. Para el autor de Apocalipsis, estos grupos de cristianos –posiblemente de posiciones paulinas menos radicales que las de Juan- esta es una puerta abierta a la idolatría y la cultura romana.

- **Relaciones precarias y polémicas con Roma:** Las autoridades a menudo veían con ojos sospechosos a las sociedades o *collegia* no oficiales, porque podían convertirse en centros de malestar y desorden público. El cristianismo era uno de estos grupos sospechosos, particularmente porque el líder a quién seguían había sido ejecutado como un criminal por la prefectura romana en Palestina. Esta relación polémica la tenían también muchos judíos frente al imperio romano. Si bien no hubo persecución sistemática, sí hubo hostigamiento por parte de los ciudadanos de Asia Menor, y Juan propone una resistencia simbólica frente a esto.

Como simbólica de resistencia, Apocalipsis es una literatura fantástica que permite a las comunidades subyugadas por el colonialismo reponerse frente a la adversidad y mantener su radicalidad de fe y cultura frente a los opositores.

Los movimientos de inspiración apocalíptica son respuestas a las conquistas coloniales. El libro de Daniel surge frente a la dominación helenística de Judea, mientras que Apocalipsis emerge frente a la ocupación romana de Palestina (Ramírez, 2009, p. 256).

En Norteamérica, los indígenas han combinado sincréticamente la apocalíptica bíblica con las raíces de sus propias tradiciones, para generar esperanzas y movimientos de transformación social. Entre ellos, se encuentra la *Danza de los Espíritus*, practicada por los indígenas sioux, pauites, utes y crow en el norte de América.

> Todos los indígenas deben danzar; por todas partes, y seguir danzando. Muy pronto, en la primavera próxima, vendrá el Gran Espíritu. Traerá consigo otra vez toda la caza. Por todas partes habrá caza en abundancia. Todos los indígenas muertos volverán y vivirán otra vez y serán jóvenes y lo pasarán bien. Cuando el Viejo (Dios) venga de esta manera, entonces todos los indígenas subirán a las montañas, bien lejos de los blancos. Entonces los blancos no pueden dañar a los indígenas. Entonces, mientras los indígenas suben alto, vendrá gran inundación, como agua, y toda la gente blanca morir, ahogarse. Después, el agua irse y entonces nadie más que indígenas por todas partes y mucha caza y de toda clase (Radford-Ruether, 1971).

En Suramérica, los fenómenos mesiánicos indígenas buscan la restauración sus antiguos órdenes sociales y políticos, idealizados mediante el concepto del *Pachakuti*, o el mito del *Inkarri*. La esperanza de la transformación cósmica y la inversión del orden actual se asimilan a la concepción del *Pachakuti*, comprendido antiguamente como "el tiempo adecuado de la cosecha", y en la actualidad, una revolución en *Pacha* (orden espacio-temporal y cósmico), en el que se inserta la esperanza y se asumen cambios por venir: el tiempo de la cosecha del universo.

A través de la historia, ha habido movimientos con estrategias simbólicas de resistencia cultural contra el colonialismo. Cuando las opciones materiales para una revolución son imposibles de concretarse, surge la mística como símbolo de transformación política. La literatura, la liturgia, en incluso los vestidos son instrumentos de resistencia y oposición a la dominación extranjeras. La religión ancestral se transforma en mecanismo de la resistencia contra el invasor. Incluso se mezclan cosmovisiones, como la Biblia y las creencias indígenas, para fermentar una bebida que algún día beberán los opresores.

El fenómeno apocalíptico está ligado a la resistencia política, en la que los pueblos colonizados se aferran a sus tradiciones para construir una simbólica de esperanza y a la vez de venganza, en la que la inversión de los destinos sea el motivo fundamental. Así, se espera que la historia dé un vuelco, y regresen los tiempos pasados de soberanía y autonomía del pueblo, mezclados con un futuro donde se cumplan las promesas y esperanzas que ahora parecen perdidas.

Contraria a la concepción occidental, la andina concibe la historia como una secuencia de ciclos o épocas que terminan y comienzan por un *Pachakuti* (una vuelta de *pacha*), un cataclismo cósmico en el que un cierto orden (*pacha*) vuelve o regresa (*kutiy*: volver, regresar) a un desorden cósmico transitorio, para dar origen a un nuevo orden (*pacha*) distinto...

En este punto, hay cierta afinidad y cercanía a la concepción andina de la historia y de lo utópico que también insiste en la "ruptura" y en la *metanoia* (*Pachakuti*) radical con respecto a la racionalidad tecno-monetarista de Occidente y su despliegue global. La consigna de "Otro mundo es posible" no es propiedad reservada de sectores de izquierda y movimientos populares, sino es también parte de la convicción más íntima tanto de la fe cristiana como de la sabiduría de los pueblos originarios de *Abya Yala* (Estermann, 2008, p. 132.138).

¿Hubo persecución sistemática contra los cristianos en la época de Domiciano?

En Roma, no se adoraba al emperador mientras viviera, pero tampoco se objetaba que se le adorara más allá de los mares. Mientras que en Roma se le llamaba *Divus* al emperador, en Oriente se le llamaba *Theos*. El culto imperial que se propagaba era entonces un acto político-religioso, parte integral y esencial del sistema romano, que cohesionaba todo en torno al emperador.

Hacia el año 90 d.C., en Éfeso, sede del Procónsul romano y donde estaba el templo de Artemisa, se construyó un gran templo en honor al emperador Domiciano, además de acuñarse monedas con la efigie del emperador lo cual fue comprendido por los ciudadanos como un privilegio concedido por Roma a los efesios, lo cual traía muchos beneficios económicos.

Que los cristianos no participaran de este culto, los hacía sospechosos de traición a Roma, al no reconocerlo como "Dominus et Deus noster" (Suetonio) y "Deus, Dominus, Tyrannus, Despotes" (Plinio), y al ver en las prácticas éticas y religiosas del imperio un pecado. Sin embargo, "no tenemos indicio alguno de que (Domiciano) se ensañase con los cristianos en particular" (Arens y Díaz Mateos, 2000, p. 118).

Lo más probable de este conflicto es que se trate de hostigamientos y abusos por parte de los ciudadanos y las autoridades locales frente a los cristianos, tal como lo atestigua Plinio en su carta a trajano, para unos años posteriores a Domiciano. Aquí, el gobernador invita al emperador no a perseguir a los cristianos directamente sino a que les ordene rendir culto a los dioses y a la estatua del emperador, con el fin de probar quienes son verdaderamente cristianos y quiénes no, y así menguar tal "superstición".

Siguiendo a los historiadores Tácito y Suetonio, los cristianos eran mal vistos y despreciados por sus supersticiones y prácticas mágicas. Además, no eran agradables a la comunidad judía, y ellos tampoco apreciaban a sus correligionarios de origen, como lo hace ver el Apocalipsis (2,9; 3,9). Frente a la población en general, los cristianos eran tenidos por ateos al no reconocer los dioses del pueblo. Por el otro lado, debe decirse que el cristianismo, heredero del judaísmo, era radical en el desprecio hacia las otras culturas, generando hacia ellas una violencia simbólica, que naturalmente despertaría el rechazo por parte de los ofendidos.

Según Brown, "los casos pueden ser muy limitados, pero la rememoración de lo que Nerón había hecho en Roma treinta años antes pudo haber coloreado los sentimientos de los cristianos temerosos de lo que podía venir" (Brown, 2002, p. 1034).

En la época de Domiciano no hubo una persecución sistemática por parte del imperio contra los cristianos, ni tampoco el emperador auto-impuso el culto imperial. Lo que sucedía es que los ciudadanos y gobernadores en Asia Menor rendían el culto tradicional como una manera de imponer fidelidad en áreas locales donde se veía descontento. Esto generó el descontento en el radical escritor del Apocalipsis.

Según Yarbro Collins (1984, p. 105), Apocalipsis se sitúa dentro de los escritos judíos que responden mediante literatura de resistencia a la destrucción de Jerusalén. Esta invasión contra su religión de raíz produce una crisis, un desencuentro entre realidad y cosmovisión, y por ello Apocalipsis se escribe –entre otros escritos judíos apocalípticos- para presentar una resistencia ante tal invasión y destrucción religiosa.

La postura ideológica y estilo de vida del autor, que se identifica como Juan, se comprenden al verlo como un profeta itinerante, quien encarna valores ascéticos con el rechazo a la familia, el hogar, las riquezas y la vida cívica. De Juan de Patmos, se puede decir que es un cristiano que antes había sido judío. Se presenta a sí mismo como profeta. Para él no hay una distinción entre los profetas israelitas y los profetas cristianos (10,7; 11,3; 16,6; 22,6). Sin embargo, manifiesta menosprecio por las sinagogas vecinas, tratando de autenticar el cristianismo como valedero frente a ellas. Así, deja como legado un texto rico en símbolos de resistencia cultural y política, pero totalmente cerrado a la alteridad o la posibilidad de un encuentro con lo Otro en la cultura que le es ajena.

Reflexión final:
El Nuevo Testamento a partir del cine

Esta obra ha intentado reflexionar la verdad del NT más allá del literalismo. Ha abordado el texto bíblico como escritura y, en ese sentido, como literatura. El arte tiene la posibilidad de expresar dimensiones que van más allá de la historia, y que de esta manera la trascienden, para adentrarse en las experiencias humanas y religiosas más profundas. Una muestra, para cerrar, es el cine, que con su poder visual y su narrativa tecnológica ofrece dimensiones difícilmente alcanzables por la mera lectura literalista, particularmente de corte religioso que busca en los evangelios nada más que leyes, perdiendo las dimensiones propias de la narración que ofrecen.

1. Dos películas sobre Jesús: *La última tentación de Cristo* y *La pasión de Cristo*

Una manera de abordar la relación entre el Cine y NT es a través de filmes que enfrentan directamente el tema de interés. Este es el caso de *La última tentación de Cristo* (1988), del director Martin Scorsese, y de *La pasión de Cristo*, del director Mel Gibson (2004).

En *La última tentación de Cristo*, Scorsese asegura desde el comienzo que su obra no está basada en los evangelios sino en la novela de Nikos Kanzatzakis, y que lo que pretende revelar es el drama humano, sus luchas espirituales, el peregrinaje como camino de la reflexión.

El Jesús de Scorsese toma diferentes dichos atribuidos a Jesús y los cambia de lugar. Combina la acusación de adulterio de la mujer con el pecado de haberlo hecho en *Shabat*, inserta la parábola del sembrador dentro del discurso del amor de los unos por los otros. Un Jesús que va descubriendo poco a poco su mesianismo, que simboliza sus propias tentaciones en animales sagrados, como la serpiente o el león. Similar a lo que hacen los evangelios, tomando diferentes dichos y acciones, y contextualizándolos en diferentes lugares narrativos.

Scorsese presenta a un Jesús contradictorio, que se bate entre el fuego y el amor, entre la espada y la cruz. Tiene la incertidumbre de si tomó el camino correcto al pedirle a su amigo Judas que lo entregara, porque siempre queda ese anhelo de liberación militar directa. Una muerte sacrificial, oferente, que genera la pregunta si Jesús no se fue hasta el extremo, tan extremo que terminó legitimando mediante su propia muerte a las instituciones políticas y religiosas. Una mirada bastante realista de la relación del ser humano con Dios, que a veces es tan ambigua, cuando su voluntad es poco clara. Y la única respuesta cuando las cosas salen mal es que no se tomó la decisión correcta. Cuando Jesús emprende otro camino, uno se pregunta si realmente el camino de su vida era el camino que había de tomar. Uno se pregunta por sus propios caminos. *La tentación más fuerte que puede tener un hombre es la de ser un hombre común.*

> El misterio de Cristo no sólo es el misterio de un culto particular, sino que alcanza a todos los hombres. En cada hombre estalla la lucha entre Dios y el hombre, inseparable del deseo de reconciliación (Kazantzakis, 1989, p. 7).

Lo que hace Scorsese no es modernizar a Jesús, o hacerlo más digerible o creíble para la mente cientificista e historicista. Más bien lo lleva hasta los límites de lo surrealista, pero allí lo dimensiona simbólicamente, y lo hace relevante para nuestras vidas. Un Jesús que se convierte en *significado*. Un Jesús que es reflejo de nuestro propio camino, a la vez que nosotros somos reflejo del suyo. Un Jesús complejo como cualquier ser humano, que sigue proponiendo la vida por encima de todas las dudas, que busca la vida, sea en el camino que sea.

El Jesús de Mel Gibson, en *La pasión de Cristo* es un cuerpo molido y maltratado. Con pocas palabras y mucha sangre, un Jesús sacrificial. Gibson aboga que ha seguido literalmente los evangelios, y que se ciñe a la historia. Pero este literalismo puede ser deformación. La contextualización no tiene que ver solamente con ubicar las historias en su mundo de producción, sino reflexionarlas desde nuestra perspectiva.

¿Cuál de las dos se acerca más al mensaje de Jesús? ¿Aquella en la que Cristo habla poco y es masacrado, pretendiendo ser "literal" con el texto bíblico y las tradiciones eclesiales? ¿O aquella que se sale de los márgenes de los evangelios, relaciona a Jesús con los esenios, lo acerca a los zelotes, incluso lo baja de la cruz, pero que refleja una experiencia humana que nos deja tan identificados como admirados? Hay que recordar que el NT tampoco pretende dar cuenta literal de la vida de Jesús, como si algún periodista estuviera detrás suyo registrando cada minuto de su vida. Los evangelios, los Hechos, las Cartas y el Apocalipsis lo que hacen es inspirarse en aquel personaje histórico, humano, desafiante, poderoso, hijo de Dios, que encontró en las frustraciones humanas y las opresiones sociales donde lo divino podía revelarse para revertir las situaciones; el lugar donde anida la esperanza, para proclamar el comienzo del reinado de Dios.

2. Una aproximación fantástica: El Laberinto del Fauno

El film mexicano-español *El Laberinto del Fauno* (2006), del director Guillermo del Toro, sitúa a la audiencia en el año 1944, durante la dictadura de Franco. Una niña llamada Ofelia viaja con su madre, Carmen, hasta la aldea donde los espera el Capitán Vidal, segundo esposo de Carmen. Allí se libran combates entre el ejército franquista y la resistencia anarquista. Un drama sencillo, en el que se demuestra que la interpretación de la realidad siempre está mediada por el universo simbólico de quienes la viven y quienes cuentan la historia, en este caso, desde el punto de vista de la niña.

La película muestra la oposición entre la imaginación y la ley. Por un lado está el Capitán Vidal, el rostro de la ley, con su reloj en la mano para que todo sea conforme a sus mandatos. Es quien valora la obediencia como valentía, y mantiene el orden social y político porque consideran que quienes se oponen al régimen son malos por el mero hecho de ir contra lo institucionalizado. Incluso, menosprecia a la mujer y a la niña como sus opositoras, por la suposición de que por su género y edad no podrían hacerle frente de manera digna. Por el otro lado está Ofelia, la niña que ve en la realidad algo más que preceptos, y sabe que hay un libro en blanco en el que lee orientaciones para su vida. Ve la realidad a través de los ojos de la imaginación, y con la fantasía se enfrenta a la ley. De forma que la imaginación es el hilo conductor para la vida, un sentido último en medio de una realidad cruda y descarnada.

Con la imaginación, Ofelia escucha al fauno, quien es la voz de la tierra, el monte, el bosque. Su padre, sastre desaparecido por la dictadura franquista, es un rey que la espera al otro lado del camino. Las pruebas que debe pasar deben demostrar su identidad inmortal, para enfrentar esta vida dolorosa. Tales pruebas son símbolos de la guerra que se está viviendo bajo el régimen.

El árbol es el símbolo de la hermandad humana, que ahora muere, en una situación donde se desata la violencia. Ofelia debe recuperar la llave de la boca del sapo, a la par que Mercedes –la cocinera- tiene que entregar a la resistencia la llave de la bodega, para que tome provisiones. Mientras el clero y los militares, contradictoriamente están frente a una gran mesa repartiendo cupones para entregar al pueblo y así racionar la comida, Ofelia se halla frente a una abundante mesa custodiada por un monstruo ciego en su cara, con ojos en la mano, que devora cuanto esté a su vista, incluyendo vidas. La sangre del inocente es la sangre vertida por la dictadura. A Ofelia se le manda derramar la sangre de su hermano, pero ella se niega a derramar sangre inocente, mientras el Capitán, en nombre de la ley, injustamente derrama la sangre de una pequeña. Por esto es premiada finalmente, pues fue capaz de exponer su propia vida para que no se derramara la sangre inocente.

Desde la primera escena de la película, se observa que el *factum* (hecho crudo) de la película es la vida y muerte de una niña, en una pequeña aldea, en medio de las luchas por la resistencia ante la dictadura de Franco. Pero más allá del *factum* está toda la realidad simbólica -una realidad más profunda que el dato desnudo-.

Conectando este filme con el NT, un acercamiento meramente histórico daría cuenta de la vida y muerte de un aldeano de Nazaret, quien levantó un movimiento de gente marginal, y fue asesinado por ser considerado una amenaza. Pero las Escrituras van más allá del *factum*. Encuentran en la vida, enseñanzas y muerte de este aldeano el mensaje de Dios para la humanidad. Interpretan su muerte como una experiencia de resurrección, y como la posibilidad de reconciliar a los seres humanos separados entre sí. Su vida es como la revelación de Dios en la que se propone un modelo de ser humano. Sus enseñanzas son una nueva ley, una manera distinta de relacionarse con Dios y con el prójimo. Y lo que es locura para los intelectuales y escándalo para los religiosos, es palabra de salvación para quienes encuentran en Jesús la libertad y el encuentro con el prójimo y con Dios.

A luz de la interpretación de la muerte de la niña, se abren puertas de reflexión para comprender la muerte de Jesús: ¿Porqué murió Jesús? ¿Para apaciguar la ira de un Dios vengativo? ¿Para engañar a las fuerzas de la oscuridad mediante una artimaña, y así poder destruirlas? ¿Es la muerte de Jesús el acto de un Dios justiciero que clama venganza, y que decide matar a su propio hijo para satisfacer su ira? De ser así, estamos hablando de un Dios que exige sacrificios humanos para alimentarse, un Dios que vive de la muerte de los hombres y las mujeres.

¿O murió "por nosotros", en el sentido de que puso su vida ante el imperio romano y la religiosidad de su época porque tomó una opción por los marginados? Su mensaje del reinado de Dios era un mensaje opuesto a la dominación extranjera sobre Israel. Si Dios es rey de Israel, nadie tiene porqué dominarlo. Por ello hay que dar a Dios lo que es de Dios, es decir su pueblo y su tierra, y a César lo que es del César, es decir nada, pues nada le pertenece (Mc 12,17). Es cierto que Jesús no estaba interesado en preparar un ejército para luchar contra los romanos, pues es obra de Dios poner en marcha su reino. Pero esto no descarta que compartiera los sentimientos religiosos y políticos de su pueblo. Ni tampoco significa que sus seguidores y seguidoras no hagamos más que esperar un futuro, cuando la enseñanza del Maestro fue: "el tiempo se ha cumplido y el Reino de Dios ha llegado" (Mc 1,15 BJ).

La razón por la que muere Jesús es esta: "Hemos encontrado a éste incitando a la rebelión a nuestra nación, oponiéndose a que paguen tributo al César y declarándose Mesías rey" (Lc 23,12 BNP). Sin embargo, de quedarse allí tal interpretación, la muerte del Señor hubiera sido considerada como un mero fracaso. Es por ello que el NT ve algo más allá. En su muerte hay un nuevo significado para la vida, un llamado a no tener miedo a las adversidades, incluso a la muerte.

María Magdalena ve en Jesús, en el tercer día de su muerte, al resucitado, y va a contarlo a los demás discípulos (Jn 20,11-18). Saulo de Tarso encuentra en la comunidad perseguida de Damasco al Mesías que lo interpela y lo comisiona a ser su testigo ante los pueblos gentiles (Hech 9,1-19). Juan de Patmos, en la isla de su exilio, tiene una visión que transforma el sentido de la historia, el que ha muerto es el señor del *Cósmos*: "No temas. Yo soy el primero y el último, el que vive; estuve muerto y ahora ves que estoy vivo por los siglos de los siglos, y tengo las llaves de la muerte y el abismo" (Ap 1,17b-18 BNP).

3. La pregunta por la verdad de los hechos: Big Fish

La lectura del NT suscita la pregunta por la veracidad de lo allí narrado. Se levantan objeciones ante el hecho de que un hombre camine sobre un lago, de que un muerto de varios días resucite después de haber estado cubierto con vendas mortuorias, o de que un vidente interprete el fin de la historia como el combate entre un cordero y un dragón, y sus respectivos seguidores. Es un arte como el Cine —como también la literatura y la pintura- el que permite acercarse a la verdad del NT desde una perspectiva más profunda, superando la concepción historicista de que sólo lo comprobable tiene sentido.

La película Big Fish (2003), dirigida por Tim Burton – en una adaptación de una novela de Daniel Wallace-, cuenta la historia del reencuentro entre un hombre y su padre. Desde hacía tres años, Will se alejó de su padre, pues consideraba que éste le había contado la versión equivocada de su vida, las cosas tal como eran. Ahora Edward Bloom está muriendo, y su hijo se acerca para reconciliarse y conocer los hechos detrás de las palabras.

Will acusa a su padre de nunca haberle contado la versión verdadera de su vida, ya que no logra reconciliar los hechos con lo narrado por su papá. Para él, es inconcebible que en el día de su nacimiento, su padre haya pescado al Gran Pez, hasta ahora imposible de pescar. Will es un hijo de la modernidad. Quiere verificar si los hechos concuerdan con las palabras, y considera que las palabras son creíbles sólo si están respaldadas por hechos (*factum*).

El padre ve la verdad de otra manera, por esto presenta la historia de su vida desde una perspectiva mágica, en la que conoce a un gigante, una bruja le dice cómo va a morir, y es salvado en la guerra por dos siamesas, con las que retorna en una difícil travesía hasta su país para casarse con su amada. Edward Bloom habita en el mundo del lenguaje. Para él, la verdad no subyace en los hechos sino en la experiencia que se tiene de ellos, en la manera de interpretarlos, y en lo que significan para él. La verdad no es unilateral ni monolítica, ni tiene una sola versión. La verdad es plural, interpretada e interpretable; y, justamente en el hecho de que tiene un significado para las personas, es verdad. Considera que la historia factual es tan simple y sin-sentido que es más valiosa y profunda la versión fantástica.

En la actualidad, la lectura de la Biblia enfrenta también este dilema. En las Escrituras no se distingue la historia de la ficción, y esto es porque la Biblia es literatura. El NT cuenta la verdad desde una perspectiva propia. Las comunidades que producen y leen los textos habitan en el lenguaje, es el lenguaje donde la vida toma significado. La verdad de la fe de los primeros cristianos y cristianas subyace en la palabra interpretada, en la experiencia contada, y no en los hechos verificables.

Tanto el AT como el NT asumen que la verdad no se limita a lo factual, sino que está implicada en la manera de contar las cosas, en la manera de sentirlas. Hay varias versiones de la vida de Jesús (4 evangelios), diversas maneras de gobernar las iglesias, diferentes interpretaciones de la muerte y resurrección de Jesús, y hasta distintas formas de interpretar un mismo texto del AT.

La mente modernista se limita a buscar los hechos detrás de las palabras, y su lectura de la Biblia depende de la comprobación histórica. "Nunca me has contado un sólo hecho verdadero… tú cuentas mentiras entretenidas", dice Will a su padre. Pero la lógica de las Escrituras no es una lógica lineal, ni su verdad es verificacionista. Para las Escrituras, los hechos crudos son tan simples, que el revestimiento literario es el que llena de significado, y es allí donde está la inspiración divina. Este es el realismo mágico de la Biblia, donde la creación literaria carga de sentido realidades históricas simples, donde son el lector y la lectora quienes completan la historia.

Actividades de aprendizaje

1. **El Nuevo Testamento y su mundo**

   Elaborar una reflexión que recoja cómo se refleja la presencia del mundo greco-romano en el NT en los siguientes aspectos (3 págs.):

   - ¿Cuáles son los reflejos de la cultura greco-romana que se visualizan en la escritura y la cultura del NT?

   - ¿Cómo dialoga, se asemeja y se diferencia el NT con las religiones del mundo greco-romano?

   - ¿Cómo evalúa usted este encuentro de culturas? ¿Qué aspectos son positivos? ¿Qué aspectos son negativos? ¿Qué aspectos son importantes de rescatar para nuestra época y cultura?

2. **El Nuevo Testamento y el Antiguo Testamento**

   Elaborar una reflexión que responda a las preguntas (3 págs):

   - ¿Cuál es la relación entre el Nuevo Testamento y el Antiguo Testamento?

   - ¿En qué medida es necesario el Antiguo Testamento para la comprensión y puesta en práctica del Nuevo Testamento?

   - ¿Cuál es la función del Antiguo Testamento en la comprensión del Nuevo Testamento?

   - ¿Cuáles es la función del Nuevo Testamento en la comprensión del Antiguo testamento? (e)

- ¿Qué aspectos del AT y el NT considera necesarios el cristianismo en su práctica de fe, y cuáles no? ¿Porqué?

Puede leer los siguientes textos bíblicos: Mt 5,17-48; Lc 4,1-13; Rom 12,9-21; 13,8-10; Heb 10,1-25; compararlos con con Ex 20,13.14.17; Lv 19,17-18; 24,17-21; Dt 24,1-4; Prov 25,21-22).

3. El Nuevo Testamento y las mujeres

Elaborar una reflexión que responda a las preguntas (3 págs.):

- ¿Cuál es la relación de Jesús con las mujeres según los evangelios? ¿Cuál es el papel que él les da en su movimiento, y en el liderazgo de las comunidades? (Mc 5,21-43; Mt 15,21-28; Lc 10,38-42; Jn 4; Jn 20,11-18).

- ¿Cuál es la teoría de Pablo frente a las mujeres, y cómo lleva a cabo su práctica? (Gal 3,26-28; Ro 16,1-7.12.15; 1 Cor 11,3-16; Fil 4,2-3).

- ¿Cuál es la reacción de la escuela paulina frente a la participación de las mujeres en el liderazgo, en la iglesia y en la vida? ¿Tal reacción está de acuerdo con la propuesta de Jesús o con la de Pablo? (Ef 5,21-33; Col 3,18-4,1; 1 Tm 2,9-15).

- ¿Cuál es la consecuencia que esto ha tenido para las mujeres en la actualidad? ¿Cómo evalúa usted ésta consecuencia desde su práctica eclesial y comunitaria?

4. Evangelios

a. Elaborar una reflexión comparativa entre los cuatro evangelios, indicando las similitudes y las diferencias más sobresalientes (2 págs.). Los aspectos a comparar son:

- ¿Cómo comienza cada uno de los cuatro evangelios? ¿Cuál es la particularidad de cada comienzo? (Mt 1,1-4,25; Mc 1,1-4,41; Lc 1,1-4,44; Jn 1,1-5,54)

- ¿Cómo termina cada uno de los cuatro evangelios? ¿Cuál es la particularidad de cada final? (Mt 28,1-20; Mc 16,1-8; Lc 24,1-53; Jn 20,1-31)

b. Lea los tres relatos de la tentación de Jesús en los sinópticos (Mc 1,12-13; Mt 4,1-11, Lc 4,1-13) y destaque(2 págs.):

- ¿Cuál es la versión más corta?

- ¿Qué aspectos son iguales en los tres evangelios?

- ¿Cuáles son diferentes?

- ¿Cuál de estas versiones cree usted que fue la fuente de inspiración para las otras dos?

- ¿De dónde provino la composición y los detalles de los otros dos relatos?

5. Hechos de los apóstoles

Elaborar una reflexión sobre el tipo de historia que se redacta en el libro de los Hechos, comparando las narraciones con los textos paralelos que hay en los evangelios y en las cartas (4 págs.). Los aspectos a comparar son:

- ¿En qué se parecen y se diferencian los relatos de la muerte de Judas narrados en Hechos y en los evangelios? (Hch 1,18-19; Mt 27,3-10)

- ¿En qué se parecen y se diferencian los relatos de la conversión de Saulo narrados en Hechos y en la Carta a los Gálatas?(Hch 9,1-19a; 22,5,16; 26,9-18; Gal 1,12-17)

- ¿En qué se parecen y se diferencian los relatos de el concilio de Jerusalén narrados en Hechos y Gálatas? (Hch 15,1-28; Gal 2,11-14).

- ¿Cómo interpreta usted estas similitudes y diferencias? ¿Cuál es la función teológica de cada texto?

6. Literatura paulina

a. Elaborar una reflexión sobre los siguientes grupos de textos, destacando los diferentes imágenes de Pablo según cada perspectiva:

- ¿Cuál es la imagen que se tiene de Pablo en la literatura escrita por los discípulos de Pablo? ¿Cuál es la función que tiene Pablo en la proclamación del evangelio, según estos textos? (Hch 9,13-21; 22,1-22; 26,1-23).

- ¿Cuál es la imagen que se tiene de Pablo en la literatura escrita por los textos pseudónimos de Pablo? ¿Cuál es la función que tiene Pablo en la proclamación del evangelio, según estos textos? (Ef 3,1-13; Col 1,21-2,5; 1 Tm 1,12-20, 2 Tm 4,6-18).

- ¿Cuál es la imagen que tiene Pablo de sí mismo en la literatura que viene de su propia mano? ¿Cuál es la función que tiene Pablo en la proclamación del evangelio, según sus propios textos? (1 Cor 1,10-3,4; 2 Cor 11,1-,12,18; Gal 1,11,2,21).

a. **Ejercicio de imaginación literaria:** Siendo que los códigos domésticos (Col 3,18-4,1; Ef 5,21-6,9) han sido escritos en nombre pseudónimo de Pablo, escribir una carta de forma pseudónima, como si usted fuera una de las personas descritas en los códigos domésticos: ya sea un esclavo, un hijo o una mujer. La carta debe ser una respuesta para el "Pablo" de que habla en Colosenses o Efesios, en respuesta desde una perspectiva propia, y con una respuesta, ya sea desde el Siglo XXI, desde el Siglo I, o en la ubicación social y temporal que usted prefiera, y con los artificios literarios que guste (2 págs.).

7. Hebreos y Cartas católicas

a. Elaborar una reflexión sobre los pobres en el Nuevo Testamento, en relación con la carta de Santiago (2,1-26; 4,13-5,11) y tomando en cuenta el texto estudiado sobre la parábola del rico y Lázaro. A la luz de estos textos, responder (2 págs.):

- ¿Cuál es la acción que debemos tomar como cristianos frente a las personas pobres en nuestros contextos?

- ¿Cuál es el papel de las iglesias en la lucha por la justicia social?

- ¿Qué acciones concretas se deben tomar, para ser fieles al evangelio respecto a las personas pobres?

b. Elaborar una reflexión sobre la importancia de los extranjeros en 1 Pedro, con base en los siguientes aspectos:

- ¿En qué sentido los problemas sociales son teológicos? ¿Cómo hace el escritor para dialogar teológicamente este problema social?

- ¿Cómo rescata el autor el tema de los extranjeros en el AT, y lo hace presente en el NT? (cf. Lv 19,33-34; Dt 1,16-17; Dt 26,5-10; Sal 146,7-9; Prov. 15,5, 22,22; Is. 1,17; Jer. 22,3) (2 págs.)

c. Elaborar una reflexión sobre cómo los textos bíblicos narran no sólo la historia de Jesús y personajes semejantes, sino la historia de las comunidades, tanto en su origen como en su final, a la luz de los estudios sobre las comunidades juánicas (VI,3; XII,5) (2 págs).

d. Realizar una reflexión sobre la alteridad, a partir de las reflexiones sobre las cartas católicas, especialmente la carta de Judas (2 págs). Tener en cuenta los siguientes aspectos :

- ¿Qué aspectos de los demás movimientos dentro del cristianismo y de la cultura greco-romana pudieran ser rescatables para una visión más incluyente del cristianismo?

- ¿Qué cosas se pierden los grupos cristianos cuando condenan a otros grupos, porque no leen la Biblia de la manera que ellos lo hacen?

- ¿Qué aspectos de las teologías contemporáneas y las religiones no cristianas pueden ser un aporte para la proclamación del evangelio?

8. Apocalipsis

a. Elaborar una reflexión sobre lo que significa la literatura apocalíptica, y lo que esto implica para una interpretación sobre el libro de Apocalipsis (2 págs.). Para esto, se deben tener en cuenta las siguientes preguntas:

- Si el libro de Apocalipsis significa "revelación", ¿Qué es lo que específicamente está revelando?

- ¿Qué tipo de cristianismo promueve el libro de Apocalipsis? ¿A qué nos está invitando?

- ¿Apocalipsis es un vaticinio sobre el fin del mundo?

- ¿Cómo podríamos poner en práctica las enseñanzas y revelaciones que ofrece el libro de Apocalipsis en nuestra vida cotidiana?

b. Elaborar un "Apocalipsis" propio, que describa las situaciones sociales presentes a la luz del futuro, y que anuncie la esperanza en términos contemporáneos. Usar los símbolos más apropiados de su cultura para narrar la visión (mestiza, indígena, afro, etc.) (2 páginas).

9. **Biblia y literatura**

    Elaborar una reflexión sobre la relación entre la Biblia y la literatura, particularmente la literatura latinoamericana. A partir de los textos literarios ofrecidos en esta obra, responder los siguientes aspectos (5 págs.):

    *   ¿Cuál es la función social de la Biblia como literatura para los cristianos del siglo I?

    *   ¿Cómo puede aportar el estudio de la Biblia como literatura a la reflexión bíblica latinoamericana?

    *   ¿Qué aspectos de la literatura que usted conoce pueden ayudar al trabajo con comunidades, particularmente en situaciones socio-políticas difíciles?

    *   ¿Cuál es el significado de "verdad" en la literatura y el arte, y cómo aporta ese significado a la comprensión del concepto de "verdad" en la Biblia y general?

Recursos de estudio

1. Sobre traducciones de la Biblia

Para un trabajo investigativo a profundidad, se recomienda trabajar directamente con el Nuevo Testamento en Griego (GNT).

Varias sociedades de investigación bíblica, como las Sociedades Bíblicas Unidas han hecho revisiones muy valiosas de los manuscritos en griego, con un trabajo de traducción altamente académico, honesto y fiel a los originales que existen.

Para el estudio del Nuevo Testamento, se recomienda trabajar con dos Biblias, por los menos.

- Una debe ser **una Biblia de traducción literal**. Estas Biblias desean mantenerse cercanas a las palabras griegas en su traducción, como son la Biblia de Jerusalén (BJ), Biblia de América (BA), Biblia de las Américas (BLA) y Reina-Valera 1995 (RV95).

- Mientras que otra debe ser **una Biblia de traducción por equivalencia dinámica**. Estas Biblias buscan traducir el concepto cultural de las palabras y su contextualización para nosotros y nosotras hoy, como son La Biblia del Peregrino (BP), Biblia Dios Habla Hoy (DHH) o la Biblia Traducción en Lenguaje Actual (TLA).

2. Sobre el mundo del Nuevo Testamento: "Roma", de HBO

La cadena de televisión HBO, en co-producción la BBC y la RAI, presentó a partir del 2005 una serie que cuenta la historia de la transición de la república romana al imperio. En esta serie aparecen aspectos histórico-culturales importantes para comprender el mundo del NT. Se contrastan, por ejemplo, el mundo privado y el mundo público, la élite y la plebe, la vida de los soldados y la de las familias aristocráticas. Aparecen personajes importantes como Julio César, Pompeyo, Augusto, Cleopatra, Marco Antonio y Herodes. Como también se refleja la vida en los barrios populares, entre los mercenarios y los esclavos, y la vida en diferentes lugares conquistados por el imperio romano, como Egipto y la Galia.

Es una serie que refleja aspectos culturales valiosos, como el honor y la vergüenza, el uso de la retórica dentro del senado, el teatro como representación popular de los asuntos políticos y sociales, la concepción del cuerpo y de la sexualidad, y los rituales religiosos tanto oficiales como no-oficiales.

Toda la ambientación permite una ligera inmersión en el mundo de la antigüedad, y ayuda al lector y la lectora del NT a encontrarse con un sistema de valores y relaciones diferente al nuestro, y a la vez muy cercano. Esta serie es una ventana que permite un acercamiento a la historia a partir de las imágenes, y trae luces sobre el mundo en que se escribieron los textos sagrados.

3. Para seguir leyendo

Raymond E. Brown presenta una *Introducción al Nuevo Testamento* (2002), en la que recoge lo más exquisito de su investigación a lo largo de la segunda mitad del Siglo XX. Este erudito católico, presenta en dos tomos las generalidades más importantes del NT, desde cómo se producía la literatura hasta un comentario de párrafo por párrafo de los textos del NT.

La obra de Bruce Malina y su escuela ofrece una lectura del NT desde la antropología cultural. Desde finales del siglo XX, se ha venido reflexionando en la importancia de encontrarse con el mundo del NT desde la perspectiva intercultural. Las categorías sociológicas para comprender aquel mundo deben estar mediadas por la conciencia de que se trata de otra cultura, y que sus relaciones sociales son distintas, pues su cosmovisión es diferente. Se recomienda la colección de ensayos de Malina, *El mundo social de Jesús y los evangelios* (Santander: Sal Terrae, 2002). Y también su comentario desde las ciencias sociales a los evangelios, junto a Richard Rohrbaugh, titulado *Los evangelios sinópticos y la cultura mediterránea del siglo I* (Verbo divino, 1996).

La obra en tres tomos *El mundo del Nuevo Testamento,* dirigida por los eruditos alemanes Johannes Leipoldt y Walter Grundmann (1973), recopila la relación del NT testamento con su entorno. En el primer tomo, reflexiona sobre el mundo político y social entre los siglos I a.C. y I d.C., con las relaciones culturales, la religiosidad helenística popular, los judíos ante el mundo mediterráneo, la filosofía y la gnosis. En el segundo tomo, recoge los diferentes materiales que aportan a una investigación intertextual con el NT. En el tercer tomo, presenta las imágenes y obras pictóricas que dan otra forma de testimonio de la vida en la época que se escribió el NT.

La obra de la biblista mexicana Elsa Tamez aporta a la investigación neotestamentaria el *plus* de una lectura contextual. Desde la pregunta por la justicia social y las relaciones de género, aborda a lo largo de su carrera diferentes textos del NT (y del AT), con el fin de acompañar procesos comunitarios en América Latina. Su libro *Luchas de Poder en los orígenes del cristianismo* (2004) investiga el fenómeno de la transformación que se da en el cristianismo a finales del primer siglo, silenciando a las mujeres, e invita a leer la fe desde la experiencia inclusiva del Movimiento de Jesús. También se recomienda su libro *Las mujeres en el movimiento de Jesús, el Cristo* (Quito: CLAI, 2003), como un insumo para el trabajo con mujeres y varones en la lectura comunitaria de la Biblia a partir de la historia y las relaciones de género.

Para hacer una lectura del NT a partir de reflexiones latinoamericanas o desde hermenéuticas específicas, en relación con la narrativa literaria, se recomiendan los siguientes libros:

- Betto, Frei. *Entre todos los hombres*. La Habana: Editorial Caminos, 1998

- Bravo Gallardo, Carlos. *Galilea, año 30. Para leer el evangelio de Marcos*. Quito: Centro Bíblico Verbo Divino, 1993.

- Cardenal, Ernesto. *El evangelio en Solentiname*. 2 Tomos. San José: DEI, s.f.

- Gómez-Acebo, Isabel (Ed.). *Y vosotras, ¿quién decís que soy yo?* Bilbao: Descleé de Brouwer, 2000

- Hoornaert, Eduardo. *Los orígenes del cristianismo. Una lectura crítica*. San José: DEI, 2008

- Leñero, Vicente. *El evangelio de Lucas Gavilán*. México: Seix Barral, 1979.

- López Vigil, José Ignacio y María López Vigil. *Un tal Jesús. La buena noticia contada al pueblo de América Latina*. 2 tomos. San Salvador: UCA Editores, 1994

La *Revista de Interpretación Bíblica Latinoamericana* (RIBLA) también presenta investigaciones de lecturas situadas desde contextos específicos. Se destacan las lecturas de la Biblia a partir de las comunidades negras indígenas, mujeres, campesinas, *Queer*, en busca de justicia y liberación.

El *Comentario Bíblico Latinoamericano* (Navarra: Verbo Divino, 2003), dirigido por Armando Levoratti recoge la investigaciones de importantes especialistas latinoamericanos/as, con los temas de importancia para nuestro continente. Es una obra de apoyo para cualquier lectura tanto del AT como del NT.

La serie *Descubre la Biblia*, de las Sociedades Bíblicas Unidas (Miami, 2005), editada por Edesio Sánchez, presenta en tres tomos las características particulares de diversos géneros literarios que hay en la Biblia. Señala los contextos socio-culturales más importantes del AT y NT, las formas en que se produjeron los textos bíblicos, y la manera en que han sido transmitidos y comunicados a través de los siglos. Es una obra fundamental para trabajo pastoral y la educación en instituciones teológicas.

Finalmente, como obras de referencia para la investigación del NT, se recomienda trabajar con dos diccionarios que están en castellano, y que son fundamentales para la comprensión de palabras, conceptos e ideas. Buscan el origen de las palabras en el mundo griego, estudian su uso en la LXX, y estudian su uso y aplicaciones en el NT. Estas obras son:

- Balz, Horst y Schneider, Gerhard. *Diccionario exegético del Nuevo Testamento*. Salamanca: Sígueme, 1996.

- Lothar, Coenen, Beyreuther, Erich y Bietenhard, Hans. *Diccionario teológico del Nuevo Testamento*. Salamanca: Sígueme, 1990.

Bibliografía

Biblias utilizadas

-*Biblia de Jerusalén*. Edición española. Dirección: José Ángel Urrieta López. Bilbao: Desclée de Brouwer, 1998 (Citada como BJ).

-*La Biblia del Peregrino. Edición de estudio*. Texto y dirección: Luis Alonso Schökel. Bilbao / Navarra: EGA / Ediciones Mensajero / Verbo Divino, 1996 (Citada como BP).

-*La Biblia de nuestro pueblo. Biblia del Peregrino América Latina*. Texto: Luis Alonso Schökel. Adaptación del texto y comentarios: Equipo internacional. Bilbao: EGA/ Ediciones Mensajero, 2006 (Citada como BP).

-*Biblia de estudio Reina Valera 1995*. Miami: Sociedades Bíblicas Unidas, 1995 (Citada como RV 95).

-*The Greek New Testament* (Nestle-Aland). Fourth Revised Edition by Barbara y Kurt Aland (Eds.). Con Introducción y Diccionario en castellano. Stuttgart: Deutsche Bibelgesellschaft, 1998.

Obras citadas

-Alves, Rubem. *Saborear el infinito. Antología de textos*. México: Dabar, 2008

-Arens, Eduardo y Díaz Mateos, Manuel. *Apocalipsis*. Lima: CEP, 2000

-Aristóteles. *Ética a Nicómaco*. Madrid: Gredos, 1998

-Aristóteles. Política. Centro de estudios políticos y constitucionales, 2005

-Baker, Marcos. *¡Basta de religión! Cómo construir comunidades de gracia y libertad*. Buenos Aires: Kairós, 2005

-Barth, Karl. *Carta a los Romanos*. Madrid: BIBLIOTECA DE AUTORES CRISTIANOS, 2000

-Barth Markus with Blanke, Helmut. *Colossians. A New Translation with Introduction and Commentary*. The Anchor Bible. New York: Doubleday, 1994, p. 31

-Baslez, Marie-Françoise. *Cómo se escribe la historia en la época del Nuevo Testamento*. Documentos en torno a la Biblia. Estella (Navarra): Verbo Divino, 2009

-Becket, Gilles, et.al. *La carta de Santiago. Lectura socio-lingüística*. Cuadernos bíblicos 61. Estella (Navarra): Verbo Divino, 1999.

-Bonhoeffer, Dietrich. *Resistencia y Sumisión*. Salamanca: Sígueme, 2001

-Boring, M. Eugene. *Revelation*. Interpretation: a Bible Commentary for Teaching and Preaching. Louisville: John Knox Press, 1989

-Brown, Raymond. *Introduccion al Nuevo Testamento*. Madrid: Editorial Trotta, 2002.

-Brown, Raymond E. *La Comunidad del discípulo amado*. Salamanca: Sígueme, 1983

-Brown, Raymond. *Las iglesias que los apóstoles nos dejaron*. Bilbao: DESCLEE DE BROUWER, 1986

-Bultmann, Rudolf. *Teología del Nuevo Testamento*. Salamanca: Sígueme, 1987

-Burgos, Elisabeth (Ed.). *Me llamo Rigoberta Menchú y así me nació la conciencia*. México: Siglo XXI Editores, 200016 Ed.

-Cardenal, Ernesto. *El Evangelio en Solentiname* I. San José: DEI, s.f.

-Cardenal, Ernesto. *El Evangelio en Solentiname* II. San José: DEI, s.f.

-Cardenal, Ernesto. *Poesía Completa. Tomo 1*. Buenos Aires: Editoria Patria Grande, 2007

-Carpentier, Alejo. *El Reino de este mundo*. Bogotá: Seix Barral / Oveja Negra, 1983

-Carpentier, Alejo. *Los pasos perdidos*. México: Panamericana, 1998

-Charpentier, Etienne. *Para leer el Nuevo Testamento*. Estella: Editorial Verbo Divino. 1990.

-Croatto, J. Severino. "La carta de Santiago como escrito sapiencial". En: RIBLA 31. San José, DEI, 1998, pp. 24-42

-Croatto J, Severino. *Experiencia de lo Sagrado. Estudio de Fenomenología de la Religión*. Estella (Navarra): Verbo Divino, 2002

-D'Aragon, Jean-Louis. "Apocalipsis". En: Raymond E. Brown, John P. Fitzmyer y Roland E. Murphy (Dirs.). *Comentario Bíblico San Jerónimo. Tomo IV. Nuevo Testamento II*. Madrid: Cristiandad, 1972

-Debravo, Jorge. *Antología mayor*. San José : Editorial Costa Rica, 2009

-Deyoung, Curtiss Paul ; Gafney, Wilda C.; Guardiola-Sáenz, Leticia ; Tinker, George. Yamada, Frank (Eds). *The Peoples's Companion to the Bible*. Minneapolis : Fortress Press, 2008.

-Drewermann, Eugen. *Psychanalyse et exégèse. Tome 1. La Vérité des formes. Rêves, mythes, contes, sagas et légendes*. Paris: Éditions du Seuil, 2000

-Ehrman Barth D. *The New Testament. A Historical Introduction to the Early Christian Writings*. New York / Oxford : Oxford University Press, 1997

-Elliot, John H. *Un hogar para los que no tienen hogar*. Estudio crítico social de la Carta primera de Pedro y de su situación y estrategia. Estella (Navarra): Verbo Divino, 1995

-Estermann, Josef. *Teología andina. El tejido diverso de la fe indígena*. Tomo I. La Paz: Plural Editores, 2006

-Estermann, Josef. *Teología andina. El tejido diverso de la fe indígena*. Tomo II. La Paz: Plural Editores, 2006

-Estermann Josef. *Si el sur fuera el norte: chakanas interculturales entre Andes y Occidente*. La Paz, ISEAT, 2008

- Freedman, David Noel (ed.). *The Anchor Bible Dictionary*. New York: Doubleday, 1997

-Foulkes, Irene. *Problemas pastorales en Corinto*. San José: SEBILA, 2006

-Gebara Ivone. *Antropología religiosa. Lenguaje y mitos*. Cuaderno 3. Buenos Aires: Católicas por el derecho a decidir, 2002

-Gloor, Daniel. *Los cultos mistéricos en tiempos del Nuevo Testamento*. San José: Universidad Bíblica Latinoamericana, 2011

-González, Justo L. *Historia del Cristianismo. Desde la era de la reforma hasta la era inconclusa.* Miami: UNILIT, 1998, p. 209

-Gilson, Etienne. *La filosofía de la Edad Media: desde los orígenes patrísticos hasta el fin de Siglo XII*. Madrid: Editorial Gredos, 1958.

-Gunkel, Hermann. *The Folktale in the Old Testament*. Sheffield (Eng.): Sheffield Academic Press, p. 75

-Gutiérrez, Gustavo. *La densidad del presente*. Salamanca: Sígueme, 2002

-Hahn, Oscar (Ed.). *Antología del cuento fantástico hispanoamericano. Siglo XX*. Santiago: Editorial Universitaria, 5a ed., 1998

-Horsley, Richard A. *Jesús y el Imperio. El Reino de Dios y el nuevo desorden mundial*. Estella (Navarra): Verbo Divino, 2003.

-Hultgren, Arland J. *The parables of Jesus. A commentary*. Grand Rapids: Eermands, 2000

-Irarrázabal, Diego. *Teología en la fe del pueblo*. San José: DEI, 1999

-Küng, Hans. *El cristianismo. Esencia e Historia*. Madrid: Trotta, 1997

-Kuss, Otto y Michl, Johann. *Carta a los hebreos y Cartas Católicas*. Barcelona: Herder, 1977

-Léon-Dufour, Xavier. *Vocabulario de teología bíblica*. Barcelona: Herder, 1965

-Leipoldt, Johannes y Grundmann, Walter. *El Mundo del Nuevo Testamento II. Textos y Documentos*. Madrid: Cristiandad, 1973

-Lewis, C.S. *Sorprendido por la alegría*. Santiago de Chile: EDITORIAL ANDRES BELLO. 1994

-Lewis, C.S. *The Weight of Glory and Other Addresses*. Revised and Expanded Edition. New York: MACMILLAN PUBLISHING COMPANY, 1980.

-Londoño, Juan Esteban. *El nacimiento del Liberador, un sueño mesiánico. Estudio literario de Mateo 1,18-2,23.* San José: Universidad Bíblica Latinoamericana, 2012

-Londoño, Juan Esteban. *La construcción simbólica de una resistencia: exégesis de Apocalipsis 15-16.* Tesis de Licenciatura en Ciencias Bíblicas. San José: Universidad Bíblica Latinoamericana, 2009

- Kazantzakis, Nikos. *La última tentación.* Bogotá: Circulo de lectores, 1989

-Lothar, Coenen; Beyreuther, Erich; y Bietenhard, Hans (Eds.). *Diccionario Teológico del Nuevo Testamento.* Vol. I-IV. Salamanca: Sígueme, 1998

-Lutero, Martín. *Comentario a la carta a los Romanos.* Barcelona: CLIE, 1998

-Luz, Ulrich. *El evangelio según San Mateo. Mt 1-7.* Salamanca: Sígueme, 2001

-Macdonald Margaret. *Las comunidades paulinas. Estudio socio-histórico de la institucionalización en los escritos paulinos y déuteropaulinos.* Salamanca: Sígueme, 1994

- Malina, Bruce J. "Social-Scientific Approaches and the Gospel of Matthew". In: Mark Allan Powell (Ed.). *Methods for Matthew.* Cambridge: Cambridge University Press, 2009

-Marguerat, Daniel (Ed.). *Introducción al Nuevo Testamento. Su historia, su escritura, su teología.* Bilbao: Descleé de Brouwer, 2008.

-Mahecha, Guido. "De dos males el menor". En: *Vida y Pensamiento 26.2,* 2006, pp. 65-78

-Mahecha, Guido. "Parábolas en clave latinoamericana (y algo irreverente)". *En: Hermenéuticas de gracia y liberación. Aportes Bíblicos.* No. 6 y No. 7, Año 2008. pp. 7-50.

-Maisonneuve, Dominique de la. *Parábolas rabínicas.* Documentos en torno a la Biblia. Estella (Navarra): Verbo Divino, 1985

-Marley, Bob & The Wailers. Álbum *Exodus.* Jamaica, Island/Tuff Gong, 1977.

-Míguez, Néstor. *Hebreos y Bernabé.* En: RIBLA No. 42-43. Quito, 1995

-Moltmann, Jürgen. *Cristo para nosotros hoy.* Madrid: Trotta, 2002

-Montoya, Pablo. *Trazos.* Medellín: Universidad de Antioquia, 2007

-Murphy Frederick J. "Introduction to Apocalyptic Literature". En: New Interpreter's Bible. Volume VII. Nashville, Abingdon Press, 1996, p. 1-15

-Neusner, Jacob. *Judaism when Christianity began.* Louisville/London: Westminster John Knox Press, 2002.

-Neruda Pablo. *Antología poética.* Bogotá: Planeta, 2003

-Neruda, Pablo. *Obras Completas. Tomo I.* Buenos Aires: Losada, 1972

-Perrin, Norman, Dennis C. Duling. *The New Testament. An Introduction.* New York: Harcourt Brace Jovanovich, 1974.

- Oz Mägo de. Album Gaia. Locomotive music, 2003

-Pikaza, Xabier. *Apocalipsis.* Estella (Navarra): Verbo Divino, 2001

-Pikaza, Xabier. *Pan, Casa, Palabra. La iglesia en Marcos.* Salamanca: Sígueme, 1998

-Piñero, Antonio. *Guía para entender el Nuevo Testamento.* Madrid: Trotta, 2006

-Piñero, Antonio. *Biblioteca de Nag Hammadi I. Tratados filosóficos y cosmológicos.* Madrid: Trotta, 2000

-Platón. *Diálogos* IV. República. Madrid: Gredos, 2006

-Platón *Diálogos III. Fedón. Banquete. Fedro.* Madrid: Gredos, 2006

-Quasten, Johannes, *Patrología I, Hasta el Concilio de Nicea.* Madrid: Biblioteca de Autores Cristianos, MCMLXI

-Radford Ruether Rosemary. *El reino de los extremistas: la experiencia occidental de la esperanza mesiánica.* Buenos Aires: La Aurora, 1971

-Ricoeur, Paul. *Finitud y culpabilidad.* Madrid: Trotta, 2004

-Rhoads, David, Joana Dewey, Donald Michie. *Marcos Como Relato.* Salamanca: Sígueme, 2002.

-Richard Pablo. *Memoria del Movimiento histórico de Jesús. Desde sus orígenes (años 30) hasta la crisis del Sacro Imperio Romano Cristiano (siglos IV y V).* San José: DEI, 2009

-Rossano, P. Ravassi., G. Girlanda. A. *Nuevo diccionario de Teología Bíblica.* 2ª Edición. Madrid: San Pablo, 1990

-Pessoa, Fernando. *Antología de Álvaro de Campos.* Madrid: Alianza, 2008

-Pessoa, Fernando. En: *Leer y releer.* Medellín: Universidad de Antioquia. Nov. 5 de 2009

-Piñero, Antonio (Ed.). *Fuentes del cristianismo.* Córdoba: Ediciones el Almendro, 1993

-Piñero, Antonio. *Guía para entender el Nuevo Testamento.* Madrid: Trotta, 2006

-Robinson, James M., Paul Hoffmann, John S. Kloppenborg. *El documento Q.* Salamanca, Sígueme.

-Sábato, Ernesto. *Abaddón el exterminador.* Segunda edición. Barcelona: Seix Barral, 2006

-Santos Otero Aurelio de. *Los evangelios apócrifos. Edición crítica y bilingüe.* Madrid: BIBLIOTECA DE AUTORES CRISTIANOS, 2003

-Snodgrass, Klyne. *Stories with intent. A comprehensive guide to the parables of Jesus.* Grand Rapids: Eermands, 2008

-Sobrino, Jon. *Jesucristo Liberador.* Madrid: Trotta: 1999

-Stegemann, Ekkehard W. & Stegemann, Wolfgang. *The Jesus Movement. A social History of Its First Century*. Minneapolis: Fortress Press, 1995

-Schweizer, Eduard. *La carta a los colosenses*. Salamanca: Sígueme, 1987,

-Tamez, Elsa. *Contra toda condena. La justificación por la fe desde los excluidos*. San José: DEI, 1991.

-Tamez, Elsa. "Cómo entender la carta a los romanos". En: *RIBLA* 20, 1995

-Tamez, Elsa. *Luchas de Poder en los orígenes del cristianismo. Un estudio de la primera carta a Timoteo*. San José: DEI, 2004.

-Tamez, Elsa. *No discriminen a los pobres. Lectura latinoamericana de la Carta de Santiago*. Estella (Navarra): Verbo Divino, 2008

-Theissen, Gerd. *La redacción de los evangelios y la política eclesial. Un enfoque socio-retórico.* Estella: Verbo Divino, 2002

-Theissen, Gerd. *La sombra del Galileo*. Salamanca: Sígueme, 1995

-Theissen Gerd. *Sociología del movimiento de Jesús*. Santander: Sal Terrae, 1979

-Trebolle Barrera, Julio. *La Biblia judía y la Biblia cristiana: introducción a la historia de la Biblia*. Tercera edición actualizada. Madrid: Trotta, 1998

-Trible, Phyllis. *Rhetorical Criticism. Context, Method and the Book of Jonah*. Minneapolis: Fortress Press, 1994.

-Vargas Llosa, Mario. *La guerra del fin del mundo*. Barcelona: Seix Barral,1997.

-Valle Carlos del (Ed.). *La Misná*. Madrid: EDITORA NACIONAL, 1981

-Vallejo, Gaby. *Profundidad de la memoria. Cuentos bolivianos contemporáneos*. Caracas: Monte Ávila Editores Latinoamericana, 2009

-Vidal, Marie. *Un judío llamado Jesús. Lectura del Evangelio a la luz de la Torah*. Bilbao: EGA, 1997

-Vidal, Senén. *Pablo. De Tarso a Roma*. Santander: Sal Terrae, 2007

-Vigil, José María (organizador). *Bajar de la cruz a los pobres. Cristología de la Liberación*. Comisión Teológica Internacional de la Asociación Ecuménica de Teólogos/as del Tercer Mundo ASETT / EATWOT. Segunda edición (Versión 2.0), 2007. Versión electrónica disponible en: http://www.servicioskoinonia.org/LibrosDigitales

-Vouga, François. *Yo, Pablo*. Santander: Sal Terrae, 2007

-Yarbro-Collins Adela. *Crisis and Catharsis: The Power of the Apocalypse*. Philadelphia: The Westminster Press, 1984

-Yourcenar, Marguerite. *Memorias de Adriano*. Buenos Aires: Debolsillo, 201036ª Ed.

-Zapata Olivella Manuel. *Changó el gran putas*. Bogotá: Oveja Negra, 1983

Fuentes de las imágenes

Figura de León. Escultura romana. Museo del Louvre.: Fotografía personal. Archivo del autor

Arco de Tito en Roma Celebración de la conquista de Jerusalén: http://www.google.com.co/imgres?um=1&hl=en&sa=N&biw=1280&bih=601&tbm=isch&tbnid=ELkEY3VW12-34M:&imgrefurl=http://alshain2010.wordpress.com/2012/09/22/la-celebracion-del-triunfo-por-los-generales-romanos-&docid=_PWLox_TgJrpHM&imgurl=http://alshain2010.files.wordpress.com/2012/09/art-esc-i-arco-de-tito-saqueo-de-jerusalen-botin-70.jpg&w=784&h=651&ei=fK-NUOL4OIbm9ATsi4HIBw&zoom=1&iact=rc&dur=2&sig=111812105314044335437&page=1&tbnh=135&tbnw=154&start=0&ndsp=18&ved=1t:429,r:0,s:0,i:66&tx=238&ty=250

Fragmento egipcio del evangelio de Mateo. Siglo IV: http://www.davidscottwritings.com/CPStudyGuide6.html

Cubierta de Biblia con el motivo de los cuatro evangelios. Siglo XIII. http://3.bp.blogspot.com/-KO8dMjqWgjI/Tw80oaWgnmI/AAAAAAAAExM/b6zde_FFDf4/s1600/muchos-exegetas-estiman-que-los-cuatro-evangelios-canonicos-bebieron-de-una-fuente-comun-la-denonimanda-fuente-q.jpg

Cristo en el Desierto (Ivan Kramskoi, 1872): http://arte-xix.blogspot.com/2012/07/cristo-en-el-desierto.html

Héroe:https://www.google.com.co/search?q=Hero+Xiong&hl=en&prmd=imvns&source=lnms&tbm=isch&sa=X&ei=dbKNUI7zLI2E8ATohYGIAQ&ved=0CAcQ_AUoAQ&biw=1280&bih=601

Fernando Botero. El camino de los lamentos: http://orbe.perfil.com/2011/10/29/el-cristo-gordo-de-botero/botero_3/

Apolonio de Tiana: http://es.wikipedia.org/wiki/Apolonio_de_Tiana

Das Gleichnis von dem reichen mann und dem armen lazarus: http://vitajesu.wordpress.com/2010/01/09/126/

Lázaro (James Tissot 1836-1902): http://www.brooklynmuseum.org/opencollection/objects/13420/The_Poor_Lazarus_at_the_Rich_Mans_Door_Le_pauvre_Lazare_%C3%A0_la_porte_du_riche

Orishas:https://www.google.com.co/search?q=orishas+paintings&hl=en&prmd=imvns&source=lnms&tbm=isch&sa=X&ei=xLSNUNaFHJSK9gTn_IH4Dg&ved=0CAcQ_AUoAQ&biw=1280&bih=601

Hans Holbein el Joven (1497-1543). Cristo en la tumba. 1521: Archivo personal de Pablo Montoya

Alejo Carpentier: https://www.google.com.co/search?q=Alejo+Carpentier&hl=en&prmd=imvnsbo&source=lnms&tbm=isch&sa=X&ei=prWNUMaoKYng8AT48IHIBw&ved=0CAoQ_AUoAQ&biw=1280&bih=601

Pablo (Masaccio 1401-1428): http://xaxor.com/oil-paintings/1329-masaccioactive-approx-1401-1428.html

Pintura de Neruda (Gerardo Suzan): http://suzanilustrador.blogspot.com/2010_05_01_archive.html

NT en griego, Versión Stephanus 1550: https://www.google.com.co/search?q=Greek+NT,+Versi%C3%B3n+Stephanus+1550&hl=en&prmd=imvns&source=

lnms&tbm=isch&sa=X&ei=PreNUJDPB4rK9gTWrIDACQ&ved=0CAoQ_
AUoAQ&biw=1280&bih=601

Grabado en la Biblia de Winchester, 1160–1175: http://commons.wikimedia.org/wiki/
File:Winchester_Bible,_fol.120v._Second_Kings_-_P_-_c._1160-1175.jpg

Jesús (Moscú siglo XIV): http://www.tretyakovgallery.ru/

El Salvador, Andrej Rublev, 1360: http://slavic.lss.wisc.edu/~kornblatt/russianicons/
iconimagegalleries/details/10icon_png.htm

La mujer en Roma. Entre diosa, ama y servidora. Museo de Louvre: Fotografía personal.
Archivo del autor

Christus Rex, siglo XV Moscú: http://www.tretyakovgallery.ru/

Moisés, Rembrandt 1659: http://devotionalonjesus.blogspot.com/2011/09/91611-
deuteronomy-620-25-purpose-in-law.html

Rigoberta Menchú (Guayasamín): https://www.google.com.co/search?q=Rigoberta+
Mench%C3%BA+%28Guayasam%C3%ADn%29&hl=en&prmd=imvnso&sourc
e=lnms&tbm=isch&sa=X&ei=nbqNUMHANYec8QSumICAAw&ved=0CAoQ_
AUoAQ&biw=1280&bih=601

Víctimas de la Guerra de Vietnam: www.semana.com

Paternidad, (Galería Tret'Jakov Gallery, siglo XV Moscú) : http://www.tretyakovgallery.
ru/

-Crucifixion Andrej Rublev Museum, siglo XV c., Moscú: http://es.wikipedia.org/wiki/
Pintura_de_Rusia

El hijo unigénito de Dios y la Palabra de Dios, 1540-1550 http://es.wikipedia.org/wiki/
Pintura_de_Rusia

Moisaico del siglo IV Cristo: https://www.google.com.co/search?q=El+hijo+unig%
C3%A9nito+de+Dios+y+la+Palabra+de+Dios,+1540-1550&hl=en&pwst=1&p
rmd=imvns&source=lnms&tbm=isch&sa=X&ei=mruNUO6-LpSE8ATpw4CA-
Aw&ved=0CAcQ_AUoAQ&biw=1280&bih=601#hl=en&tbm=isch&sa=1&q=M
oisaico+del++siglo+IV+Cristo&oq=Moisaico+del++siglo+IV+Cristo&gs_l=img.3
...824.2137.4.2340.9.9.0.0.0.1.433.2084.0j7j4-2.9.0.cfrsh..0.0...1.1.IyT45VJwEQk
&pbx=1&fp=1&bpcl=35466521&biw=1280&bih=601&bav=on.2,or.r_gc.r_pw.r_
qf.&cad=b

Jesús siendo azotado, siglo X: https://www.google.com.co/search?q=Jes%C3%BAs+sien
do+azotado,+siglo+X&hl=en&prmd=imvns&source=lnms&tbm=isch&sa=X&ei=M
7yNULyxEYa09QSpqYCICA&ved=0CAoQ_AUoAQ&biw=1280&bih=601

Afrodita. Venus de Milo. 130-100 a.C. Museo de Louvre: Fotografía personal. Archivo
del autor

Guernica, de Picasso, 1937: http://arte.observatorio.info/2008/05/guernica-pablo-
picasso-1937

Otras imágenes:

Google images: https://www.google.com.co/imghp?hl=en&tab=wi

www.ingramcontent.com/pod-product-compliance
Lightning Source LLC
Chambersburg PA
CBHW062059090426
42741CB00015B/3272